S+G Müller-Büchi

Wuppertaler Studienbibel

Wuppertaler Studienbibel

begründet von

Fritz Rienecker

Reihe: Neues Testament

herausgegeben von

Werner de Boor

und

Adolf Pohl

R. Brockhaus Verlag Wuppertal

Der zweite Brief des Paulus an Timotheus, die Briefe an Titus und an Philemon

erklärt von

Hans Bürki

R. Brockhaus Verlag Wuppertal

6. Auflage 1993

Printed in Germany
Druck: Breklumer Druckerei Manfred Siegel KG

ISBN 3-417-25115-X Efalin
ISBN 3-417-25015-3 Paperback

VORWORT

Im ersten Band zur Auslegung der Pastoralbriefe habe ich die Einleitungsfragen ausführlich dargestellt. Im zweiten Band setze ich direkt mit dem Kommentar zu 2 Tim ein, da ich nur noch zu Tit einen kurzen einführenden Beitrag habe. Überhaupt verweise ich in Tit oft auf 1 Tim, da beide Briefe sehr viel gemeinsam haben. Überall, wo ich ein Ausrufezeichen hinter eine Bibelstelle setze, gilt es, die Auslegung an der betreffenden Stelle nachzulesen, weil ich sie hier nicht wiederhole, höchstens hie und da ergänze.

Der Leser wird merken, daß ich die Verteilung der Stellenhinweise im Text, am Rand und in den Fußnoten nicht mit strenger Folgerichtigkeit vollzogen habe. Wo es um Wortaufzählungen geht, habe ich Bemerkungen zu biblischen Texten meistens direkt in den Auslegungsteil gestellt; im übrigen achtete ich darauf, daß der Kommentar um der besseren Lesbarkeit willen möglichst von Stellenangaben entlastet wurde.

Ich habe den Hinweisen auf andere Bibelstellen besondere Aufmerksamkeit gewidmet, weil ich glaube, daß die beste Auslegungsregel noch immer ist, die Schrift durch die Schrift zu erklären. Gleichzeitig versuche ich darauf zu achten, nicht einfach Bibelstellen zusammenzusetzen, die eine äußere Ähnlichkeit aufweisen, sondern solche, die in einem sinngemäßen Zusammenhang stehen. Die mehreren tausend Stellenangaben sind nicht als verzierende Beigabe gedacht, sondern als Studienhilfe, um tiefer in die biblischen Zusammenhänge einzudringen unter Berücksichtigung der Unterschiede zwischen und in den einzelnen biblischen Schriften.

Auch die Einleitung zum Brief an Philemon halte ich sehr kurz. Dafür gehe ich über den Rahmen einer eng am Bibeltext bleibenden Auslegung hinaus, obwohl ich dafürhalte, daß eine ausführlichere Übersetzung und Anwendung des biblischen Textes für die Gegenwart und die jeweils aktuelle Situation nicht Sache eines Bibelkommentars ist. Ich will gerne zugestehen, daß es nicht zufällig ist, wenn ich je einen längeren Anhang zur Frauenfrage (in Band I) und zur Sklavenfrage in diesem Band geschrieben habe! Das Menschliche in allen vier Briefen geht mir persönlich sehr nahe, und diese „sowohl in menschlicher Hinsicht wie im Herrn" (Phlm 16!) ergiebige apostolische Korrespondenz hat mein Herz schon in frühen Jahren berührt und in mir eigentlich das Grundthema für mein Denken und Wirken angerufen und erweckt. Nicht umsonst lautete der Titel meiner Dissertation: „Die Auseinandersetzung von Humanismus und Christentum bei Pestalozzi" (1949). Während der vergangenen 25 Jahre bin ich auf meinen Reisen rund um die Welt in der Begegnung mit Menschen der verschiedensten Kulturen und Religionen diesem Thema auf der Spur geblieben: was ist der Mensch und was heißt das, als Mensch Christ sein, als Christ Mensch sein?

Die Höhepunkte der vier Briefe sehe ich in den liturgischen oder hymnischen Abschnitten, da Gottes lebendige Wirklichkeit im Lobpreis angerufen und verkündet wird, und ich sehe sie an den Stellen, wo der menschliche Herzschlag vernehmbar wird in Leid und Schwachheit, in Scherz und Ironie, in Todesnähe und freundschaftlichem Trost, in inniger Herzlichkeit und befreiender Liebe.

Danken will ich wieder von Herzen Otto-Siegfried von Bibra für seine sorgfältig kritische Durchsicht des Manuskripts sowie Frau Heidi Bäuerle aus Stuttgart für die Abschrift von 2 Tim mit der Schreibmaschine. Titus und Philemon habe ich diesmal selber abgetippt und dabei erst recht gemerkt, wieviel ich denen verdanke, die mir im verborgenen geholfen haben. Ein Leser schrieb mir, daß er den ersten Band benutzt habe für seine tägliche Besinnung vor Gott. Er las einen Bibelabschnitt, bedachte ihn selber zuerst, und anschließend griff er zum Kommentar. Er schrieb mir einen Freudenbrief, als er mit 1 Tim fertig war, und das hat auch mich erfrischt. Eine Gruppe von Studenten bestellte 20 Exemplare, weil sie das gleiche gemeinsam tun wollten.

Ich möchte alle Leser grüßen und ihnen wünschen, daß sie „sowohl menschlich wie im Herrn" gewinnen, wenn sie sich Zeit nehmen, um über Gottes Wort zu sinnen und es in ihrem Leben wirken zu lassen.

Hans Bürki

INHALTSVERZEICHNIS

Der zweite Brief an Timotheus

Der Brief an Titus

Der Brief an Philemon

Richtlinien
für die Benutzer der Wuppertaler Studienbibel

In bezug auf den Bibeltext:

Der Bibeltext ist fett gedruckt. Wiederholungen aus dem behandelten Bibeltext sind fett gedruckt.

Gesperrt nur im Sinne der Verdeutlichung bei Betonung.

In bezug auf die Parallelstellen:

Mit Absicht sind eine große Fülle von Bibelstellen als Parallelen gebracht. Für diese Parallelstellen ist am Rand eine Spalte freigelassen.

In bezug auf die Handschriften:

Zu den wichtigsten vom Text abweichenden Lesarten, die sich im allgemeinen in den Fußnoten finden, sind folgende Zeichen gesetzt, die der Erklärung bedürfen:

Die Handschriften des Neuen Testaments

Bezeichnung	aus Jahrhundert	Namen	Standort: in Bibliothek	
א	IV	Sinaiticus	London	Neutestamentlicher Teil einer Vollbibel. Die romantische Entdeckungsgeschichte, wie sie Tischendorf erzählt, siehe bei Tischendorf. Gregory 348 ff., Gregory 23 ff. 1844 im Katharinenkloster auf Sinai in einem Abfallkorb zum Heizen bestimmt. Genannt sei auch: Schneller: Tischendorf-Erinnerungen.
A	V	Alexandrinus	London	Das NT mit 1. Clemensbrief und den sogen. Psalmen Salomos, in der Bibliothek Alexandrien, 1628 an Karl I. von England geschenkt. Vollbibel mit einzelnen Lücken.
B	IV	Vaticanus	Rom	Einer der größten Schätze der päpstlichen Bibliothek. Vollbibel mit Lücken.
C	V	Ephraemi rescriptus	Paris	In Pariser Nationalbibliothek stehend. Vom Syrer Ephraem überschrieben. 1535 nach Paris gekommen. Bibel mit vielen Lücken.

Diese vier Bibeln des IV. und V. Jahrhunderts dürfen als die wichtigsten Zeugen gelten. — Wenn sie auch auf die Hauptsitze der katholischen und anglikanischen Kirche Rom, Paris, London verteilt sind, so hat doch der deutsche Protestantismus sich um ihre gelehrte Erforschung sehr bemüht.

Die Zusammenfassung der vier Handschriften א A B C zu einer Textgruppe wird die hesychianische oder ägyptische Textform genannt. Hesychius war ein Grieche in Alexandrien. Weil Alexandrien in Ägypten liegt, wird diese Textgruppe auch die ägyptische Textform genannt.

Weitere Handschriften des Neuen Testaments

Bezeichnung	aus Jahrhundert	Namen	Standort: in Bibliothek	
D	VI	Bezae Cantabrigiensis	Cambridge	Enthält die vier Evangelien und die Apostelgeschichte, aber mit großen Lücken.
E	VIII	Basiliensis	Basel	Diese Handschriften enthalten die vier Evangelien.
F	IX	Boreelianus	Utrecht	
G	X	Seidelianus I	London	
H	IX	Seidelianus II	Hamburg	
L	VIII		Paris	H und L enthalten Apostelgeschichte und Briefe.
046	VIII		Rom	046 enthält Offenbarung des Johannes.

Die sogenannte Koine ist diejenige Handschriftengruppe, welche die Zusammenfassung der einzelnen Handschriften E F G H L und 046 bildet.

Es sind also die Handschriften aus dem VIII. bis X. Jahrhundert. Die Koine ist die in Antiochien und später in Konstantinopel zur allgemeinen Verbreitung gekommene Textform. Diese Textform tritt uns, da Erasmus von Rotterdam solche späten Handschriften benutzte, in Luthers Bibelübersetzung entgegen. Luther stützte sich auf diese späte Handschriftengruppe, also auf die sogenannte Koine, die in der Erasmusausgabe vorlag.

Die Erasmusarbeit war eine sehr flüchtige Arbeit.

„Erasmus benutzte höchstens drei Handschriften, die er von den Predigermönchen in Basel entlieh und die heute noch erhalten sind (keine von ihnen ist älter als das 12. Jahrhundert). Sie zeigen, daß Erasmus die Handschriften selbst durcharbeitete und dann als Vorlage in die Druckerei gehen ließ. Für die Offenbarung des Johannes, die in jenen Handschriften fehlte, wurde eine Handschrift aus Maihingen herangezogen; in ihr fehlte der Schluß 22, 16—21; Erasmus übersetzte ihn einfach aus der Vulgata ins Griechische, ohne das irgendwo anzugeben." Michaelis, Einleitung in das NT 1954 Seite 357.

Die Koine-Gruppe, d. i. die Vorlage Luthers, erwähnen wir ebenfalls.

Andere Handschriften werden jeweilig im Text erklärt.

Am Schluß der Studienbibel soll eine Übersicht über die Geschichte der Handschriften folgen.

In bezug auf besondere Urtextwörter:

Schwierige Wörter des griechischen Textes, die die Möglichkeit verschiedener Übersetzungen bieten, sind in den Fußnoten eingetragen. Die griechischen Wörter sind dabei in Klammern oder in Anführung gesetzt und in lateinischen Buchstaben wiedergegeben!

Abkürzungs-Verzeichnis

I. Allgemeine Abkürzungen:

AT = Altes Testament
NT = Neues Testament
atst = alttestamentlich
ntst = neutestamentlich
grie = griechisch
hebr = hebräisch
lat = lateinisch
LXX = Septuaginta. Das ist die griechische Übersetzung des AT, angeblich von 70 gelehrten Juden auf Befehl des Königs Ptolemäus Philadelphus 200 v. Chr. in Alexandrien angefertigt.

II. Literatur-Abkürzungen:

W–B = Walter Bauer: Griechisch-Deutsches Wörterbuch. 4. Aufl. 1952
Bl–De = Blaß–Debrunner: Grammatik des ntst Griechisch 9. Auflage 1954 zitiert n. §§.
Radm = Rademacher: Neutestl. Grammatik 1925. 2. Aufl.
Ki–Th W = Kittel: Theolog. Wörterbuch
NTD = Neues Testament Deutsch Göttingen 1932 ff.
St–B = Strack–Billerbeck: Kommentar zum NT aus Talmud usw. Bd I–IV. München 1922 ff.

III. Abkürzungen der biblischen Bücher:

a) Altes Testament

1 Mo = 1. Mose
2 Mo = 2. Mose
usw. usw.
Jos = Josua
Ri = Richter
Rth = Ruth
1 Sam = 1. Buch Samuelis
2 Sam = 2. Buch Samuelis
1 Kö = 1. Buch der Könige
2 Kö = 2. Buch der Könige
1 Chro = 1. Buch der Chronika
2 Chro = 2. Buch der Chronika
Esr = Esra
Neh = Nehemia
Esth = Esther
Hio = Hiob
Ps = Psalter
Spr = Sprüche
Pred = Prediger
Holi = Hohelied
Jes = Jesaja
Jer = Jeremia
Kla = Klagelieder
Hes = Hesekiel
Da = Daniel
Hos = Hosea
Joe = Joel
Am = Amos
Ob = Obadja
Jon = Jona
Mi = Micha
Nah = Nahum
Hab = Habakuk
Ze = Zephanja
Hag = Haggai
Sach = Sacharja
Mal = Maleachi

b) Apokryphen

Tob = Tobias
1 Makk = 1. Makkabäer
2 Makk = 2. Makkabäer
Sir = Sirach

c) Neues Testament

Mt = Matthäus
Mk = Markus
Lk = Lukas
Jo = Johannes
Apg = Apostelgeschichte
Rö = Römer
1 Ko = 1. Korinther
2 Ko = 2. Korinther
Gal = Galater
Eph = Epheser
Phil = Philipper
Kol = Kolosser
1 Th = 1. Thessalonicher
2 Th = 2. Thessalonicher
1 Tim = 1. Timotheus
2 Tim = 2. Timotheus
Tit = Titus
Phlm = Philemon
1 Pt = 1. Petrus
2 Pt = 2. Petrus
1 Jo = 1. Johannes
2 Jo = 2. Johannes
3 Jo = 3. Johannes
Hbr = Hebräer
Jak = Jakobus
Jud = Judas
Offb = Offenbarung des Johannes

Vgl. W. Stb. Matth. S ... = Vergleiche Wuppertaler Studienbibel Matthäus-Band Seite ...
Vgl. W. Stb. Mark. S ... = Vergleiche Wuppertaler Studienbibel Markus-Band Seite ... usw.

Weitere Abkürzungen für diesen Band

Die vielen Bibelstellen am Rand sind alphabetisch gekennzeichnet [a) b) etc], damit sie genau zu den entsprechenden Ausführungen im Text passen. Sie wollen zu vergleichendem und vertieftem Bibelstudium helfen.

(A 25)	=	Anhang (immer mit Zahl)
		Bibelübersetzungen (immer in Klammer) wo nicht anders vermerkt, eigene Übersetzung oder Zürcher Übersetzung
(A)	=	L. Albrecht
(E)	=	Elberfelder
(H)	=	Herder (bzw. Jerusalemer)
(NEB)	=	New English Bible
(W)	=	U. Wilckens
(E 31 f)	=	Einleitungsfragen (immer mit Zahl, die sich auf den betreffenden Abschnitt bezieht)
Past	=	Pastoralbriefe
P	=	Paulus
P-P	=	Pseudo-Paulus
I	=	1 Tim
II	=	2 Tim
Syn	=	Synonym

Der zweite Brief des Paulus an Timotheus

erklärt von

Hans Bürki

R. Brockhaus Verlag Wuppertal

Der Briefkopf

2. Timotheus 1, 1—2

1 **Paulus, Apostel des Messias Jesus durch den Willen Gottes**
2 **nach der Verheißung des Lebens in dem Messias Jesus,**
*** an Timotheus, mein geliebtes Kind. Gnade, Barmherzigkeit, Friede von Gott, dem Vater, und von Christus Jesus, unserem Herrn.**

1. Absender und Empfänger

2. Timotheus 1, 1—2a

Auch seinen letzten Brief beginnt der Apostel mit der für ihn unerläßlichen und unvergeßlichen Bekräftigung: Durch den Willen Gottes ist Paulus geworden, was er ist a). **„Paulus, Apostel des Messias Jesus durch den Willen Gottes.“** Genauso eröffnet er vier andere Briefe b). Für ihn ist das nicht eine leere Formel, sondern ständig erneutes Bewußtsein dessen, was Gott an ihm tut.

a) 1 Ko 15, 10

1

b) 2 Ko 1, 1; Eph 1, 1; Kol 1, 1; I 1, 1!

Nach der Verheißung des Lebens (kat'epangelian). Wenn mit „gemäß“ übersetzt, müßte man an die atst Verheißungen denken c), die im Messias alle ihr Ja, d. h. ihre Erfüllung finden d). Man kann ‚kata‘ auch übersetzen als Zielvorstellung: „zur Erlangung von“; dann ist darin d i e H o f f n u n g ausgedrückt, die wir in I 1,1 finden. Der Grund seines Aposteldienstes ist Gottes berufender Wille, das Ziel ist Jesus selbst, die Hoffnung, die Verheißung des Lebens schlechthin. Angesichts des nahen Todes steht ihm die Verheißung des Lebens vor Augen[1]. In dieser knappen Aussage kann auch das dankbare Wissen enthalten sein, daß er als Apostel berufen ist, bis zur letzten Stunde ein Bote des Lebens e) zu sein, das im Messias Jesus erschienen und zu finden ist. Nicht abgeschwächt, sondern besonders betont und häufig verwendet Paulus diese für seine Theologie und seinen Dienst prägnanteste Zusam-

c) Gal 3, 19; Amos 5, 4. 6 Hab 2, 4

d) 2 Ko 1, 19—20

e) vgl. II, 1, 10

[1] In Tit 1, 2 sind Hoffnung, ewiges Leben und Verheißung miteinander verbunden.

menfassung aller Offenbarung, aller Gedanken und Erfahrun-
f) 1, 14!; 3, 13; II, 2, 1. 9. 10; 3, 12. 13. 15 gen: **im Messias Jesus f)**[2].

Mein geliebtes Kind[3]. Eine persönliche, herzliche Liebe
verbindet den Apostel mit seinem treuesten Mitarbeiter. Der
geistliche Vater, der zum alten Mann geworden ist, gebraucht
2a den zartesten Ausdruck, den er für den herangereiften jungen
Mann findet: „mein geliebtes Kind"[4]. Es ist nicht selbstverständlich, daß das so lautere und ungetrübte Verhältnis zwischen diesen zwei Männern auf so viele Jahre hinaus Bestand hat. Im ganzen Brief schwingt der Dank, ja die Ergriffenheit des Paulus für das Geschenk solcher Freundschaft mit. Zu wenig ist die Bedeutung wahrer Freundschaft für die Ausbreitung des Evangeliums und den Aufbau der Gemeinde erkannt worden. Nicht umsonst hat Jesus seine Jünger zu zwei und zwei ausgesandt. Und das höchste, was er ihnen sagen und geben kann, ist dieses, daß er sie seine Freunde nennt. Letzte Tiefen mitmenschlicher Beziehungen läßt der „Titel" ahnen, den Johannes der Täufer für sich wählt: „Freund des Bräuti-
g) Jo 3, 29; 15, 15 gams" g).

2. Gruß

2. Timotheus 1, 2 b

2 b Gnade, Barmherzigkeit, Friede von Gott, dem Vater, und von Christus Jesus, unserem Herrn.

Der Gruß ist unverändert wie in I 1, 2 b. Von einer Ortsangabe vernehmen wir in der Anschrift nichts, doch ist Timotheus noch in Ephesus, denn er ist unterrichtet, zum Teil besser als Paulus, über das, was in Ephesus und der ganzen rö-
h) II 1, 15. 18 mischen Provinz Asia vorgeht h). Paulus erwartet ihn auf dem
i) II 4, 13 kürzesten Weg über Troas i); er läßt Aquila und Priska grü-
k) II 4, 19 ßen, die in Ephesus wohnen k).

[2] Zu „Verheißung" siehe auch I 4, 8; ferner: Rö 4, 13. 14. 20; 9, 4; 15, 8; 2 Ko 7. 1; Gal 3, 3. 14. 16. 17. 18. 21. 22. 29; „Ewiges Leben" in den Past : I 1, 16; 6, 12; Tit 1, 2; 3, 7.

[3] *agapeto tekno*, geliebtes Kind, hat in der LXX auch den Sinn von einziges Kind, so in 1 Mo 22, 2. 16; Amos 8, 10: der Eingeborene = der Geliebte.

[4] Paulus nennt die Korinther seine geliebten Kinder: 1 Ko 4, 14. 17; vgl. Rö 1, 7: Geliebte Gottes; Phlm 1: „unsern Geliebten und Mitarbeiter". Holtz (152): „Die Innigkeit entströmt der Nähe zum Martyrium. Bei aller Verwandtschaft mit dem Philipperbrief (intime Einleitung) fehlt im NT ein vergleichbares persönliches Wort von Mann zu Mann, denn es konnte nur in einem Privatbrief gesprochen werden."

Der Brieftext

2. Timotheus 1, 3—4, 18

I. TEIL: TIMOTHEUS IM EINSTEHEN FÜR DAS EVANGELIUM

2. Timotheus 1, 3—2, 13

1. Gebet und Dank für Timotheus

2. Timotheus 1, 3—5

3 **Dank sage ich Gott, dem ich von den Vorfahren her mit**
reinem Gewissen diene, wenn ich unablässig bei Tag und
4 **Nacht deiner in meinen Gebeten gedenke. * Ich sehne mich**
danach, dich zu sehen, eingedenk deiner Tränen, damit ich
5 **mit Freude erfüllt werde. * Ich empfange (im Gebet) die**
Erinnerung an den ungeheuchelten Glauben, der in dir lebt
und der zuerst wohnte in deiner Großmutter Lois und deiner
Mutter Eunike; ich bin aber überzeugt, daß er auch in dir
wohnt.

Dank sage ich Gott[5]**, dem ich von den Vorfahren her mit** 3
reinem Gewissen l) diene. In der Gerichtsverteidigung beruft
sich Paulus auf den Gott seiner Väter: „Ich bekenne ..., daß ich ... dem Gott der Väter diene, indem ich allem Glauben schenke, was dem Gesetz gemäß ist und was in den Propheten geschrieben steht" m). Ein solcher Angriff auf ihn ist auch hier vorauszusetzen, darum steht dieses Bekenntnis nicht im Gegensatz zu I 1, 13 f. Dort spricht er von einer vergangenen Verfehlung (ich war ein Lästerer), hier von einer ständigen Gegenwart (ich diene). In Phil 3, 5.6 ist Vergangenheit und Gegenwart beieinander: Die Abstammung von den Vorfahren

l) I 1, 19; 4, 2! Apg 23, 1

m) Apg 24, 14—16

[5] *Charin echo tô theo* wie I 1, 12; vgl. auch 1 Ko 15, 57; 2 Ko 2, 14; 8, 16; 9, 15; sonst bei Paulus gebräuchlicher: *eucharisto* in Rö 1, 8; 1 Ko 1, 4; Phil 1, 3; Kol 1, 3; 1 Th 1, 2; 2 Th 1, 3; Phlm 4. Dibelius (72) schließt daraus, daß „mindestens keine sklavische Imitation der uns bekannten Paulusbriefe" vorliege! Vgl. Wt. Stb. 1 Tim, (E 21) S. 28 f.

(5), das gute Gewissen, d. h. auch hier die vom Gesetz verlangte Gerechtigkeit (6) und die schuldhafte Verirrung: voll Eifer die Gemeinde verfolgend n). Siehe dazu I 1, 5 f!

n) wie I 1, 13

Gottes Verhältnis zum Menschen fängt nicht erst bei dessen Umkehr an. Im Leben des Paulus wie im Leben jedes Menschen hat Gott schon mit einer Vorgeschichte begonnen. Gottes Handeln reicht bis in die vorgeburtliche Existenz hinein. Vgl. Gal 1, 13—15: 1. Ein Eiferer für die Überlieferungen der Väter. 2. Die Gemeinde Gottes verfolgend. 3. Die Zeit vor Damaskus (Gott, der von Mutterleib an absondert und beruft). 4. Die Stunde der Umkehr (Gott gefiel es, seinen Sohn zu offenbaren).

Wenn ich deiner gedenke[6]. Auffallend ist die Betonung des Gedächtnisses durch vier verschiedene Ausdrücke in den Versen 3—6:

4 **Eingedenk**[7] **deiner Tränen.** Das Elementare des Mitgefühls
und der Mitverbundenheit kommt in der Erinnerung zum Ausdruck: Gedenkt der Gefangenen als Mitgefangene derer, die Ungemach leiden als solche, die auch im Leibe sind o). Paulus gedenkt in seinem Herzen der Traurigkeit des Timotheus als einer, der selbst jetzt traurig ist und unter der Trennung von seinem geliebten Kind leidet p).

o) Hb 13, 3

p) Vgl. II 1, 4 mit 4, 9

5 **Ich empfange** (im Gebet) **die Erinnerung,** so übersetzt Holtz.
Die Erinnerung wird durch einen neuen Eindruck erweckt q). Der Heilige Geist bringt im Betenden in Erinnerung[8], wofür der Beter danken und bitten soll r). „In den Gebeten gedenken“ s) ist deshalb nicht eine fromme Redewendung, sondern eine wirkliche Erfahrung des Beters. „Bringe in Erinnerung!“ t). Der Diener Christi soll in Kraft des Geistes die Erinnerung der Gläubigen erwecken. Es geht hier um weit mehr als nur um Gedächtnisschulung oder um das äußere Wissen von Worten. Was wirklich in Erinnerung gerufen worden ist, berührt und verwandelt und stärkt das Innere[9].

q) 2 Pt 1, 13; 3, 1

r) Eph 6, 18

s) Eph 1, 16

t) II 2, 14; Tit 3, 1!

6 **Ich erinnere dich**[10]. Erinnern an das, was man zu verges-

[6] Eigentlich eine lateinische Redewendung (Latinismus): im Gedächtnis haben = memoriam habeo; französisch: *Je fais mé-more de toi,* ebenso in 1 Th 3, 6.

[7] Wie 1 Ko 11, 2, ein Gedenken, das mit dem Festhalten der Überlieferung verbunden ist.

[8] Das entsprechende Verb in Jo 14, 26: der Heilige Geist . . . wird uns alles lehren und euch an alles erinnern, was ich euch gesagt habe.

[9] Zum Verhältnis von Erinnerung und Meditation vgl. F. Melzer, Innerung, Wege und Stufen der Meditation. Grundlegung und Übungen, 1968.

[10] Vgl. auch II 2, 8: Halte im Gedächtnis; Apg 20, 31: Wachen durch Vergegenwärtigung; Mt 16, 9: Verstehen und Erinnern.

sen droht; wie 1 Ko 4, 7: Timotheus wird euch an meine Wege (Lehre) erinnern!

Unablässig u) **in meinen Gebeten.** Bittgebete; sie gehören mit zum Dank. **Tag und Nacht** v) unterstreicht die Beständigkeit des Gebetes. Ein Missionar, der nach einer weltweiten Tätigkeit an Erschöpfung zusammengebrochen war, sagte, daß in Zukunft seine Tätigkeit keinen größeren Umfang annehmen dürfe, als er mit dem Gebet decken könne.

u) wie Rö 9, 2
v) wie I 5, 5; Apg 20, 31

Die Tradition ist nicht ein bloßes „Wissensgut"; sie wird im Herzen überliefert, im Gedächtnis lebendig erhalten, in die Erinnerung gerufen durch den Heiligen Geist. Pneuma und Tradition stehen nicht zueinander im Gegensatz[11]. Die Synoptiker zeigen Jesus als den, der seine Jünger lehrt, indem er sie durch Erinnerung zum Verstehen bringt w), und bei Johannes spricht er vom Heiligen Geist, dem Lehrer der Wahrheit, der die Jünger an alles *erinnert* x). Paulus ermahnt die Gemeinde, indem er sie *erinnert* y): „Wißt ihr nicht?" Mit dieser die Erinnerung aufweckenden Frage führt Paulus seine seelsorgerlichen Weisungen ein z).

w) Mt 16, 9; Mk 8, 17. 18
x) Jo 14, 26; 12, 16; 13, 7
y) Rö 15, 15; 2 Th 2, 5
z) 1 Ko 3, 16; 5, 6; 6, 2. 3. 9. 15. 16. 19; 9, 13. 24; 11, 3

Das ist nicht ein Wissen a) bloßer Information, sondern ein dem Bewußtsein des Menschen, d. h. seinem Geist durch den Geist Gottes geschenktes Wissen b). Das Wissen der Wahrheit soll durch ständige Erinnerung zur Erweckung und Erneuerung der Person führen, zu einer Wachheit und Mündigkeit, die die Glieder der Gemeinde befähigt, sich gegenseitig selber das Evangelium in Erinnerung zu rufen und zu halten c). In der Kraft des Geistes und seinem Erinnern empfängt Paulus das Überlieferte und gibt es weiter d). Besonders deutlich wird das in der Art und Weise, wie der Apostel die Überlieferung des Herrenmahls anführt e). „Vom Herrn her" hat er empfangen, was er überliefert. „Das tut zu meinem Gedächtnis" erhält in diesem Zusammenhang seinen ursprünglichen Sinn. Das ist nicht nur eine Gedächtnisübung, sondern eine durch den Heiligen Geist präsent gemachte Wirklichkeit: Der Herr ist wahrhaftig und wirklich gegenwärtig durch die „Erinnerung" des Heiligen Geistes! Es kann darum nicht verwundern, wenn Paulus sein geliebtes Kind *erinnert*, das Charisma anzufachen. Der Geist bringt das Charisma zum Aufglühen in heller Flamme, indem er die Erinnerung lebendig macht.

a) Rö 2, 2; 3, 19; 5, 3; 6, 6; 8, 22. 26. 28; s. II 1, 12
b) 1 Ko 2, 11. 12; Rö 8, 16 1 Ko 11, 2
c) 2 Pt 1, 12—15; 3, 1—2
d) Rö 15, 15. 16. 19 Phil 1, 19; 3, 3; 6, 17. 18 I 4, 1!
e) 1 Ko 11, 23

Ich sehne mich danach, dich zu sehen. Das sehnende Verlan- 4
gen ist bewegt durch die Liebe f). Wie Timotheus vor Jahren

f) Phil 1, 8; 4, 1

[11] Vgl. W. StB, 1 Tim S. 19 (E 10. 11).

Paulus getröstet hat, indem er ihm das Verlangen der Gemeinde in Thessalonich nach einer Begegnung von Angesicht zu Angesicht überbrachte, so läßt der Apostel seinen Mitarbeiter wissen, daß er sich nach ihm sehnt und ihn sehen möchte g). Verlangen nach persönlicher Begegnung ist nicht ungeistlich. Da Paulus ständig an Timotheus denkt, d. h. an ihn erinnert wird im Gebet durch den Geist, obwohl er also unablässig mit ihm verbunden ist im Geiste, gerade deshalb hat er das Verlangen, ihn zu *sehen*. Weil ich dich liebe, bedarf ich deiner. Dieses persönliche Bekenntnis des Apostels kann eine ebenso starke Ermunterung für den jüngeren Mitarbeiter sein wie jede Beauftragung. Timotheus kann sich sagen: Paulus bedarf meiner, er hat mich nötig, er verlangt nach mir; ich bedeute ihm etwas, ich bin wertgeachtet in seinen Augen. Gerade weil der Geist selber die göttliche Bestätigung im Herzen wirkt und gibt, deshalb will er auch, daß einer den anderen bestätige im Herrn h).

g) 1 Th 3, 6
h) Phlm 4—7!

Eingedenk deiner Tränen i). Tränen wurden in der Antike nicht als Zeichen schwacher oder weicher Sentimentalität angesehen. Könige und Propheten konnten sehr wohl bis zu Tränen vom Schmerz erschüttert werden k). Die Schrift bezeugt von Jesus, daß er weinte l). Der apostolische Dienst der Ermahnung war, so könnte man sagen, den Tränen nahe. Der Apostel konnte nicht unberührt bleiben von der Not, dem Leid oder der Verirrung derer, denen er diente m). Die Ostkirche kennt die „Gabe der Tränen" als eine Geistesgabe. Darum sind die Tränen des Timotheus kein Zeichen der Schwäche, sondern eine Äußerung leidfähiger Liebe. Timotheus hat sich seiner Tränen nicht zu schämen, denn bei Paulus hat er nicht stoischen Gleichmut gelernt, sondern das Weinen mit den Weinenden und das Sichfreuen mit den Fröhlichen n). Man kann dabei an eine Abschiedsszene denken, wie sie in Apg 20, 36—38 beschrieben ist. Ein Zusammentreffen der beiden zwischen dem ersten und zweiten Brief an Timotheus könnte aus I 3, 14 und II 4, 13 geschlossen werden. Timotheus war allein in Ephesus zurückgeblieben, während viele Mitarbeiter den Paulus begleiten durften o).

i) wie 1 Ko 11, 2
k) 2 Kö 20, 3. 5; 22, 19; 1 Sam 20, 41; 2 Sam 15, 30; 19, 1; Neh 1, 4; Jer 13, 17; 14, 17; Hos 12, 5; Hiob 16, 20
l) Lk 19, 41; Jo 11, 35; Hb 5, 7
m) Apg 20, 19. 31; 2 Ko 2, 4; Phil 3, 18; Rö 9, 1—2; 8, 22. 23. 26; 2 Ko 5, 2. 4. 10
n) Rö 12, 15
o) II 4, 10. 11. 20

Damit ich mit Freude erfüllt werde[12]. Weil die Tränen nicht aus weichlichem Selbstmitleid hervorbrechen, sind sie der Freude sehr nahe p). Wer weinte, als Paulus ihn verließ, der kann den verlassenen Paulus mit Freude erfüllen, wenn

p) Phil 2, 7; 2 Ko 7, 8—9

[12] Oft bei Paulus: Rö 15, 13; Phil 2, 2; 2 Th 1, 11; 2 Ko 7, 4.

er jetzt zu ihm kommt. Im Angesicht des Gerichtsurteils und
des nahen Todes, in Ketten gefangen, schreibt der Apostel:
Ich sehne mich nach dir, dein Kommen wird mich mit Freude
erfüllen. Das Bild zweier Menschen, die erschüttert weinen
und mit Freude **erfüllt** sein können, paßt schlecht in die Vor-
stellung christlicher Bürgerlichkeit oder stoischen Gleichmuts,
vielmehr haben wir vor uns ein Zeugnis dessen, was Gemein-
schaft im Heiligen Geist bedeuten kann q). Nicht zwei Amts- q) Phil 2, 1
personen, sondern zwei Pneumatiker[13], zwei Freunde stehen
vor uns. Ihre Beziehung ist voll warmer Innigkeit und doch
verhalten. Das zeigen die kurzen, inhaltlich schweren Sätze.
Letztlich ist ihre Beziehung nicht auf sich selbst gerichtet, sie
sind einander nicht gegeben zum Selbstgenuß. Ihre Freude
aneinander gründet in der Freude des gemeinsamen Herrn
und im Dienst für ihn[14].

Ich empfange (im Gebet) **die Erinnerung.** Der im Geist Be- 5
tende ist wach r) für die Bewegung des Geistes, der den r) Eph 6, 18
menschlichen Geist anhält zum Beten.

An den ungeheuchelten Glauben, der in dir lebt. Das
Lebenswort treibt in Timotheus sein Werk auf das Endziel
hin: Liebe aus reinem Herzen (davon zeugen die Tränen) und
gutem Gewissen und ungeheucheltem Glauben s). Sein Glaube s) I 1, 5!
ist nicht Vorwand für selbstgerechte Beweggründe, sondern
ein Glaube, der an der Treue Gottes festhält.

**Der zuerst wohnte in deiner Großmutter Lois und in deiner
Mutter Eunike.** Vgl. II 1, 14: Der Heilige Geist, der in dir
wohnt t). Die Namensnennung der beiden Frauen ist auffal- t) Rö 8, 11; 7, 17;
lend (in der Apostelgeschichte werden sie nicht erwähnt), ist Kol 3, 16
sonst aber nicht ungewöhnlich bei Paulus u). Warum nennt Eph 3, 14f
Paulus ihre Namen? Im Gebet wird er an sie erinnert. Vom u) Phil 4, 2. 3
Vater hören wir nichts[15]. Ist es für Timotheus gut, unter Apg 16, 1
dem Einfluß der beiden Frauen zu stehen? Paulus stellt nicht

[13] „Was sich in ihm während seines Betens zuträgt, kennzeichnet ihn als Pneumatiker. Da der Geist seinem Denken und Wollen die Bewegung gibt, bestimmt der Geist das, was ihm zum Gegenstand des Gebetes wird ... indem die Erinnerung an Timotheus in ihm selbst lebendig wird, trägt er sie auch durch seine Bitten zu Gott empor“ (Schlatter 213).

[14] „Der ganze Verkehr der beiden Männer trägt den Stempel einer für uns seltsamen Selbstlosigkeit, die nicht bei ihren persönlichen Wünschen verweilt“ (Schlatter 218).

[15] Vgl. W. Stb. 1 Tim S. 41 f (E 31 b, c).

psychologische Überlegungen an[16], sondern richtet seinen
v) Hb 13, 7 Blick und den des Mitarbeiters auf den Glauben v) der beiden
Frauen. Timotheus ist von Kindheit an in den Heiligen Schrif-
w) II 3, 15 ten w) des Alten Testamentes unterwiesen worden. Für ihn
gilt deshalb das gleiche, was Paulus für sich sagte: Gott war in
x) I 1, 3! ihm schon von Mutterleib an x) gnadenvoll am Werk. Die
geistgewirkte Erinnerung an die unwandelbare Treue Gottes
führt zum Lobpreis und zur Stärkung im Glauben.

Ich bin aber überzeugt (, daß er) **auch in dir** (wohnt). Timotheus soll gewiß sein, daß Paulus nicht an seinem Glauben zweifelt, wenn er ihm Briefe der Ermahnung schreibt. Niemals, wenn er den Gemeinden schreibt, was für sie noch möglich ist an Wachstum in der Liebe und im Glauben, stellt er damit das schon Vorhandene in Frage, sondern bestätigt es viel-
y) Rö 15, 14; 1 Ko 1, 4—5. 10 f; Phil 1, 6—11 mehr y).

Die eigentliche Bedeutung der durch das Gebet hervorgerufenen Erinnerung an die Vorfahren kann darin liegen, daß Timotheus für seine schwere Aufgabe „wissen" soll, seine Sendung beruhe nicht auf seiner Bekehrung oder seiner Gläubigkeit, sondern auf dem Gott, der von Mutterleib an absondert
z) Jo 15, 16 und beruft z). „Ich bin überzeugt, daß der Glaube in dir wohnt." Im Gebet, im Geist ist im Apostel diese Überzeugung neu bestätigt worden, und er läßt das seinen geliebten Freund wissen.

2. Bekennen in Kraft des Geistes

2. Timotheus 1, 6—14

a) Geistesgabe und Geisteskraft 1, 6—7

6 **Aus diesem Grunde erinnere ich dich daran, die Gnaden-
gabe Gottes anzufachen, die in dir ist durch die Auflegung
7 meiner Hände. * Denn Gott hat uns nicht einen Geist der
Verzagtheit gegeben, sondern der Kraft, der Liebe und der
Zucht.**

[16] Man hätte dem eher zaghaften Timotheus einen gläubigen Vater gewünscht, doch hat Paulus ihm diesen Vater ersetzt. In der „Familie Gottes" darf einer dem anderen Vater oder Mutter, Sohn oder Tochter, Bruder oder Schwester werden. Die Beziehung, die in der eigenen Familie fehlte oder verloren ging, wird stellvertretend ersetzt oder erstattet (Rö 16, 13; Jo 19, 26. 27).

Aus diesem Grunde[17] **erinnere ich dich daran, die Gnadengabe Gottes anzufachen, die in dir ist durch die Auflegung meiner Hände.** Zum Ganzen vgl. I 4, 14! Das Charisma, das Gottesgeschenk, ist **in dir,** d. h. es ist eine Wirklichkeit, die von der Mitte der Person aus wirkt, den ganzen Charakter der Gnade gemäß prägt a) und die natürlichen Gaben so beseelt, daß sie zur vollen Entfaltung im Dienst für Christus kommen: „Ich habe mehr gearbeitet als sie alle, nicht aber ich, sondern Gottes Gnade mit mir." Die Betonung liegt hier nicht auf dem ursprünglichen Empfang der Gabe, sondern auf der gegenwärtigen Verantwortung, sie zu voller Flamme auflodern zu lassen. Das Charisma bestimmt den Menschen nicht derart, daß er nicht mehr frei und verantwortlich wäre. Er kann die Gnade vergeblich empfangen haben, sie vernachlässigen oder aber sie durch Glauben und Liebe entfalten. Wäre an eine spezielle Amtsgnade gedacht[18], die einer einmal empfing und nun eben unverlierbar hat, so würde die Ermahnung, das Charisma nicht zu vernachlässigen oder es neu anzufachen, keinen Sinn geben[19]. Die Gnade Gottes oder das Charisma ermöglicht ein neues Bewußtsein. Das Selbstbewußtsein wird ganz durchtränkt oder — im Bild vom Feuer gesprochen — durchglüht von der Gnade, es wird zu einem Gnadenbewußtsein (durch Gottes Gnade bin ich, was ich bin). Und daraus entsteht ein neues Wirken aus Gnade (ich habe mehr gearbeitet als sie alle, nicht aber ich, sondern die Gnade Gottes mit mir). 6

a) 1 Ko 15, 10
II 1, 9

Anfachen[20] kann sowohl bedeuten: ein Feuer frisch anfachen, als auch: ein Feuer in voller Flamme bewahren. In der erinnernden Ermahnung des Paulus an Timotheus ist kaum ein Tadel zu sehen, vielmehr ein Zuspruch, damit der geliebte Sohn die brennende Gabe zu stärkerer Glut entfache. Gegenüber I 4, 14 ist die Lage verändert: Das Martyrium steht nahe bevor. Eine äußerste Entscheidungssituation ist eingetreten, die auch von Timotheus das Letzte verlangen kann. Nur wenn er im Charisma brennt b), wird er im Glauben und als Zeuge auch im Leiden bestehen. Die Glut im Herd muß nicht fort-

b) Mt 10, 20
Mk 13, 11

[17] Faßt alles bisher Gesagte zusammen.

[18] „Die Amtsgnade ist noch nicht habituell verstanden" (Dibelius 73). II 1, 6 wird im Konzil zu Trient angeführt als Schriftbeweis dafür, daß die Ordination ein Sakrament sei.

[19] „Die Gnadengabe ist nicht das ihm übertragene Amt der Verkündigung des Evangeliums selbst, sondern die dazu nötige Befähigung und Ausrüstung" (Wohlenberg 276).

[20] Das gleiche Verb in LXX: Wiederbeleben, wieder zum Leben kommen: 2 Kön 8, 1. 5; 1 Mo 45, 26—28. Josephus gebraucht das Verb für die Wiedererweckung einer Liebesleidenschaft (B. J. 1, 22).

während zu heller Flamme entfacht sein, nur wenn es nötig ist, dann aber schnell und ungehindert soll sie aufflammen können in Kraft[21]. Die Erinnerung ist wie ein Wind, der die Flamme des Geistes zum Brand entfacht[22], so daß der im Geist glühende Mensch in zuchtvoller Liebeskraft leben und handeln kann.

7 **Denn Gott hat uns nicht einen Geist der Verzagtheit gegeben, sondern der Kraft, der Liebe und der Zucht.** Enthalten diese Worte einen geheimen Tadel? Es könnte das „uns", das alle Christen einschließt, als schonende Rücksichtnahme angesehen werden, die den Timotheus nicht direkt auf seine Verzagtheit ansprechen will, um ihn nicht bloßzustellen. Doch liegt eine andere Deutung näher: Ein Vergleich mit den anderen Wir-Stellen c) legt den einfacheren Schluß nahe, daß Timotheus durch die Erinnerung an seine Zusammengehörigkeit mit Paulus zusammen mit allen Gliedern und Dienern der Gemeinde ermuntert[23] werden soll. Ein Hang zu schneller Verzagtheit oder zu depressiven Anwandlungen ist dabei für Timotheus nicht auszuschließen. Diese menschlichen Schwächen sollen und müssen ihm nicht zum Verhängnis, nicht einmal zur Beeinträchtigung des Dienstes werden. Timotheus hat nicht einen besonderen Geist oder eine besondere „Amtsgnade" empfangen im Unterschied zu anderen Christen; er hat im Heiligen Geist eine Gabe erhalten, die er gemäß der ihm verliehenen Gnade gebrauchen soll[24].

c) I 4, 10! 6, 7—8. 17 c; II 1, 14

[21] Das Bild des Feuers für den Heiligen Geist, bei Paulus auch in 1 Th 5, 19; Rö 12, 11; vgl. Apg 2, 3; 18, 25; Mt 25, 8; 3, 11 c.

[22] So ist das wiederholte Erfülltwerden mit Heiligem Geist für neue Aufgaben nicht eine neue Begabung mit dem Geist, sondern ein neues Entflammen der vorhandenen Glut: Apg 2, 4; 4, 8. 31; 6, 3. 8; 7, 55.
Stephanus — erfüllt mit Heiligem Geist — ist zum ersten Blutzeugnis bereit in der Nachfolge seines Herrn (Apg 13, 9. 52). Die verschiedenen Gezeiten des geistlichen Lebens bringt Zinzendorf in einem Lied von großer seelsorgerlicher Weisheit zum Ausdruck:
Merk, Seele, dir dies große Wort: Wenn Jesus winkt, so geh; wenn er dich zieht, so eile fort, wenn er dich hält, so steh. — Wenn er dich aber brauchen will, so steig in Kraft empor. Ist Jesus in der Seele still, so nimm auch du nichts vor.
Wenn er dich lobt, so bücke dich; wenn er dich liebt, so ruh; wenn er dich aber schilt, so sprich: Ich brauch's, Herr, schlage zu! Wenn Jesus seine Gnadenzeit bald da, bald dort verklärt, so freu dich der Barmherzigkeit, die andern widerfährt.

[23] Chrysostomos: „Es hängt von uns ab, ob wir dieses Feuer auslöschen oder es zu stärkerem Brennen bringen. Es erlöscht durch Faulheit und Nachlässigkeit, es entzündet sich durch Inbrunst. Ihr habt schon dieses Feuer in euch; arbeitet, um es glühender zu machen; seid hingebend, d. h. habt ein immer neues Vertrauen in Gott."

[24] Vgl. die Ähnlichkeit zu 1 Pt 4, 10: Wie jeder eine Gnadengabe empfangen hat, so dienet damit einander als gute Haushalter der mannigfaltigen Gnade Gottes.

Geist der Verzagtheit. Eine Frucht die schimpflich ist, weil sie Feigheit einschließt d). Eine negative Formulierung an den Anfang gestellt, betont den Gegensatz, ganz ähnlich wie Rö 8, 15: „Wir haben n i c h t einen Geist der Knechtschaft empfangen, wiederum zur Furcht, sondern einen Geist der Sohnschaft zum freimütigen Anrufen des Vaters.“ Man muß die betonte Ablehnung des Geistes der Verzagtheit[25] im Zusammenhang sehen mit dem Bekenntnis des Apostels, daß er sich des Evangeliums **nicht** s c h ä m t; läge keine Veranlassung oder Versuchung dazu vor, dann hätte es wenig Sinn, davon überhaupt zu reden e). Weil Gott uns seinen Geist gegeben hat, darum sollen wir in Kraft dieses Geistes seine Gaben anfachen, anwenden und in der jeweiligen Lage auch das Äußerste aus ihnen herausholen.

d) Mk 4, 40; Jo 14, 27

e) Vgl. Rö 1, 16 mit II 1, 8. 12. 16; 2, 15

Geist der Kraft (dynamis). Es ist der Geist Christi, der den Apostel stark macht zum Dienst (I 1, 12). In diesem Geist kann auch Timotheus neue Kraft gewinnen (II 2, 1). Der Geist der Kraft ist der Geist, der Freimut, Kühnheit, Unmittelbarkeit, Unbefangenheit, Furchtlosigkeit, Gewißheit[26] zum Zeugnis und zum Dienst schenkt.

Nicht die natürliche Stärke des Charakters oder die imponierende Macht der Persönlichkeit gibt den Ausschlag, sondern der Heilige Geist kann durch seine Dynamik in einem schwachen, begrenzten und sogar von Natur eher ängstlichen Menschen eine Bewegung und Beweglichkeit entfalten, die erstaunen läßt f). Der Freimut ungelehrter und unbeholfener Leute mag auch heute noch mehr Menschen verwundern als alles gekonnte Können in eigener Kraft. Allerdings darf der Freimut, den der Heilige Geist gibt, nicht verwechselt werden mit der von Selbstbewußtsein strotzenden Naivität von Christen, die ihr kleines Maß an Glauben, Wissen und Erfahrung für das Letzte und Eigentliche halten. Versteht man die Anweisungen des Paulus an Timotheus, dann kann man n i c h t der Meinung verfallen, als sei die wahre Unbefangenheit denen gegeben, die sich mit dem zufrieden geben, was sie an

f) Apg 4, 13

25 Vgl. den Liedvers: Weicht ihr Trauergeister, denn mein Freudenmeister Jesus tritt herein. Denen, die Gott lieben, muß auch ihr Betrüben lauter Freude sein.

26 So kann man das im NT sehr bedeutungsvolle Wort *„parresia“* übersetzen, das in I 3, 13 vorkommt. In Mk 8, 32 a von Jesus ausgesagt: Er redet frei heraus; vgl. Jo 7, 13: nicht frei herausreden aus Furcht vor ...; Jo 16, 25; 18, 20; Apg 2, 29; 4, 13. 29. 31.
Mit viel Freimut auftreten: 2 Ko 3, 12; 7, 4; Eph 3, 12; 6, 19; Phil 1, 20, 1 Joh 2, 28; 3, 21; 4, 17. Freimut, Zuversicht im Zusammenhang mit der Liebe, die den Geist der Furcht austreibt, also ähnlicher Zusammenhang wie II 1, 7; 1 Jo 5, 14.

g) Vgl. Phil 3, 12—18 mit I 4, 7! 12—16; 6, 11—12; II 2, 1—6. 15

h) 1 Ko 14, 20. 21

eigenen Möglichkeiten haben g). Der Heilige Geist löst die Erstarrung des menschlichen Geistes auf. Er macht ihn glühend und bringt einen dynamischen Zug zur Umgestaltung und Entfaltung hinein[27].

Geist der Liebe (agape). Paulus weiß aus seiner eigenen Wirksamkeit, daß Kraft und Liebe gepaart sein müssen h). Denn Kraft allein macht hart; Liebe allein, wenn es dann noch wirklich Liebe ist, macht weich. Der Mensch Gottes, vom Geist Gottes durchglüht und getrieben, vereinigt in sich kraftvolle weibliche Liebe und liebevolle männliche Kraft. Der nur dynamische Diener ohne Liebe wird ein Eiferer; stößt er auf Widerstand, wird er bitter.

Geist der Zucht[28]. Der Heilige Geist macht den Menschen, den er erfüllt, nüchtern[29], besonnen, beherrscht[30]. Er verschafft klare Einsicht und Übersicht. Der den Menschen beherrschende Heilige Geist führt zur Beherrschung. Die „Selbstbeherrschung" ist eine G a b e, eine F r u c h t des Geistes und gerade n i c h t das Resultat der (stoischen) Selbst-Beherrschung (Selbstmanipulation). Der menschliche Geist, der sich selbst kontrollieren will, wird verhärtet, er vergewaltigt sich selbst und bindet die Kräfte des Menschen an sich selbst, anstatt sie im Dienst des Nächsten zu entfalten. Viel von dem, was man als „Verbindlichkeit" unter Christen ausgibt und erstrebt, gehört unter die menschlichen und weltlichen Versuche, im frommen Gewand, verbunden mit Gebet und biblischen Begründungen, zur Ordnung der eigenen Kräfte und der Gemeinschaft zu kommen. Diese Versuche übersehen die Tatsache, daß die „Selbstbeherrschung" genauso eine Frucht des Heiligen Geistes ist wie die Liebe oder die Freude. Man wird, um einer Verwechslung vorzubeugen, deshalb besser tun, dieses Wort mit **„Zucht"** wiederzugeben. Es bezeichnet einen Menschen, der vom Heiligen Geist in Zucht genommen, in der göttlichen **Erziehung** steht. So ist auch Titus 2, 12 f aufzufas-

[27] *Dynamis* bei Paulus: Rö 1, 16; 1 Th 1, 5; 2 Th 1, 11; Eph 3, 16; Gal 3, 5; 1 Ko 2, 4; 16, 10.

[28] Das Substantiv nur hier; das Verb hingegen bei Paulus in Rö 12, 3 im Zusammenhang mit den Geistesgaben; in 2 Ko 5, 13. 14 im Zusammenhang mit der Liebe Christi.

[29] Zu *nüchtern* vgl. die Übersetzung des *Splendor paterne glorie* (Ambrosius) durch F. Enderlin: Du Glanz aus Gottes Herrlichkeiten, du bist das Licht und bist sein Quell, vom Vater her vor allen Zeiten, du Tag, du machst den Tag uns hell. — Brich an, du bist die wahre Sonne, leucht uns mit deinem Himmelsschein; des Heilgen Geistes Glanz und Wonne dring tief in unsre Herzen ein. — Herr Christ, sei du uns Trank und Speise; erfülle uns mit deinem Geist, daß er im Überschwang uns weise, wie man dich heilig-nüchtern preist.

[30] *sophron*, nüchtern, in I 3, 2 für den Aufseher verlangt.

sen: Gottes Gnade erzieht uns. Nahe zur Zucht steht das Wort Maß i). Der Besonnene ist der vom Geist unter Kontrolle Genommene. Durch den Geist bekommt er einen Sinn für das Maß, für das Gemäße, für das, was jetzt zu tun und zu lassen ist. Das Maß ist griechisches Ideal. Das sollte aber nicht verleiten, den biblischen Sinn des Maßes, nämlich des Maßgebenden, zu übersehen. Da ist ein Doppeltes zu sagen: Maß des Menschen ist nicht der Mensch, sondern Gott. Der von Gott getrennte Mensch hat kein Maß mehr. Wenn sich ein Mensch an Menschen mißt, dann geht er unter das Maß. Gott setzt dem Menschen sein Maß. Das ist der Mensch Jesus Christus, wie ihn der Hymnus von I 3, 16 hinstellt. So gesehen ist das biblische Maß nicht eine bürgerlich fade Mittelmäßigkeit. Das Maß ist genommen an dem unermeßlichen Gott der Liebe, der sich in Christus dem Menschen maßgebend offenbart und zuwendet.

i) Rö 12, 3

Der Geist der Zucht und des Maßes ist zugleich der Geist der Freiheit und des Freimuts k). Zucht des Geistes führt gerade nicht in neue Knechtschaft l), sondern in die Freiheit und Furchtlosigkeit (parresia) der Kinder Gottes. Der zur Flamme entfachte Geist wird den Timotheus nicht unnüchtern und ängstlich machen, er wird ihn mit Liebeskraft und nüchterner Einschätzung der wahren Lage erfüllen[31].

k) 2 Ko 3, 17
l) Rö 8, 15

b) Berufen zum Zeugen 1, 8—12

8 Darum schäme dich nicht des Zeugnisses für unseren Herrn
noch meiner, der ich für ihn gefangen bin, sondern leide
mit für das Evangelium nach der Kraft Gottes, * der uns
9 errettet und berufen hat mit heiligem Ruf nicht aufgrund
unserer Werke, sondern aufgrund seiner eigenen Entschei-
dung und der Gnade, die uns im Messias Jesus zugedacht

31 Dibelius meint, *„sophron"* und die verwandten Wörter seien bezeichnend für die Bürgerlichkeit der Past. Neunmal erscheine diese Wortgruppe in den Past, im übrigen NT sechsmal, davon zwei Stellen, die von Dämonen Geheilte bezeichnen: „Besonnene Mäßigung". Freilich paßt II, 1, 8 dann nicht zu dieser bürgerlichen Mäßigung. Die Mahnung, für den Glauben zu leiden, durchzieht den ganzen Brief (1, 8. 12; 2, 3 — 13; 3, 10 — 12; 4, 5 — 8). Der Sinn von „Besonnenheit" muß im Licht dieses Zusammenhangs gesehen und ausgelegt werden. Dibelius zieht es vor, die einmal vorausgesetzte Annahme der Bürgerlichkeit beizubehalten. „Diese Gedankengruppe (!) des 2 Tim (für den Glauben zu leiden) bildet ein Problem; der Vertreter der Echtheit wird es mit dem Hinweis auf die wirkliche Situation des Paulus lösen, muß dann aber das noch größere Problem der christlichen Bürgerlichkeit in den Past ungelöst lassen . . ." (72). Man beachte dagegen die Mahnung, auf „besonnene Selbstschätzung bedacht zu sein" schon im Römerbrief (Rö 12,3).

10 ist vor ewigen Zeiten *, jetzt aber ist sie offenbar gewor-
den durch die Erscheinung unseres Retters, des Messias
Jesus, der den Tod entmachtet hat, dagegen Leben und Un-
11 vergänglichkeit ans Licht gebracht hat. * Das geschieht
durch das Evangelium, zu dessen Herold, Apostel und Leh-
12 rer ich bestimmt worden bin. * Aus diesem Grunde leide
ich auch dies; aber ich schäme mich nicht, denn ich weiß,
wem ich geglaubt habe, und bin überzeugt, daß er mächtig
ist, das mir Anvertraute zu bewahren auf jenen Tag.

Johannes der Täufer, der Vorläufer und Wegbereiter des Herrn, kam ins Gefängnis, wo er schließlich hingerichtet wurde, damit sein Haupt auf einer Schüssel den Launen einer Frau dargereicht werde a). So quittierte eine korrupte Welt den Bußruf des Täufers zum Leben. Jesus selber endete am Verbrecherpfahl, und sein Apostel, als Kehricht und Abschaum der Welt behandelt b) und betrachtet, verbringt Jahre im Gefängnis, wird in Untersuchungshaft dann verurteilt und schließlich hingerichtet wie einer der vielen Verbrecher oder Feinde des römischen Staates. Und dieser Paulus nennt sich ein „Gesandter in Fesseln". Das ist ein paradoxer Ehrentitel genau wie „Sklave Jesu Christi" c). Er ist frei inmitten menschlicher Bindungen und Gebundenheiten. Wer in Fesseln ist, so mag man denken, kann nicht seiner Sendung nachgehen und unterwegs sein. Wer gesandt ist, darf nicht gefesselt sein. Doch Paulus ist nicht Gefangener des Kaisers, er ist „sein", d. h. des Herrn, um seinetwillen Gefangener d). Er gehört dem Herrn aller Herren an, und deshalb vermag keine irdische Macht den Lauf des ihm aufgetragenen Evangeliums zu hindern. Timotheus ist in dieselbe Nachfolge gerufen. „Nimm auch du den Leidensweg der Heilsbotschaft in dieser Welt auf dich, in Gottes Kraft" (W). Das Heil für die Welt kommt und geht auf dem Weg des Leidens durch diese Welt. Der Mensch mag in inneren und äußeren Fesseln sein, „aber das Wort Gottes ist nicht gefesselt" e). Man muß die Past von diesem Zeugnis aus lesen und in seinem Licht auslegen, denn der Aufruf zur Leidensbereitschaft steht nicht im Widerspruch zu den Anweisungen für ein würdiges Verhalten, sondern gibt ihnen erst die richtige Begründung: Im Angesicht von *Verfolgung* beten für die, welche verfolgen f), den Lästerern keinen Anlaß geben für ihre Ablehnung des Glaubens. Die Gesamtlage ist ähnlich wie in dem Brief an die Philipper, nur jetzt viel schärfer herausgestellt durch die Zunahme der Irr-

a) Mt 14, 8
b) 1 Ko 4, 13
c) Eph 6, 20 Rö 1, 1
d) Phlm 9! Eph 3, 1
e) II 2, 9
f) I 2, 1 f!

lehrer, durch den Abfall von Mitarbeitern und die bevorstehende Vollstreckung des Todesurteils g). Wie ein gewöhnlicher Bandit ist Paulus mit einer Kette an seine Wächter gefesselt h).

Wenn auf den Wortführer der Christen diese soziale Ächtung und persönliche Erniedrigung fällt, steht die Versuchung nahe, sich des Evangeliums zu schämen. Doch Timotheus hatte zu Paulus gestanden i), und er soll und wird es auch jetzt tun.
**„Darum schäme dich nicht des Zeugnisses für unseren Herrn
noch meiner, seines Gefangenen.“**[32] Nicht weil Timotheus be-
sonders mutig und tapfer wäre, sondern weil Gottes Geist in
ihm wohnt, vermag er in der Kraft dieses Geistes unverzagt 8
dazustehen und mitzuleiden für das Evangelium k).

g) Phil 1, 7. 12—14. 20. 29. 30
h) II 1, 16; 2, 9; Phil 1, 12. 13; Apg 12, 6; 16, 24; 21, 11. 33; 22, 29. 30
i) Phil 1, 1

Das Zeugnis unseres Herrn. Der Ausdruck kann bedeuten: das Zeugnis, das Jesus selber gab, oder das Zeugnis, das der Zeuge für Jesus abgibt l).

k) Vgl. Mt 10 20 Mk 13, 11 Lk 12, 12 mit II 1, 7. 14
l) Jo 15, 27 Off 1, 2. 9 Apg 1, 8; 26, 16 1 Ko 1, 6. 18. 21. 23; 4, 9—13

Jesus hat vor Pontius Pilatus Zeugnis abgelegt m). Wir können sinngemäß übersetzen: Timotheus soll sich in der Bezeugung des Evangeliums nicht schämen n), auch wenn es Leiden, Verachtung, Verfolgung mit sich bringt und zum Tode führen wird o). Wer das Evangelium annimmt und weitergibt, muß mit Schmach und Verfolgung rechnen. In den Past ist dieses Wissen nicht vergessen oder gar verleugnet. Keine Anweisung verliert diesen Hintergrund aus dem Auge. Alle, nicht nur Paulus oder Timotheus, werden verfolgt werden, wenn sie in Jesus allein ihren Herrn sehen, nur in ihm ihre Lebenserfüllung und Erwartung suchen und finden p). Mit Jesus leben und verfolgt werden — beides gehört zusammen. Das Verfolgtwerden beleuchtet klar die Art und Weise, wie Frömmigkeit in den Past zu verstehen ist! Nicht einem hellenistisch-stoischen Lebensideal, sondern eher den mit Schmach, Angst und Verfolgung gesättigten Zeugnissen aus den atl Psalmen entstammt das Bewußtsein der Past, wenn es sich hier auch einer anderen Sprache bedient. Nicht umsonst beteten und sangen die Märtyrer in ihrer letzten Stunde gerade die Psalmen. Wer sich des Herrn nicht schämt, sondern auf ihn hofft, wird nicht zuschanden q) werden, auch nicht vor dem letzten Feind, dem Tode. „Laß mich nicht zuschanden werden“ ist keine Bitte um billige Bewahrung für ein geruhsames Leben, es

m) I 6, 13!
n) wie Rö 1, 16
o) vgl. I 2, 6!
p) II 3, 12
q) Phil 1, 20

[32] Hdte übersetzt Vers 8: „Nicht schäme dich darum des Martyriums unseres Herrn.“ Der Wortgebrauch von „Zeugnis“ *(martyrion)* im Sinne von Martyrium (Bezeichnung für den Tod Jesu) ist alt. Phil 1, 20 bezieht sich eindeutig auf das Martyrium; nicht zuschanden werden im Märtyrertod.

ist Aufschrei und zugleich vertrauende Hingabe in letzter Bedrängnis r).

r) Ps 22, 6; 25, 1—3; 31, 2; 34, 6; 69, 7—8

Sich schämen steht im Gegensatz zu Freimut (parresia), den der Geist der Kraft verleiht[33]. Es wäre ein Zurückweichen und Verstummen vor jeder Form des Widerstandes: Vom Lächeln der Gleichgültigkeit und des Spotts bis zu Hohn, offener Verachtung, Drohung, Verfolgung, Marter und Tod.

Sondern leide mit für das Evangelium. Mit-Leiden: Dieses neue von Paulus hier in seiner Zusammensetzung geprägte Verb[34] faßt in einem einzigen Wort das Leidensverständnis des Apostels zusammen, wie es aus Phil 3, 10 bekannt ist: Ihn kennen heißt, mit seinen Leiden Gemeinschaft haben, und das führt zur Gleichgestalt[35] mit dem Tode Jesu und schließlich mit seiner Auferstehung. Wie die Gemeinde der Philipper für Christus leidet s), indem sie denselben Kampf an sich erlebt, wie ihn Paulus durchmacht t), so ist auch Timotheus gerufen — z u s a m m e n m i t Paulus, und darin Jesus nachfolgend —, für das Evangelium Widerstand, Widerwärtigkeit, Verachtung, schlechte Behandlung, Verwerfung, Gefängnis, Verurteilung und Tod zu leiden u). Wer für das Evangelium leidet, erfährt, daß das Böse seine verheerende und zerstörende Wirkung nicht vollenden kann: die Gotteskraft bewahrt den Leidenden. Er ist vereint mit der Liebe Gottes, die noch im Tode überwindet. Es ist jener Geist der Herrlichkeit und der Kraft v), der auf den Ohnmächtigen ruht, wie das vom ersten Märtyrer Stephanus bezeugt ist und wie es nachher viele Blutzeugen erfahren haben w).

s) Phil 1, 20
t) Phil 1, 30
u) vgl. 1 Pt 4, 13—15; 5, 9
v) Vers 7 und 4, 17
w) Apg 6, 15; 7, 55—60 1 Pt 4, 13—15; 5, 9

Es gibt ein Leiden an der Kirche, das durch ihre Verweltlichung und Verwässerung hervorgerufen wird. Paulus leidet auch darunter, daß sich die Feinde des Kreuzes Christi in der Kirche breitmachen x), weil sie nicht bereit sind, mit dem Evangelium zu leiden. Der zweite Brief an Timotheus bezeugt dieselben Leiden y). Doch geht es jetzt um weit mehr, nämlich um die Bereitschaft, das letzte gemeinsame Leiden um des

x) Phil 3, 18
y) 4,9—11. 16

[33] *parresia* siehe Fußnote 26; 2 Ko 3, 12 vgl. 4, 1—2; Rö 1, 16.

[34] *syn-kako-patheson* 2, 3; im hellenistischen Sprachgebrauch sehr selten; in 2, 9 und 4, 5 ohne die Vorsilbe *syn; kakos* ist das Schlechte, Böse, als menschliche Eigenschaft, Absicht: Phil 3, 20; Rö 13, 3; 1 Ko 15, 33. I 6, 10: böse Dinge, Untaten; II 4, 14; *pathema:* Leiden, 3, 11; Phil 3, 10; 2 Ko 1, 5. 6; Rö 8, 18; Kol 1, 24; Paulus leidet um des Evangeliums willen und nicht um politischer Gründe willen. „Lautete nun die Anklage so, er habe das Christentum, diese Verbrecher und Staatsfeinde erziehende Religion, in Rom verbreitet?" (Schlatter 22).

[35] Wörtlich: konform; gleichförmig machen.

Evangeliums willen an sich geschehen zu lassen und es nachzuvollziehen: das Blutzeugnis (Martyrium). Falsches Pathos, Wehleidigkeit, Selbstmitleid hat hier keinen Platz; statt dessen ist der Blick auf die heilige Berufung Gottes gerichtet, der uns erlöst und mit heiligem Rufe gerufen hat.

Die Verse 9 und 10 fallen auf durch ihre stilistische Eigen- 9
art. Sie sind vom Apostel entweder als schon liturgisch formuliertes Bekenntnis ganz übernommen oder teilweise neu geprägt und der Zielsetzung des Briefes angepaßt worden. Da das zentrale paulinische Thema der Rechtfertigung aus Gnade, nicht aus Werken, nur hier und in der ebenfalls liturgisch geprägten Stelle von Tit 3, 5 vorkommt, haben Ausleger angenommen, daß die Begriffe der Gerechtigkeit und der Werke in den übrigen Teilen der Past eine andere, nicht mehr paulinische Färbung haben. Dagegen ist zu sagen: E r s t e n s sind die guten Werke durchaus als Früchte des Glaubens gesehen[36]. Daß sie so oft erwähnt werden, ist durch die Lage der Gemeinde gegeben. Hier machen sich Irrlehrer breit, welche die praktischen Auswirkungen des Glaubens vernachlässigen oder leugnen. Aber auch der zunehmende Druck (Kritik, Widerstand, Verfolgung) von außen macht die Betonung der aus dem Glauben folgenden Liebe und ihre Werke nötig und verständlich z). Z w e i t e n s fassen die hymnischen Zitate bewußt den Sinn der vorangegangenen oder nachfolgenden Äußerungen zusammen und verbinden die Anweisungen mit der Quelle: Der höchste und umfassendste Sinn der Gottseligkeit (Frömmigkeit) ist nicht aus den praktischen Anleitungen, sondern aus dem Lobpreis seines Ursprungs in Gott zu erschließen a). Was Genügsamkeit, wahrer Reichtum und wirkliche Macht bedeuten, können die Reichen und diejenigen, die es werden wollen, an dem seligen und alleinigen Machthaber erkennen, dem die Ehre gebührt b). Ebenso steht der vorliegende Hymnus in einem inneren Zusammenhang mit dem Vorangegangenen: Gott, der den Apostel von Mutterleibe an berufen hat und der sich in den Vorfahren des Timotheus offenbarte, ist der, welcher in seiner Erlöserabsicht schon vor ewigen Zeiten erwählend gehandelt hat. Um der Auserwählung und der Auserwählten willen kann und soll alles standhaft ertragen werden c), denn Gott kennt die, die sein sind, und er

z) vgl. 1 Pt 2, 19—21

a) I 3, 16!

b) I 5, 15!

c) I 2, 9!

[36] II 3, 15—17: V. 15: Rettung durch den Glauben an Jesus Christus; V 17: Als gläubiger Mann ausgerüstet zu *jedem guten Werk* durch das Wort Gottes. Vgl. auch Wt. Stb. 1 Tim S. 218, Anhang 3: Gute Werke.

d) II 2, 19 wird nicht von ihnen ablassen d). Die Leiden stehen im Zeichen der Erwählung: nur so sind sie tragbar und werden sie durchsichtig auf das ewige Ziel hin[37].

Der Lobpreis ist in drei Sätze mit drei je einander gegenüberstehenden Aussagen gegliedert:

1. Nicht menschliche Werke — sondern Gottes Gnadenwille
2. Vor ewigen Zeiten beschlossen — jetzt kundgetan
3. Der Tod ist entmachtet — unvergängliches Leben sichtbar gemacht

Das Ganze beginnt auch hier mit der ewigen Welt, wenn man den Anfang mitrechnet, der anschließt an Vers 8: **„Das Evangelium nach der Kraft Gottes**[38]**,** der rettet und beruft." Alle Partizipien stehen im Präteritum (Gott hat errettet, hat berufen, die Gnade ist verliehen worden etc.), aber grammatikalisch sind sie alle auf die rettende Kraft Gottes bezogen, das gibt ihnen einen präsentischen Sinn. Gott hat von Anbeginn der menschlichen Geschichte als Erlöser gehandelt und ist jetzt als Erlöser wirksam durch das Evangelium von Jesus, der **uns errettet und berufen** hat. Sein Erretten ist ein Berufen zu neuem Sein und zu dem daraus möglichen neuen Handeln[39]. Der Erlöste ist ein Berufener, der fortan unter einem **heiligen Ruf** steht. Er ist berufen zur Heiligung[40]. Der Errettete darf seine Gottzugehörigkeit durch sein tägliches Leben festmachen und verwirklichen. Das ist keine Werkgerechtigkeit. Der berufende Gott will sein heiliges Wesen in Leib und Leben der Berufenen ausprägen, denn „wie der, welcher euch berufen hat, heilig ist, sollt auch ihr heilig werden im ganzen
e) 1 Pt 1, 15. 16 Wandel e)".

Berufen[41]**.** Weil Timotheus zum ewigen Leben berufen ist, darum soll er es ergreifen; weil es ihm schon geschenkt worden ist, darum soll er aus der Kraft dieses Lebens und auf seine Erfüllung hin leben. I 6, 12 bringt das Thema der Berufung außerhalb eines liturgisch geprägten Rahmens, setzt aber den gleichen Sinn voraus. Dasselbe gilt für die Werke, ob sie nun in einem liturgischen Stück oder in einem anderen Text-

[37] II 2, 11—13 ebenfalls hymnisch gestaltet; Rö 8, 17—18. 26—30; 2 Ko 4, 17—18.
[38] Rö 1, 16: *Kraft* Gottes zum *Heil*
[39] Ich habe dich erlöst; ich habe dich bei deinem Namen gerufen; du bist mein (Jes 43, 1, vgl. 1 Ko 1, 9; Gal 1, 6; Rö 8, 28).
[40] So kann in Anschluß an 1 Th 4, 7 interpretiert werden.
[41] *klesis*, Berufung, Ruf, Rö 11, 29; Phil 3, 14; *kaleo* (rufen) 1 Ko 7, 20; Eph 4, 14; Hb 3, 1.

zusammenhang erwähnt sind[42]. Gott hat uns errettet und berufen. Wieder schließt Paulus alle ein, wenn sie Auserwählte (2, 10), d. h. von Gott Erkannte (2, 19), sind. Timotheus ist nicht allein; nicht an seine Berufung als Mitarbeiter ist hier gedacht, sondern an die Zeit, da er durch Gottes Ruf Rettung fand. Nicht Paulus hat ihn gerufen, sondern Gott selbst, allerdings durch menschliche Vermittler: seine Boten.

Nicht aufgrund unserer Werke. Eph 2, 9: „Nicht aus Werken." Werke sind im Sinne der Selbstbestätigung zu verstehen; das Tun und Trachten, womit man sich selbst legitimieren, beglaubigen, seine eigene Existenz rechtfertigen will. Geschieht das „vor Gott": dann werden vor allem religiöse gute Werke dafür in Frage kommen; wenn aber vor den Menschen: dann philanthropische, soziale, nützliche, politische; vor der eigenen Instanz: emotionale Selbstwertgefühle sichern, festigen, steigern; künstlerische, ästhetische, erotische Werte und Werke und Erfahrungen erstreben. Doch der Mensch kann seine Seele so nicht gewinnen. Er wird seiner eigenen Existenz nicht froh; auch wenn er die ganze Welt an Erfahrungen an sich reißt auf der Suche nach dem verlorenen Paradies. Die Unmittelbarkeit zu Gott und darin auch zu sich selbst kann er nur als reines Geschenk des freien Willens aus göttlicher Huld empfangen, und real erfahren wird er das nur in der Liebe unter den Menschen, unter denen er lebt.

Sondern aufgrund seiner eigenen Entscheidung. Nicht menschliche Absicht, Entscheidung und Tat, sondern Gottes eigener, von niemandem aufgezwungener, also göttlich freier Entschluß liegt am Anfang aller Erwählung und Begnadigung[43]. Die Erwählung des Menschen hängt ganz von der Erwählung des Messias durch Gott ab f). Selbst auf die Gefahr möglicher und naheliegender Mißdeutung und dem dahinterliegenden Mißtrauen gegen Gott g) muß dessen freier Gnadenwille herausgestellt werden. Nicht ein Prädestinationsschema, sondern die Gottheit Gottes, die Freiheit seiner Gerechtigkeit und die Souveränität seines Handelns bekennt hier der Apostel. Freiheit ist nicht philosophisch abstrakt, abstrakte Beliebigkeit oder gar Willkür, sondern Freiheit zur Erwählung in Liebe, die Gott in Jesus allen Menschen zukommen läßt.

f) Eph 1, 4. 5

g) Rö 9, 14

[42] Vgl. die Berufung des Gottesknechtes in Jes 41, 9; 42, 6; 46, 11; auch Gal 1, 15—16 in Verbindung mit Gal 1, 13—14.

[43] *prothesis:* Entscheidung, wie Rö 8, 28; 9, 11—12; verwandt zur Erwählung: Eph 1, 4; und Aussonderung: Gal 1, 15; immer verbunden mit Berufung und mit der Erwählung Jesu.

Gottes Entscheidung ist immer verbunden mit Jesus, seine Wahl ist **Gnaden**wahl, sein Wille ist **Liebes**wille.

h) wie Rö 16, 25. 26! 1 Ko 2, 7. 10 Eph 3, 9. 10; Kol 1, 26. 28; 1 Pt 1, 20
i) wie Eph 1, 4. 5. 10. 11. 13
j) wie Rö 16, 25
k) Tit 1, 2!
l) Tit 1, 3; Rö 16, 26
m) wie Phil 2, 6 f
n) 1 Pt 1, 20
o) Rö 11, 29; II 2, 13
p) Eph 1, 12. 14
q) Tit 2, 11!

Und der Gnade, die uns im Messias Jesus zugedacht ist vor ewigen Zeiten h). Ursprung und Ziel göttlichen Retterwillens ist Jesus, der Messias. In diesem Hymnus ist formal gesehen Gott der Rettende, aber inhaltlich ist alles auf die Mitte (auch äußerlich dargestellt) ausgerichtet: **auf Jesus** i). Gott hat vor alters j) die Erlösung verheißen k), die jetzt in Jesus offenbar wurde l). Mit eingeschlossen ist der Gedanke an die Präexistenz des Messias m). Gottes Entschluß liegt von Anbeginn n) fest; er ist unbereubar o), auf ihn ist Verlaß. Die dem Menschen gemäße Antwort auf Gottes Handeln ist der Lobpreis seiner Gnade. „Inkarnat" nennt man in der Malerei eine Farbe, welche die besondere Färbung der menschlichen Haut wiedergibt. Unser Leben ist berufen, lobpreisendes **Inkarnat** der Gnade Gottes zu sein p). Diese Gnade, das Angenommensein bei Gott, die Huld Gottes über unserem Leben, die göttliche Rehabilitierung (eine Umschreibung für die Rechtfertigung) und Legitimation (Bestätigung) unserer Existenz ist uns **gegeben,** d. h. als Geschenk dargereicht[44]. Die Gnade ist uns in Jesus verliehen worden, er selber ist die sichtbar gewordene Gnade Gottes q).

10 **Jetzt aber** — in der Fülle der Zeit — ist sie **offenbar geworden.** Die passive Form von **offenbaren** steht am Anfang der Aussage mit starker Betonung. Der bisher verborgene Ratschluß Gottes ist in unserer Zeit offenbar geworden, eine Gegenüberstellung, wie sie auch Rö 16, 25—27 kennt.

r) Tit 2, 11—13! 3, 4; I 6, 14! II 4, 1. 8
s) wie I 6, 14! 2 Th 2, 8

Durch die Erscheinung[45] **unseres Erlösers.** Der Begriff „Erscheinung" gilt hier für die Menschwerdung (Inkarnation) r), sonst für die Wiederkunft des Messias s) (die Parusie). **Unser Retter** ist nicht ein Heiland, wie ihn die römische Welt kennt

[44] Wie Jes 9, 6: Ein Kind ist uns geboren, ein Sohn ist uns g e g e b e n , und die Herrschaft ruht auf seiner Schulter; und man nennt seinen Namen: Wunderrat, starker Gott, Vater der Ewigkeit, Friedefürst.

[45] *epiphaneia* (das Erscheinen, die Erscheinung) war in der religiösen Sprache des Hellenismus weit verbreitet und wurde schließlich in den alltäglichen Sprachgebrauch übernommen. So konnte das Wort für einen Königsnamen Verwendung finden: Antiochus Epiphanes. Die Christen haben, um sich mit ihrer Botschaft vom Kommen des Messias in der hellenistischen Welt verständlich zu machen, dieses Wort wie viele andere aus der Umgangssprache für ihre missionarische Verkündigung übernommen. Offenbar war das Vertrauen selbstverständlich, daß Jesus seine Einzigartigkeit an den Hörern bekunden und damit die Andersartigkeit seiner Erscheinung selber offenbar machen werde. Anlaß zur Verwechselung bestand ohnehin nicht, denn Jesus erscheint nicht in Pracht und Machtentfaltung, sondern als der leidende Gottesknecht.

und preist; seine Macht ist nicht auf Unterwerfung und Zerstörung irdischer Feinde gerichtet, sondern durch seinen Tod überwindet er den Tod, den „König der Schrecken" t). Retter[46], für Gott selbst wie für den Messias ausgesagt, ist nicht einfach formelhafter Gebrauch; Gott ist wirklich Erlöser vom Tod und von der Verlorenheit; er will, daß alle Menschen errettet werden[47]. Jesus als Messias ist **der Retter**-Gott, der um der Erlösung willen Mensch geworden ist. Mit diesem Wort „Retter" bezeugten die Christen die Gottheit des Gekreuzigten, ihres Herrn.

t) Hiob 18, 14

Der den Tod entmachtet hat[48]. 1 Ko 15, 26 sieht die Vernichtung des Todes als des letzten Feindes zukünftig; ebenso wird der gesetzlose Mensch erst bei der (zukünftigen) Erscheinung Christi vernichtet werden u). Doch Hb 2, 14 stellt Inkarnation und Kreuzigung in den Zusammenhang der Vernichtung des Teufels, „der die Macht des Todes hat". Trotzdem besteht kein Widerspruch zum vorliegenden Lobpreis: Schon erwähnt wurde die stilistische Eigenart, daß alle Aussagen die gleiche Zeitform haben und sowohl als (vor-)geschichtliches wie auch als gegenwärtiges und zukünftiges Geschehen ausgelegt werden können. Das Handeln Gottes umfaßt alle Zeit, die wir Menschen für unser Verstehen eingeteilt haben in Vergangenheit, Gegenwart und Zukunft.

u) 2 Th 2, 8

Der Brief kennt die endzeitliche Vollendung, „die Verheißung des Lebens" v) durch die Erscheinung des Herrn, der alles Vollbrachte zu seinem Endziel führen wird w). Das Heil umspannt alle Zeitalter und Zeiten. Ewige Berufung zum Heil, Offenbarung des Heilandes auf Erden, Überwindung des Unheils, der Sünde und des Todes, Vollendung in Herrlichkeit. Alles ist für den im Lobpreis anbetenden Apostel gleichzeitig;

v) II 1, 1
w) II 4, 1. 8

[46] Der Ausdruck „Heiland der Welt" war universal bekannt und gebraucht; in den johanneischen Schriften wörtlich übernommen (Jo 4, 42; 1Jo 4, 14), kann aber gleichzeitig auch als betonter Gegensatz zu den Königen und Rettern der Welt verwendet sein. *„Soter"* (Retter, Heiland) für Gott [Jahwe] ist schon im Judentum bekannt und sehr früh für Jesus als Messias gebraucht: Lk 2, 11!; 1 Th 1, 10; Phil 3, 20; Eph 5, 23; für Gott: I 1, 1; Tit 1, 3; 2, 10; 3, 4; Jud 25. — Mt 1, 21 zeigt, daß der Name Jesus (hebr *Jehoschua* = Jahwe ist Heil, Jahwe ist unsere Rettung) schon früh vom Aramäischen her gedeutet wurde als Heiland.

[47] Vgl. Anfang von Vers 9 das Verb retten und besonders betont: I 2, 3—6.

[48] *katargeo:* außer Wirksamkeit setzen, kraftlos machen, aufheben. Ein von Paulus bevorzugtes Verb, 25mal, sonst ganz selten außerhalb des NT! Rö 3, 3. 31; 4, 14; 6, 6; 7, 2. 6; 1 Ko 1, 28; 2, 6; 6, 13; 13, 8. 10. 11. An die tyrannische Herrschaft der Sünde, die vernichtet wurde, ist hier mitgedacht: Rö 5, 14 dasselbe Verb, vgl. II 4, 1: Christus als der Weltenrichter. Sünde (Rö 5, 14). Tod (1 Ko 15, 26) und Teufel (Hb 2, 14. 15) gehören zusammen und werden zusammen vernichtet (vgl. 2 Ko 1, 10).

ebenso schaut er den Erlöser in e i n s als den Menschgewordenen (epiphaneia), den am Kreuz Gestorbenen (er hat den Tod zunichte gemacht), den Auferstandenen und Erhöhten:

Der Leben und Unvergänglichkeit ans Licht gebracht hat.
Ans Licht bringen heißt, sichtbar machen, so daß man das bisher Verborgene sehen kann, denn die Todesschatten haben das Licht des Lebens verdunkelt und für die Menschen unsichtbar gemacht. „Steh auf von den Toten, so wird Christus dir als
x) 1 Ko 4, 5; Licht (des Lebens) aufgehen" x). Die Getauften wurden schon
Eph 3, 9; früh Erleuchtete genannt y). Die Gnostiker verkündeten, daß
5, 13. 14 das Heil durch Erleuchtung komme. Die ntl Aussagen aber
y) Hb 6, 4; machen deutlich, daß das Heil **durch das Evangelium** kommt,
10, 32 d. h. durch das Leben, Sterben und Auferstehen Jesu. „Das wahre Licht, das jeden Menschen erleuchtet, kam in die
z) Jo 1, 9 Welt" z). Gott will die „Augen des Herzens" erleuchten a)
a) Eph 1, 18 durch den Geist, er will ins Herz leuchten b), damit „die Herr-
b) 2 Ko 4, 6 lichkeit des Herrn", seine Klarheit, geschaut werden kann c).
c) 2 Ko 3, 18

Unvergänglichkeit[49]. Das vom Tod gezeichnete und an die **Sünde** versklavte **Leben** ist überhaupt gar nicht das volle, wahre Leben, sondern nur ein Fristen des Daseins; erst wenn es unzerstörbar (im Gegensatz zum Tode, der zerstört und zerstört werden kann) und unvergänglich geworden ist, kann es seinen gegenwärtigen Sinn entfalten. **Jesus** ist es, der Leben und Unvergänglichkeit ans Licht gebracht hat durch seine in dieser Welt des Todes geschehene Auferstehung. Wer losgelöst von Jesus nach Erleuchtung sucht, wird vielleicht bisweilen erleuchtete Zustände haben, aber er wird doch mit sich allein bleiben und schließlich seines eigenen Lichtes überdrüssig werden. Wer ohne den „Fürst des Lebens" die Unvergänglichkeit anstrebt oder behauptet, wird dessen nie wirklich froh werden können; ihm fehlt doch die Gewißheit im gegenwärtigen Leben, weil die Schatten des Todes alle seine Hoffnungen umdüstern. Nicht allgemein Erleuchtungszustände
d) II 4, 8 suchen, sondern das Erscheinen Jesu liebgewinnen d), nicht abstrakter Unsterblichkeitsglaube, sondern den Herrn Jesus
e) Eph 6, 24 Christus lieben in seiner „unvergänglichen Herrlichkeit" e), das kennzeichnet den echten Glauben und gibt ihm im Angesicht des Todes die unvergleichliche Freude[50].

Unvergänglichkeit. Das ist die Sehnsucht der Griechen und das Verlangen der Menschheit, hier aber das letzte Wort des

[49] *phtharsin;* in Rö 2, 7 zusammen genannt mit ewigem Leben; 1 Ko 15, 42; Eph 6, 24.
[50] Der Textzusammenhang weist auf das bevorstehende Martyrium.

Hymnus, dessen tragende Mitte **Jesus** ist, der von Gottes Retterwille gesandte Erlöser. Er ist der Vernichter der Todesschrecken, er bringt Lebenslicht und Unvergänglichkeit. Die Botschaft der Auferstehung ist zusammengefaßt in dem einen Satz: „Weil ich lebe, werdet auch ihr leben" (Jo 14, 19).

Stellen wir den Hymnus vor uns hin in seinen drei Zeilen und beachten wir, daß die mittlere Zeile zweimal von Jesus Christus spricht, dem von Ewigkeit her uns zugedachten und jetzt offenbarten Erlöser:

Der uns errettet und berufen hat mit heiligem Rufe nach der Kraft Gottes:

1. Nicht aufgrund unserer Werke,	—	sondern aufgrund seiner eigenen Entscheidung und Gnade,
2. die uns in Christus Jesus zugedacht ist vor ewigen Zeiten,	—	jetzt aber offenbar geworden ist durch die Erscheinung unseres Erlösers Jesus Christus,
3. der den Tod entmachtet hat,	—	dagegen Leben und Vergänglichkeit ans Licht gebracht hat.

Das geschieht durch das Evangelium, zu dessen Herold, 11
Apostel und Lehrer ich bestimmt bin. Da der Gefangene seinen Tod vor Augen sieht, ist er jetzt wieder und immer noch ein Herold, „ein Gesandter in Ketten" f). Darum ist die Wiederholung aus I 2, 7 nicht überflüssig, sondern Bekräftigung von Gottes B e r u f u n g, die durch seine erneute Gefangenschaft nicht hinfällig, sondern erst recht in der alle Widerstände überwindenden Kraft und Freiheit sichtbar wird g).

f) Eph 6, 20
g) II 2, 9

Aus diesem Grunde leide ich auch dies; aber ich schäme mich
nicht, denn ich weiß, wem ich geglaubt habe, und bin über- 12
zeugt, daß er mächtig ist, das mir Anvertraute zu bewahren auf jenen Tag. Die Botschaft der Freude kann nicht ohne Leiden bezeugt werden, das gilt für Paulus h) wie für Timotheus i) wie für alle, die gottselig leben wollen k). Das ruhige und stille Leben in der Frömmigkeit l) ist keine behagliche Bürgerlichkeit, sondern es ist begleitet von äußeren und inneren Bedrängnissen, von Widerständen innerhalb der Gemeinde oder von Gesellschaft und Staat.

h) II 1, 12; 2, 9
i) II 1, 8; 4, 5
k) II 3, 12
l) I 2, 2!

„Aus diesem Grund" schließt mit der gleichen Formulierung wieder eng an die Verse 6 und 7 an, wo vom Charisma die Rede war. Vgl. Vers 14: Das Anvertraute kann nur im Heiligen Geist bewahrt werden. Widerstand, Bedrängnis und **Leiden** werden den, der im Heiligen Geist den Geist der Verzagtheit überwindet (V. 7) — sie können den, der dem Herrn vertraut, nicht einschüchtern m). Sie können ihn nicht niederschlagen oder beschämen[51].

m) vgl. Phil 1, 28—30

Denn ich weiß, wem ich geglaubt habe. In knapper Bestimmtheit faßt Paulus zusammen, worauf sein Leben beruht. Diese Aussage macht unmißverständlich deutlich, daß der „Glaube" nicht eine Form-Sache, nicht ein totes Wissen ist, losgelöst von der personalen Beziehung zu Jesus. Was hören wir aus diesem persönlichen Bekenntnis?

1. Paulus sagt nicht: Ich weiß, w a s ich geglaubt habe; so müßte man erwarten, wenn unser „Glaube" n u r als Information[52] über etwas oder jemanden zu verstehen wäre. In diesem Sinn schreibt Paulus über das, was er von den Spaltungen in der korinthischen Gemeinde hört: „Zum Teil (!) glaube ich e s" n)[53]. Glaube ist für ihn Vertrauen zu einer Person, nämlich dem Auferstandenen, ja, mehr noch: ein Sich-Anvertrauen. Paulus sieht sich darin nicht als Ausnahme, denn alle, die zur Gemeinde Jesu gehören, „haben Gott geglaubt" o). 2. Das Perfekt in 1, 12 und Tit 3, 8 bezeichnet die klare Hingabe an den Herrn in der Vergangenheit und die fortdauernde Gewißheit, die aus Gottes Treue dem sich Anvertrauenden zuteil wird[54]. 3. Glaube, der sich dem sich in Jesus schenkenden

n) 1 Ko 11, 18

o) Tit 3, 8!

[51] „Ich schäme mich nicht" ist eine doppelte Verneinung, die eigentlich sagen will: ich rühme mich, ich bin in meiner Ohnmacht überzeugt von seiner Macht, vgl. Rö 1, 16: ich schäme mich des Evangeliums nicht (und den damit verbundenen Leiden und Demütigungen); ich rühme vielmehr die Kraft *(dynamis)* Gottes, die in dieser Heilsbotschaft zur Auswirkung kommt. Rö 5, 3: Wir rühmen uns der Trübsal, da wir w i s s e n, vgl. hier: Ich schäme mich nicht, denn ich w e i ß. Rö 8, 35—39: Aber in diesem allen überwinden wir weit durch den, der uns geliebt hat, denn ich bin überzeugt, vgl. V. 12; und ich bin überzeugt (genau wie Rö 8, 38), daß er mächtig *(dynatos)* ist (sachlich wie Rö 1, 16).

[52] Der Glaube beruht *auch* auf Information, aber eben nicht allein darauf; vgl. 1 Ko 2, 5: er würde sich als nichtig herausstellen, wenn er nur auf Menschenweisheit beruhte anstatt „auf Erweisung des Geistes und der Kraft".

[53] Vgl. Jak 2, 19: „Du glaubst, daß e s (!) einen Gott gibt, du tust wohl daran: auch die Dämonen glauben e s (!) und zittern." Sie haben ein sie beängstigendes Wissen über das Dasein Gottes, aber keine vertrauende Beziehung zu ihm. Gegensatz dazu: *pisteuein* mit Dativ = jemandem glauben: „Abraham glaubte Gott": Rö 4, 3; Gal 3, 6; Mt 21, 25.

[54] Es besteht kein Grund dazu, *„pistis en christo"* in den Past (II 3, 15; I 3, 13) anders zu verstehen als in Gal 3, 26; Eph 1, 15; Kol 1, 4. Alle ntl Zeugen verkünden nicht nur „den Glauben Jesu" oder „die Sache mit Jesus", sondern sie bekennen „den Glauben an Jesus" als eine personale Vertrauensbeziehung zu ihm, dem gegenwärtigen Herrn, deren Echtheit sich in liebender Hingabe an ihn und im freien Gehorsam zeigt.

Gott anvertraut, ist ebensowenig blinder Glaube, wie die wahre Liebe blind ist oder blind macht. Ich weiß, wem ich geglaubt habe. Dieses Wissen ist nicht eine beziehungslose Erkenntnis von Wahrheiten über jemanden oder über eine Sache. Das hier gewählte Verb bedeutet: Ich kenne den, welchem ich mich anvertraut habe. Petrus verleugnete seinen Herrn und sagte: „Ich kenne diesen Menschen nicht." Die Irrlehrer verleugnen Jesus, d. h. den Glauben an ihn p), weil sie sich zu einer Erkenntnis bekennen, die an Jesus vorbei oder über ihn hinweg geht. Solche Erkenntnis stammt aus ihrem eigenen Innern, nicht aber aus der Person dessen, den man erkannt zu haben vorgibt.

p) I 6, 21!

Und bin überzeugt q), **daß er mächtig ist, das mir Anvertraute zu bewahren auf jenen Tag.** Paulus weiß **heute** r), daß der Gott, dem er in der Vergangenheit **geglaubt hat,** zu ihm stehen wird bis „auf jenen Tag". Davon ist er im Blick auf die Zukunft **überzeugt.** Ohne die Kraft Gottes wäre sein Glaube dem jener gleich, die nur eine Form der Frömmigkeit haben, aber deren Kraft nicht kennen, d. h. verleugnen s).

q) Rö 8, 38
r) Hb 13, 8
s) II 3, 5

Das mir Anvertraute ist nach I 6, 20 und II 1, 14 ohne Zweifel der anvertraute Schatz des Evangeliums, wobei allerdings alles andere mit eingeschlossen ist: sowohl das eben von diesem Evangelium geprägte t) Leben des Paulus selbst bis hin zur endgültigen Erlösung „an jenem Tag", wie auch Leben und Dienst des Timotheus und darüber hinaus der weitere Lauf dieses Evangeliums bis an das Ende der Weltzeit. Denn wenn auch seine Herolde gefesselt sind, das Wort Gottes ist nicht gebunden (2, 9). Ist ihre Zeit des Abrufes da (4, 6), so werden andere gerufen, die ebenfalls am Kampf teilnehmen (2, 2.5) und den Kranz erlangen werden (2, 5; 4, 8)[55].

t) II 1, 10 c. 11

Die von Überzeugung glühende Ausrichtung auf **jenen Tag** zeigt erneut, daß die Past nicht eine ferne gerückte Erwartung vertreten[56].

[55] Paulus lebt aus der Überzeugung, welche in der Liedstrophe von A. Knapp Ausdruck gefunden hat: „Du wirst dein herrlich Werk vollenden, der du der Welten Heil und Richter bist; du wirst der Menschheit Jammer wenden, so dunkel jetzt dein Weg, o Heilger, ist; drum hört der Glaub nie auf, zu dir zu flehn, du tust doch über Bitten und Verstehn."

[56] Dibelius meint dazu: „Stellen wie diese zeigen, wieso das Ausbleiben der Parusie keine Enttäuschung bereitet: Das Bewußtsein der Gegenwärtigkeit der Heilsgabe dominiert." Er fügt hinzu: „Diese Umstimmung findet sich auch schon bei Paulus"(!)

c) Bewahren durch den Geist 1, 13—14

13 **Die Gestalt der heilsamen Worte, die du von mir gehört hast, halte fest im Glauben und in der Liebe, die im Messias**
14 **Jesus ist. * Das anvertraute Gut bewahre durch den Heiligen Geist, der uns innewohnt.**

13 Schon Rö 6, 17 kennt „die Gestalt der Lehre“[57], der die Gläubigen übergeben und von Herzen gehorsam geworden sind. Gestalt bezeichnet das Ganze wie auch den vollständigen Zusammenhang aller Teile im Ganzen. Das Ganze ist mehr und etwas anderes als die Summe aller Teile. Dieses ganzheitliche Verständnis, das im deutschen Wort Gestalt gut zum Ausdruck kommt, hilft auch den Zusammenhang zu den heilsamen Worten zu erkennen. Das Ganze im Füreinander und Miteinander des lebendigen Zusammenhangs[58] ist das heile Unversehrte, d. h. das Gesunde. Wo Worte, Sätze und Gedanken herausgerissen, überbetont, abstrahiert, d. h. abgezogen werden aus der ganzheitlichen Beziehung u), da verlieren sie ihren ursprünglich heilsamen Sinn und verwunden, machen krank[59]. Genau das aber geschieht durch die Irrlehrer, von denen sich Timotheus unterscheiden soll dadurch, daß er festhält an der Gestalt der gesunden Worte v). In I 6, 3 ist die heilsame Wortgestalt umschrieben mit „heilsame Worte des Herrn“.

u) vgl. 1 Ko 12, 15—25

v) Vgl. II 3, 13 mit 14

w) vgl. dazu I 5, 18

Timotheus kann die heilsame Wortgestalt w) nur gesund festhalten **in Glauben und Liebe.** Will er festhalten mit eigenem Willen und Verstand, wird er ein sturer Verfechter von erstarrten Prinzipien. Die Wortgestalt des Evangeliums ist etwas anderes als ein aus Einzelstücken lückenlos aufgebautes System von Ideen, Gedanken, Problemen, Geboten. „Was von Anfang an gewesen ist, was wir gehört, was wir gesehen haben mit unseren eigenen Augen, was wir geschaut und was unsere Hände berührt haben, die Botschaft von dem Lebenswort ... tun wir euch kund. Das s c h r e i b e n w i r euch, damit unsere Freude vollkommen sei.“[60]

„Die Botschaft von dem Lebenswort“ und „die Gestalt heil-

[57] *typos*, Vorbild, wie I, 4, 12; 1 Th 1, 7; II 3, 9. 17. *hypotyposis* hier und I, 1, 16 das Urbild.

[58] Vgl. dazu den „Christusleib“ in 1 Ko 12.

[59] Vgl. I 6,4 auf der Suche nach Streitfragen; Spr 15, 1: Ein kränkendes, verwundendes Wort erregt den Zorn, es macht krank. II 2, 17.

[60] 1 Jo 1, 1—4; Wilckens dazu: „Mit dem ‚Wort‘ ist nicht die Kunde vom Leben, sondern Christus selbst (Jo 1, 1) gemeint, der in seiner Person ‚das Wort‘ ist, das als solches ‚das Leben‘ in sich trägt und dem Menschen spendet.“ Jo 1, 4.

samer Worte, die du von mir gehört hast" — beides bezeichnet dieselbe Wirklichkeit: Jesus Christus. Dessen eigene göttliche Liebe ist gemeint, wenn es heißt **„in der Liebe, die im Messias Jesus ist"**. Ist es doch dessen eigene Liebe und damit die Liebe des Vaters, die „in unsere Herzen ausgegossen ist durch den Heiligen Geist" (Rö 5, 5b). So eröffnet sich uns ein Segenskreis: Timotheus kann anderen Vorbild sein (I 4, 12), indem er sich selber an das Vor-Vorbild, d. h. an das Urbild, hält: Jesus. Dieses Bild aber leuchtet und wirkt durch die Wortgestalt des Evangeliums, wie Timotheus es im gelebten Vorbild des Apostels empfangen hat. Die schriftliche und erlebte Wortgestalt bewirkt neue Menschen, in denen die Liebe Jesu Gestalt gewinnt[61]. Das geistgewirkte Wort Gottes schafft den Menschen Gottes. Darum die Doppelmahnung in I 4, 16: „Habe acht auf dich selbst (Lebensgestalt) und auf die Lehre (Wortgestalt); daran halte fest!"

Das anvertraute Gut bewahre durch den Heiligen Geist, der uns innewohnt. Da die Gedanken bei der Glauben und Liebe erweckenden Lebenswort-Gestalt verweilen, steigert sich der Ausdruck: Das Anvertraute (Vers 12) ist kostbar, gut, strahlend, herrlich. Das Heilig-Wertvolle kann nur durch den Heiligen Geist bewahrt werden. Dieser Geist **wohnt in uns** x); der Geist des Vaters spricht in den Blutzeugen y).

x) wie Rö 8, 11
y) Mt 10, 17–20

Was immer die Gestalt heilsamer Worte auch noch bedeuten kann als Katechese, als Kurzformel des Glaubens, als Liturgie, als Bekenntnis, als Grundlehre — eines muß festgehalten werden, wie das auch für das Verständnis von „bewahren, anvertrauen, weitergeben" gilt: Nichts steht in der Verfügungsgewalt des Menschen, vielmehr ist alles nur im innewohnenden Heiligen Geist wirklich und darum und dann auch wirksam im Menschen[62]. Nicht die Häufigkeit eines Wortes, sondern seine Bedeutung im Ganzen und für das Ganze ist entscheidend für die Auslegung[63]. Der Geist ist allen

[61] Vgl. Gal 4, 19 die wiederholten Geburtsschmerzen des Apostels für die Galater, bis Christus in ihnen Gestalt gewinnt.

[62] Timotheus „ist dadurch der sich selber Bewahrende, daß der Geist ihn bewahrt, wie Paulus der Bewahrte und Gerettete ist, daß Christus ihn behütet" (Schlatter 225). Ähnlich schreibt Paulus zuerst vom Kranz der Gerechtigkeit, der für ihn bereitliegt, fügt dann aber alle anderen, die wie er auf das Wiederkommen des Herrn in Liebe warten, mit ein (II 4, 6—8).

[63] I 4, 1: Die prophetische Weisung des Geistes ist „ausdrücklich" gesagt und gemeint. Sie ist eine Gnadengabe ebenso wie das Charisma, das Timotheus empfangen hat. Die Gabe ist nicht fester, unveränderlicher Besitz, objektive Amtsgnade oder sakramentale Weihe, die ihren Träger von allen Geistträgern unterscheidet. Die Gabe kann entweder vernachlässigt (I 4, 14) oder aber angefacht werden (II 1, 6).

gegeben, die durch „das Bad der Wiedergeburt und der Erneuerung" gereinigt sind; der Geist ist „reichlich ausgegossen" auf alle z). Er verleiht Kraft, Liebe, Zucht.

z) Tit 3, 5—6!

Die Verse 11—14 sind dicht verwoben mit dem ganzen Abschnitt 1, 3—2, 13, der von persönlichster Betroffenheit zeugt. „Das Verhältnis des Apostels zu seinem Schüler ist durch eine große seelische Zartheit gekennzeichnet, die darum so ergreifend wirkt, weil sie in der Forderung der Todesbereitschaft zur reinsten Vollendung kommt. Das Stück ist eines der menschlich ergreifendsten Dokumente der ganzen Bibel, das auch darum so hoch zu bewerten ist, weil ihm alle legendären und apokryphen Züge fehlen." (Holtz, 5.)

3. Das Beispiel der Zeugen

2. Timotheus 1, 15—18

a) Das schlechte Zeugnis 1, 15

15 **15 Du weißt, daß sich in Asia alle von mir abgewendet haben, darunter Phygelus und Hermogenes.**

Der Zusammenhang zum vorangegangenen Abschnitt ist deutlich: Timotheus soll sich der Ketten des Paulus nicht schämen, sich von ihm in seinem Leiden nicht abwenden, wie das die Mitarbeiter in der römischen Provinz Asia getan haben. Bedeutet „alle in Asia" alle in der ganzen Provinz oder alle in der Hauptstadt, alle Gemeinden oder alle führenden Mitarbeiter? Gewiß ist, daß um die Person des Paulus schon früh (Korinth!) und um seine erste Gefangenschaft a) Auseinandersetzungen in den Gemeinden entstanden. Jetzt muß sich die Lage verschärft haben. Die beiden namentlich Genannten sind als einflußreiche Männer in den Gemeinden anzusehen.

a) Phil 1, 15—18

Da Paulus früher schon und stärker jetzt in der Gegenwart (vgl. 1. Brief an Timotheus) den Kampf gegen die Irrlehrer aufgenommen hatte, kann die Abwendung „aller"[64] auf das starke Anwachsen und vielleicht schon Überhandnehmen der evangeliumsfremden Einflüsse hindeuten. Wenn Timotheus

[64] „alle" ist nicht absolut zu verstehen, sondern als hyperbolische, d. h. überdeutliche Redeweise. Vgl. dazu die Lage während der ersten Gefangenschaft: Alle suchen das ihre, Phil 2, 21; II 4, 16: Alle haben mich im Stich gelassen.

darüber im Bilde ist, warum schreibt ihm der Apostel davon? Dahinter kann die seelsorgerlich schonend verborgene Mahnung stehen: Auch wenn alle mich verlassen, anstatt für die Wahrheit b) des Evangeliums einzustehen, tue du es ihnen nicht gleich. b) Tit 1, 14

b) Das gute Zeugnis 1, 16—18

16 **Der Herr gebe Barmherzigkeit dem Hause des Onesipho-**
rus, denn er hat mich oft erquickt und sich meiner Ket-
17 **ten a) nicht geschämt; * sondern hat eifrig nach mir ge-** a) Mk 5, 3
18 **gesucht, als er nach Rom kam, bis er mich fand. * Der Herr** Apg 12, 6
gebe ihm, daß er vom Herrn Barmherzigkeit finde an 28, 20; Eph 6, 20
jenem Tag. Und wieviel er in Ephesus diente, ist dir am
besten bekannt.

Timotheus ist nicht der einzige, der zu Paulus gestanden hat. Auch Onesiphorus stand ihm bei. Die Lage, die Onesiphorus vorfand, als er nach Rom kam, wird schwierig gewesen sein. Die Christen hielten sich verborgen und wollten einem Fremden nicht ohne weiteres zeigen, wo Paulus gefangen war. Es bedurfte Mut und Eifer der Liebe, um in dieser gefährlichen Lage nicht aufzugeben. 16

Eifrig suchen: Kann auch den Sinn haben von eilig suchen[65]. Das ist ein vorbereitender Hinweis für den wiederholten Ruf an Timotheus: beeile dich, komme bald zu mir b)! Paulus mußte sich nicht schämen, daß er in seiner Verlassenheit den Trost brüderlicher Nähe suchte. Jesus selber sehnte sich nach Tischgemeinschaft und Gebetsgemeinschaft mit seinen Jüngern, bevor er den Tod erlitt c). 17 b) II 4, 9. 21

Onesiphorus hat ihn **oft erquickt** durch seine Gegenwart und Gemeinschaft, wahrscheinlich auch durch praktische Hilfeleistung. Er tat das, was Jonathan für David tun konnte: Er stärkte seine Hand in Gott[66]. c) Lk 22, 15 vgl. Vers 28; 23, 50—52; Mt 26, 36—38. 40

[65] Das gleiche Wort in ähnlicher Lage: Phil 2, 28; sodann Tit 3, 12. 13!

[66] Diese Aussage zeigt, daß Paulus jetzt unter sehr viel schwierigeren Umständen eingekerkert war als das erste Mal, vgl. Apg 28, 16—31. Zu Jonathan/David: 1 Sam 23, 14—18. Ein Aufruf an die Gemeinden, den Gefangenen zu helfen, lautet: „Wenn ein Christ um des Namens Christi und um der Liebe zu Gott und um des Glaubens willen von den Gottlosen ... zu Tierkämpfen oder Bergwerksarbeiten verurteilt wird, verabsäumt ihn nicht, sondern sendet ihm von eurer Arbeit und eurem Schweiß zu seiner Verpflegung und zum Entgelt für die Soldaten, damit ihm Erleichterung, sorgsame Behandlung widerfahre; auf daß, so viel an euch liegt, daß euer seliger Bruder nicht gequält werde" (Const. apost. lib. V. zit. bei Wohlenberg, 286).

Paulus verbrachte mindestens fünf Jahre seines Lebens in
d) II 1, 8 Gefangenschaft. Er ist „sein Gefangener" d), nicht Gefange-
ner einer politischen Macht. Die Art und Weise, wie der
Apostel seine Gefangenschaft versteht und bezeichnet, ist un-
e) Eph 3, 1; 4, 1; Phlm 1, 9; Phil 1, 13 verwechselbar für ihn e). Er war „Gefangener für den Herrn".
In diesen Worten ist eine ungeheure Spannung enthalten: die
Gewißheit höchster Ehre und Ehrung durch den Herrn aller
f) Phil 1, 29—30 Herren f), eingetaucht in tiefste menschliche Schmach und
Erniedrigung, gebrandmarkt und verurteilt als Staatsver-
g) II 2, 9 brecher g). Nur aus dieser biblischen Sicht wird das Wort des
Weltenrichters verständlich: „Ich war im Gefängnis, und ihr
h) Mt 25, 31—46 seid zu mir gekommen" h).

Wie Onesiphorus den Apostel gefunden hat, so möge er vom
i) Mt 5, 7; Jak 2, 13 Herrn **„Barmherzigkeit** i) **finden an jenem Tage".** Viele Aus-
leger sehen in dem eschatologisch ausgerichteten Gebets-
18 wunsch die Bestätigung dafür, daß Onesiphorus gestorben ist.
Ein Vergleich mit 1 Th 5, 23 aber zeigt, daß Paulus durchaus
das Gebet um Barmherzigkeit oder Bewahrung am letzten Tag
kennt, das noch lebenden Menschen gilt.

Wird aber angenommen, daß Onesiphorus gestorben sei, kann dann der vorliegende Gebetswunsch als Gebet für die Toten gedeutet werden, wie vor allem katholische Ausleger meinen? J. Jeremias antwortet darauf: „Paulus kennt nur den Segenswunsch, der die Trauernden (16) und den Heimgegangenen (18) in die Hände des ewigen Erbarmens legt."

Ob Onesiphorus gestorben ist oder ob er lebt, er hat als Vorbild für Timotheus die feste Erwartung und Hoffnung zum Ausdruck gebracht, daß er in nichts zuschanden werde, sondern daß mit aller Freudigkeit wie allezeit, so auch jetzt, Christus verherrlicht werde an seinem Leibe, es sei durch Leben
k) Phil 1, 20 oder durch Tod k).

Die wörtliche Wiederholung von „jener Tag" in II 1, 12 und 18 (vgl. II 3, 1) zeigt, daß der ganze Abschnitt einheitlich auf „das Letzte" ausgerichtet ist.

4. Timotheus als Zeuge des Evangeliums

2. Timotheus 2, 1—13

a) Kämpfen als Leidensgefährte des Apostels 2, 1—7

1 Du nun, mein Kind, erstarke durch die Gnade im Messias
2 Jesus, und was du von mir gehört hast durch viele Zeugen,
das vertraue treuen Menschen an, die tüchtig sein werden,
3 auch andere zu lehren. * Leide mit als guter Streiter des Mes-
4 siaskönigs Jesus. * Keiner, der im Felde steht, verstrickt
sich in die Geschäfte des Lebensunterhaltes, damit er seinem
5 Feldherrn gefalle. * Wenn aber auch jemand am Wett-
kampf teilnimmt, wird er doch nicht bekränzt, wenn er
6 nicht nach der Regel gekämpft hat. * Der hart arbeitende
7 Landmann soll als erster von den Früchten genießen. * Mer-
ke auf das, was ich sage; denn der Herr wird dir Einsicht
geben in allem.

Der Apostel wendet sich wieder ganz seinem geliebten Sohn 1
zu: er soll erstarken in der Gnade für seine Aufgabe[1]! Dazu
parallel lautet die Aussage an die Epheser: „Erstarket im
Herrn durch die Kraft, die seine Stärke verleiht" a). Dort wie a) Eph 6, 10
hier steht die Mahnung als Einführung bzw. Vorbedingung und
Ausrüstung für den Kampf des Glaubens b). b) II 1, 7. 8; 4, 17 Phil 4, 13; Rö 4, 20

Da das neue Leben nie ohne Dynamis, d. h. nie ohne Be-
wegung durch göttliche Kraftwirkungen ist, kann der Begna-
dete darin *zunehmen*. Wie wird das geschehen? Timo-
theus soll an sich geschehen lassen, was die Gnade will. Er
braucht nicht zu verzagen, denn er kann täglich erneuert wer-
den c). Seine eigene menschliche Schwachheit steht seiner Stär- c) 2 Ko 4, 16
kung durch Gott nicht im Wege d). Er trägt den Schatz (das d) 2 Ko 12, 10
Anvertraute) in einem irdenen, zerbrechlichen Gefäß, damit
um so deutlicher werde, woher die überragende Größe der
Kraft stamme, nämlich nicht aus menschlichem Wissen und
Wollen, sondern aus Gott e). Da die Epheser den Geist empfan- e) 2 Ko 4, 7
gen haben, bittet Paulus für sie, daß sie durch diesen Geist
mit Kraft gestärkt werden am inwendigen Men-

[1] Vgl. I 1, 1—18 mit II 1, 2; 2, 1. Zum Aufbau des Abschnittes vgl.: I 1, 3—11: Über die Irrlehrer; V. 12—17: Paulus über sich selbst (Jesus hat mich *stark* gemacht); V. 18—20: direkte Anrede an Timotheus (den Anfangsgruß „mein Kind" wiederaufgreifend und auf die Dynamik der über ihn ergangenen Weissagung in Kraft des Heiligen Geistes hinweisend).

f) Eph 3, 16 schen f). Und ebenso jetzt für Timotheus; da er den Geist der Kraft empfangen hat, soll er die Geistesgabe anfachen (1, 6) und in der Geistesgnade erstarken (2, 1), indem er im Glauben wagt, das Empfangene weiterzugeben.

2 **Was du von mir gehört hast durch viele Zeugen.** Was hat Timotheus von Paulus gehört und aufgenommen? Es ist die erlösende Heilswahrheit, das Evangelium, das kostbare Gut, die heilsame Wortgestalt. Er hat diese Heilswahrheit nicht nur von Paulus gehört, sondern aus vieler Zeugen[2] Mund bestätigt gefunden g).

g) I 6, 12!

Vier Imperative bestimmen diesen Abschnitt: Erstarke (1), vertraue an (2), leide mit (3), bedenke (8). Wir stehen vor der entscheidenden Frage: Wie überliefert Paulus das empfangene Evangelium? Hat sich die Lage seit dem 1. Korintherbrief verändert? Dort spricht Paulus von der Überlieferung, wie er sie „vom Herrn her empfangen hat“ h), wie er sie den Korinthern übergeben hat und wie diese daran festgehalten haben i).

h) 1 Ko 11, 2. 23
i) vgl. 1 Ko 15, 3

Das vertraue treuen Menschen[3] an, die tüchtig sein werden, auch andere zu lehren. Die Überlieferung wird am besten bewahrt dadurch, daß man sie weitergibt! Dieses Weitergeben ist ein Anvertrauen an treue Menschen. In diesem einen Vers sind vier Übermittler des Evangeliums aufgezählt: 1. Paulus hat das Evangelium selber übermittelt erhalten von anderen. 2. Paulus gibt es an Timotheus weiter und 3. Timotheus an treue, lehrfähige Mitarbeiter und schließlich 4. diese Mitarbeiter wieder an andere.

Treue und Lehrfähigkeit sind die beiden Hauptbedingungen für den Diener am Wort. In der Treue ist eingeschlossen die Treue zum Herrn, zu den Mitarbeitern, zur Lehre, zum Auftrag des Weitergebens. Treue, das ist eine Grunderfordernis für den Haushalter j). Bei „Treue“ ist immer „Glaube“ mitzuhören (es ist ja im Griechischen dasselbe Wort).

j) 1 Ko 4, 1—2; I 1, 12!

Timotheus hat den Auftrag, das Evangelium glaubenstreuen und lehrfähigen Menschen (3) anzuvertrauen. Wer ist lehr-

[2] Auch das Blutzeugnis der Märtyrer = der Zeugen kann mitverstanden sein.
[3] Bemerkenswert ist der Plural und daß hier nicht „lehrfähige Männer“, sondern der allgemeine Ausdruck „Menschen“ steht. Zum Thema Lehre durch Frauen vgl. W. Stb 1 Tim 5, 87—93 und Anhang 4: Die Stellung der Frau, S. 219—227.

fähig, wer ist zum Lehren tüchtig[4]? Einerseits erhalten einige ein besonderes Charisma der Lehre k), andererseits wird erwartet, daß alle Gemeindeglieder in der Erkenntnis wachsen und dadurch befähigt werden, sich gegenseitig zu lehren und zu ermahnen l). Diese Ausrüstung der ganzen Gemeinde zur gegenseitigen Unterweisung geschieht durch Menschen, die Gott dazu begabt hat m). Halten diese Lehrer nicht am Glauben fest, werden sie zu Irrlehrern. Sie mögen dann zwar lehrfähig sein, aber sie sind untreu geworden. Die Vorbildlichkeit im persönlichen Glauben und Leben ist darum von zentraler Bedeutung für das Lehren, um das es hier geht n). Jesus lehrte, indem er mit seinen Jüngern verbunden war, in einer Gemeinschaft des Lebens. So lehrte auch Paulus. Er war immer Gebender und Empfangender zugleich o).

k) 1 Ko 12, 28. 29. Rö 12, 7 b; vgl. II 1, 6
l) Hb 5, 12! Kol 3, 16; Rö 15, 14
m) Eph 4, 11—16
n) I 4, 12! II 1, 5; 3, 10. 14. 15
o) Rö 1, 11. 12! 15, 23; 1 Th 2, 8 1 Ko 4, 7

Sein Lehren war ein **Anvertrauen,** was eine persönliche und gegenseitige Beziehung voraussetzt, die keinen der Beteiligten unverändert läßt. Lehren wie Lernen, aus der Gemeinschaft mit Gott und miteinander geübt, vereinigt das sonst oft Getrennte: Information (Unterweisung) und Transformation (Umgestaltung), Erkenntnis und Erfahrung.

Treu und lehrfähig: Manche sind treu, aber nicht fähig, Empfangenes so weiterzugeben, daß es die Empfänger fördert. Andere sind lehrfähig, aber nicht treu im Glauben und im Dienen. Sie mischen dem Evangelium Fremdes bei, ihr Können verleitet sie zu Hochmut oder Rechthaberei. Sie schreiben die Fähigkeit sich selbst zu, verlieren sich in eigene Spekulationen. Treu und lehrfähig: Das persönliche Leben des Dieners und seine Beziehung zu den anderen, das Achthaben auf sich selbst und auf die zuverlässige Weitergabe des Evangeliums p) sollen eine Einheit bilden.

p) I, 4, 16!

Hier ist nichts zu erkennen von kirchenrechtlicher Ämterlehre oder „apostolischer Sukzession". Am Anfang steht Jesus in der geistlichen Einheit von Lebens- und Wortgestalt, die Paulus wie alle anderen empfangen hat, daran er festhält q), die er verkündet und an Timotheus weitergegeben hat. Unterweisung ist auch hier nicht das erste, sondern das zweite. „Die

q) I 6, 3! vgl. Gal 1, 8. 9

[4] 2 Ko 3, 5 f, dasselbe Wort: Wir sind nicht von uns aus tüchtig, Diener Gottes zu sein; ebenso 1 Ko 15, 9: Paulus ist nicht tüchtig, ein Apostel zu sein, aber die Gnade hat ihn dazu bestimmt, so wie Timotheus aus der Gnade in Christus tüchtig gemacht wird zum Anvertrauen des Anvertrauten. Vgl. Apg 20, 32: Paulus vertraut die Ältesten von Ephesus Gott an und seinem Gnadenwort, d. h. der heilsamen Wortgestalt, die Kraft hat, im Glauben aufzubauen. Beachte den Zusammenhang von anvertrauen, Wort, Gnade, Kraft und vgl. II 2, 1—2.

Erweiterung der Traditionskette ist ein pneumatischer Vorgang" (Holtz, 163). Man kann sich des Eindrucks nicht erwehren, daß bald nach den Past griechisches Systemdenken und römisches Rechtsdenken den geistgewirkten Vorgang der Jesusüberlieferung verdrängt und schließlich ersetzt haben. „Über dem Vermitteln von Wissen vergessen wir jenes Lehren, das für die menschliche Entwicklung am wichtigsten ist: jenes Lehren, das nur durch die einfache Gegenwart eines reifen und liebenden Menschen gegeben werden kann[5]."

3 **Leide mit als guter Streiter des Messiaskönigs Jesus.** Die Verse 3 bis 6 zeigen die Umstände und Bedingungen für den, der das Evangelium weitergibt: die drei Bilder vom Soldaten (3—4), vom Sportler (5) und vom Landmann (6) sollen alle als Ansporn und Ermutigung dienen; sie beleuchten von verschiedenen Seiten die ganze und ungeteilte Beanspruchung derer, denen das Evangelium anvertraut ist. Alle drei sprechen von Anstrengung und Kampf: Das des Soldaten zeigt die Härte des Kampfes (auf Leben und Tod), das des Sportlers die Disziplin im Training und Wettkampf, das des Bauern die Ausdauer. Keine Weitergabe ohne Hingabe, aber auch keine Hingabe an Jesus ohne Weitergabe seines Wortes[6]!

Das erste, was zu tun ist, ist nicht „Mobilisierung" und „Aktivierung"; nicht zum Tatendrang, zur „aggressiven Evangelisation" wird Timotheus aufgefordert, sondern zum Mitleiden des Unrechts[7]. Paulus will sagen: Werde ein Evangelist, indem du mein Leidensgefährte wirst. Eigentlich steht das Verweigern des Leidens für das Evangelium am Anfang aller

[5] E. Fromm, Die Kunst des Liebens, S. 152; ein Urteil aus psychologischer Sicht. Um wieviel bedeutsamer ist der pneumatische Vorgang solchen Lehrenlernens! Vgl. Jo 16, 13—15; 14, 26: das Lehren des Geistes ist ein Erinnern an die Worte des Herrn und läßt seine Herrlichkeit aufleuchten im Herzen.
Die „Navigatoren", eine moderne, weltweite Evangelisationsbewegung, haben II 2, 2 als Motor für ihr Wirken genommen. Bei ihnen kann man erkennen, was für Früchte erwachsen aus dem Ernstnehmen dieser Anweisung. Jeder führt einen anderen persönlich ein in das Wort und Leben aus Gott. Aber ein Mangel ist, daß ihnen oft die Verbindung zur empirischen Gemeinde fehlt.

[6] Paulus gebraucht dieselben drei Illustrationen in 1 Ko 9, 6. 7. 24—27, wendet sie dort aber auf andere Weise an; auch das ein Zeichen für die paulinische Verfasserschaft der Past.: die gleichen Illustrationen, die uns vertraut sind, in neuer Anwendung verwendet, weil der Zusammenhang ein anderer ist.

[7] Vgl. dazu Erich Schick, Seelsorge an der eigenen Seele: „Täuschen wir uns nicht: Wir sind gerade mit unserem Besten immer in Gefahr des ungebrochenen Wirkens ‚mit ganzer Seele', in der Gefahr des Gebens aus dem eigenen inneren Gut... Sie, diese Helden im Reiche Gottes, haben an irgendeiner Stelle ihres Wesens eine geheime Botschaft gehört: nicht wirken, sondern sein; nicht wirken, sondern leiden; nicht wirken, sondern opfern."

Verfälschung und Verhärtung der Botschaft und des Boten. Das Ausweichen in die Form, in die objektive Regelung, in die Machtstellung entspringt der Leidensscheu des natürlichen Menschen. Aber so wenig die Hingabe des Leibes ohne Liebe etwas nützt (hingeben ist das gleiche Verb wie anvertrauen!) r), so wenig kann das Anvertrauen der Jesus-Botschaft ohne Liebe und Leiden geschehen. Wahre Theologie ist wie das, was sie bezeugt, aus Liebe und Leid entstanden.

r) 1 Ko 13, 3

Der rechte Glaube besteht und wird weitergegeben im rechten Handeln als Vorbild des Glaubens und findet seine letzte Bestätigung in „der Gemeinschaft seiner Leiden" s). So kann der Grundgehalt der Past zusammengefaßt werden.

s) Phil 3, 10. 17

Der Streiter (Soldat). Paulus verwendet häufig Bilder aus der Militärsprache[8]. In 2 Ko 6, 7 beschreibt er den Mitarbeiter, der die Heilswahrheit weitergibt in der Kraft Gottes und der mit den Waffen kämpft, die Gott darreicht t). Paulus nennt seine Mitarbeiter auch Mitstreiter[9]. Auch I 1, 19; 6, 12 handelt vom Kampf im Dienst für den König Jesus und zielt dort schon auf das Martyrium, nie aber auf einen Kampf mit menschlichen Machtmitteln oder gar Kriegswaffen zur Ausbreitung des Evangeliums. Denn das führt nur zur Aufrichtung von Herrschaft, nicht aber zur Liebe durch das Dienen. Das Bild vom Kriegsdienst meint nicht die Eroberung, sondern die Bereitschaft zum uneingeschränkten Dienst. Der Soldat ist aufgerufen zum **Mit**-Leiden[10]. Es gibt durchaus ein mutiges, aktiv kämpferisches Leiden! Martin Luther King hat Schmach, Erniedrigung, Widerstand, Verfolgung und schließlich den Tod durch Mörderhand erlitten, weil er mit den gewaltlosen Waffen der Liebe und des Glaubens gegen das Unrecht für Frieden und Versöhnung aller kämpfte.

t) vgl. II 1, 1 und 3; 2 Ko 10, 3—4

u) wie 2 Pt 2, 20

v) I 4, 3!

Keiner, der im Felde steht, verstrickt u) sich in die Ge- 4
schäfte des Lebensunterhaltes, damit er seinem Feldherrn[11]
gefalle. Die falsche Enthaltsamkeit verfolgt eigennützige Ziele v). Dem Herrn gefallen w), ihm zur Verfügung stehen wollen, gibt den rechten Beweggrund und die letzte Bewegungsfrei-

w) so 1 Ko 7, 32—34 Rö 8, 8; 2 Ko 5, 9; 1 Jo 3, 22

[8] Rö 4, 13; 7, 23; 1 Ko 9, 7; 2 Ko 4, 7; Eph 6, 11—18. Waffen: Rö 6, 13; 13, 12; 2 Ko 4, 7; 10, 4.

[9] Phil 2, 25; Phlm 2; vgl. dazu das unter Studenten gebräuchliche Wort Kommilitone = Mitstreiter.

[10] *synkakopatheo*, zusammen leiden.

[11] *Stratalogesas*, das Wort nur hier. In moderner Kriegssprache: Stratege der logistischen Kriegsführung. Im übertragenen Sinn einer, der die Wortgewalt hat zum gewaltigen Kämpfen.

heit, gelöst von den Verstrickungen in das Vordergründige.
Das Erstrangige muß an erste Stelle gesetzt werden[12]. Ständig
will Nebensächliches und Unwichtiges den Anspruch erheben,
hauptsächlich und wichtig zu sein. Essen, trinken, sich kleiden,
arbeiten und einkaufen — das alles ist nicht verwerflich, aber
wenn es den Horizont des Menschen ganz ausfüllt, macht es
x) S. I 6, ihn unmenschlich x). Dieser Text kann nicht verwendet wer-
6—10! den, um das Heirats- oder das Handelsverbot für die Priester
zu rechtfertigen. Wer angeworben ist, sucht (freiwillig!) sei-
nem Herrn zu gefallen und enthält sich (freiwillig!) alles Stö-
renden. Nicht die Sorge um das Leben, sondern die Sorge um
das Wohlgefallen seines Herrn treibt ihn an in seinem Tun
und Lassen.

5 **Wenn jemand aber auch am Wettkampf teilnimmt, wird er
doch nicht bekränzt, wenn er nicht nach der Regel gekämpft
hat.** Der Sportler wie der Soldat steht unter Zucht (Disziplin).
Nur wenn man den Regeln entsprechend[13] am Wettkampf teil-
nimmt, wird man als Sieger bekränzt. Die Regeln für die Auf-
nahme zum Training bei den Olympischen Spielen (10 Monate
lang mußte man vorher üben!) und für den Wettkampf selbst
(zuvor wurde ein Eid abgelegt!) waren und sind noch immer
sehr streng. Jedem steht zwar die Teilnahme offen, aber er
muß die Anforderungen bestehen. Jeder kann gekrönt werden,
aber er muß das Letzte drangeben[14]. Es könnte sein, daß er
y) Gal 2, 2; dennoch umsonst läuft und disqualifiziert wird y). Für die
3, 4; 4, 11; Weitergabe des Evangeliums können wir uns die Sportart des
1 Ko 15, 2; Stafettenlaufs vorstellen: Das Evangelium ist die Fackel des
Phil 2, 16; Lebens; von jedem wird der äußerste Einsatz gefordert, von
1 Th 3, 5 allen das Eingespieltsein aufeinander. Wenn nur Christus ver-
z) Phil 1, 18 kündigt wird z), wenn nur das Wort nicht gebunden ist a),
a) II 2, 9 wenn nur das Evangelium läuft b). Die Regel Jesu ist die Lie-
b) 1 Ko 9, 23 be, die auch das Leiden nicht scheut: ohne Kreuz keine Krone,
c) Lk 24, 26 II 2, 11. 12 ohne Leiden keine Herrlichkeit c).

6 **Der hart arbeitende Landmann darf keine Mühe scheuen,
wenn er Früchte ernten will; dann aber soll er auch als erster
davon genießen.** Paulus müht sich ab und kämpft gemäß der
d) Kol 1, 29 Kraft, die in ihm wirkt, damit das Evangelium Gestalt gewinnt
vgl. 1 Ko 9, 2; Eph 3, 9; 15, 58 und in allen Menschen Christus zur Reife gelangt d). Wer sich

[12] Vgl. das englische Sprichwort: *First things first.*

[13] *nominos* — nach dem Gesetz, gesetzmäßig, vgl. I 1, 8.

[14] So auch 1 Ko 9, 24. *athlein,* als Athlet kämpfen, erscheint zwar nur hier im NT, aber Phil 1, 27; 4, 3 kennt das zusammengesetzte Verb: *syn-athlein.*

um die Weitergabe des Evangeliums müht (mühen ist bei Paulus spezifischer Ausdruck für den Evangeliumsdienst), muß auch bereit sein, die damit verbundene Schmach und das Leiden auf sich zu nehmen e). Aber die Frucht bleibt nicht aus: Er wird Früchte des Dienstes sehen f). Ein Vergleich mit I 5, 17—18 und 1 Ko 9, 7f könnte hier in Vers 6 auch den Gedanken nahelegen, daß Paulus den Timotheus ermuntern will, vom Evangelium zu leben. Vielleicht war Timotheus zu schwach und kränklich und wollte es doch dem Apostel gleichtun, auch noch für seinen eigenen Lebensunterhalt zu sorgen (Hinweis in Vers 4?). Ausdrücklich betont Paulus für *andere*, daß sie ein vom Herrn verordnetes Recht dazu haben, vom Evangelium zu leben g) und eine Schwester als Ehefrau auf ihre Reise mitzunehmen h).

e) I 4, 10!
f) Rö 1, 13; Phil 1, 22
g) 1 Ko 9, 14
h) 1 Ko 9, 5

Nicht ohne Bedeutung und Gewicht ist die Tatsache, daß alle drei Bilder eschatologisch ausgerichtet sind. Ihre Blickrichtung ist „das Ziel aller Dinge“, das in die Gegenwart hineinleuchtet. Auf römischen Grabmälern sind Bilder aus dem Krieg, dem Sport und dem Bauernleben dargestellt, die alle von der himmlischen Belohnung handeln. Für uns offensichtlich ist der Zusammenhang nur in Vers 5; vergleiche mit II 4, 8; doch auch der Aufruf zum Mit-Leiden als Soldat des kommenden Königs steht deutlich in Verbindung mit „jenem Tag“[15].

Merke auf das, was ich sage; denn der Herr wird dir Ein- 7
sicht geben in allem. Das endzeitliche Verständnis des Vorangegangenen findet in diesem Mahnwort seine Bestätigung. Aufmerken ist endzeitlicher Ruf zur Nüchternheit, zum Wachwerden, zum unerschrockenen Sehen i). Der *Herr* ist der Erhöhte und Wiederkommende j). Er gibt Einsicht, das heißt: er offenbart durch den Geist k). Die geistgewirkte Einsicht umfaßt „alles“ l), d. h. sie ist auf das Ganze[16] gerichtet, sie durchschaut die Gestalt und das Wesen dieser Welt, die im Vergehen m) ist, und sie erkennt die Gestalt des Unvergänglichen im Evangelium n). Wer Einsicht empfängt durch den Geist des Herrn, der bringt Frucht o).

i) Mt 24, 15 Mk 13, 14
j) wie in II 1, 8. 16. 18
k) wie Eph 3, 4; Kol 2, 2 vgl. Eph 1, 17; 3, 3
l) 1 Ko 2, 15. 16; 1 Jo 2, 20. 27
m) 1 Ko 7, 31
n) II 1, 10
o) Kol 1, 9. 10

[15] II 2, 9—13; zum eschatologischen Bezug der Frucht: Jo 12, 24; bei Paulus: Gal 6, 6. 9. 10: „zu seiner Zeit werden wir ernten, wenn wir nicht ermatten“; sowie Phil 1, 10—11: „erfüllt mit Frucht der Gerechtigkeit auf den Tag Christi“.

[16] „In allem“ kann auch den Sinn haben von vollständig. Der Herr wird dich zum vollen Verständnis dessen führen, was ich dir sage. Wieder sehen wir hier die Bedeutung der Erinnerung, des „geistlichen Gedächtnisses“, des Gedenkens und Erkennens im Geist des Herrn. Vgl. II 1, 3—6.

b) Ausharren in der Leidensgemeinschaft mit Jesus 2, 8—10

8 **Denke daran: Jesus ist der aus den Toten auferweckte**
Messias aus dem Geschlecht Davids, nach meinem Evange-
9 **lium** p), * **in dem ich leide bis zu Fesseln wie ein Verbrecher**
10 [17], **aber das Wort Gottes ist nicht gefesselt.** * **Deshalb erdulde**
ich alles um der Auserwählten willen, damit auch sie zu
dem Heil gelangen, das (wir) **im Messias Jesus** (haben und
das) **mit ewiger Herrlichkeit** (verbunden ist).

p) nur noch Rö 2, 16; 16, 25

8 **Denke daran** bedeutet eigentlich: vergegenwärtige dir Jesus! Das geschieht oft im Gebet. Betend ist Paulus erinnert worden an die Vorahnen seines Mitarbeiters q). Timotheus soll nicht einer vergangenen Geschichte nachdenken, sondern eine gegenwärtige Erfahrung des auferstandenen Herrn empfangen, so wie er aufgerufen ist, seine Gnadengabe jetzt anzufachen r) und in der Gnade zu erstarken s). Für seine geistgewirkte Erinnerung ruft ihm der Apostel das Zentrum des Urbekenntnisses der Gemeinde zu, wie es schon in ähnlicher Form Rö 1, 3—4 erscheint: **Dem Hause Davids** war verheißen, daß Gott ihm einen Messias erwecken werde, der ewig herrscht; so hat die Urchristenheit 2 Sam 7, 12. 13 aufgenommen: Jesus ist der verheißene Messias! **Nach meinem Evangelium** ist eine verkürzte Schreibweise für: So lautet die Freudenbotschaft, die ich bringen darf. Ihretwegen leide ich.

q) II 1, 6
r) II 1, 6
s) II 2, 1

9 Im Angesicht des Todes soll sich Timotheus den aus den Toten Auferstandenen vergegenwärtigen, denn wer mitstirbt, wird auch mitleben t). Paulus leidet nicht nur für das Evangelium, er leidet in und mit Jesus. Er ist eingehüllt in dem Erhöhten und eingetaucht in dessen Erniedrigung, Schmach erleidend als ein Verbrecher, beschuldigt wie sein Herr. Paulus ist gebunden, aber das Wort Gottes ist durchaus nicht an ihn gebunden: viele andere sind da, die das Lebenswort weitertragen werden u). Der Apostel zeigt damit eine unerhörte Freiheit von der eigenen Person gerade in dem Augenblick, in dem er sich bis zum Märtyrertod mit dem Evangelium zusammenbinden läßt. Die Blume des menschlichen Lebens welkt dahin, aber das Wort Gottes bleibt in Ewigkeit v). Das Wort des Herrn wird weiterlaufen und verherrlicht werden w) durch Menschen, die es auf seinem Siegeslauf erreicht und mit-

t) Verse 11. 12; 1 Ko 15, 20—25; Hb 2, 9
u) Phil 1, 12—14; II 4, 17; 4, 10
v) Jes 40, 8; 50, 11; 1 Pt 1, 24. 25
w) 2 Th 3, 1

[17] Leiden hat hier den Sinn von Unrecht leiden. Das gleiche Wort nur noch in Lk 23, 23. 33; als Übeltäter leiden. „Er leidet Übles, als hätte er Übles getan, als ein für infam erklärter todeswürdiger Verbrecher." (A. Bengel)

nimmt, mag auch der Apostel seinen eigenen Lauf jetzt ab- x) II 4, 7;
schließen x). 2 Ko 2, 14

Deshalb erdulde ich alles um der Auserwählten willen, da- 10
mit auch sie zu dem Heil gelangen, das (wir) **im Messias Jesus**
(haben und das) **mit ewiger Herrlichkeit** (verbunden) **ist.**
Die Liebe erduldet alles y). Paulus ist nicht verbittert oder y) 1 Ko 13, 7
verzweifelt; er leidet, aber sein Leiden ist „in Christus", ist
um des Evangeliums willen z), um derer willen, die Gott aus- z) 2 Ko 11,
erwählt, geliebt und geheiligt hat in Christus[18]. Paulus kennt 16—33
stellvertretendes Leiden für die Gemeinde **der Auserwähl-** Rö 8, 35—39
ten a). Dabei ist jeder Verdienstgedanke für ihn ausgeschlos- a) Kol 1, 24
sen. Die Erwählten erlangen das Heil nicht in ihm oder um
seiner Leiden willen[19], sondern in Jesus und durch dessen
Sterben am Kreuz b). Jesus allein bringt den Sündern das b) 1 Ko 15,
Heil c) und mit ihm die ewige Herrlichkeit d), die in deutli- 3. 4
chem Gegensatz steht zu den zeitlichen Leiden (V. 3—6)[20]. c) I 1, 15! d) Kol 1, 27;
Daß die Auserwählten nicht bleiben in der Gnade, daß sie 3, 4
vielmehr in den Trübsalen wanken und zu Fall kommen —
diese Gefahr besteht für sie durchaus. Und Paulus will durch
sein Leiden oder vielmehr durch sein Verhalten im Leiden
(Danksagung, Geduld, Bekennermut, Feindesliebe, Fürbitte)
dazu beitragen, daß sie das Heil erlangen, wie er selbst gewiß
ist, daß er des Heils teilhaftig wird e). e) II 4, 7 f

c) Der Herr bleibt treu 2, 11—13

11 **Glaubwürdig ist das Wort; wenn wir mitgestorben sind,**
12 **so werden wir mitleben; * wenn wir ausharren, so werden**
wir mitherrschen; wenn wir verleugnen werden, so wird
13 **er uns verleugnen; * wenn wir untreu werden, bleibt er**
treu, denn sich verleugnen kann er nicht.

[18] Kol 3, 12: Gottes heilige und geliebte Auserwählte. 1 Ko 1, 27. 28; 4, 7; Eph 1, 4; 2, 8; Mt 22, 1—14.

[19] Ist Paulus etwa für euch gekreuzigt worden? 1 Ko 1, 13.

[20] Rettung und Herrlichkeit bei Paulus: 2 Th 2, 13. 14; Rö 5, 1. 2; 8, 21—25. Leiden und Herrlichkeit: Rö 8, 18; 2 Ko 4, 17. Jeremias gibt zu bedenken, daß in dem Wort vom „alles erdulden um der Auserwählten willen" der neutestamentliche Gedanke des von Gott gesetzten Maßes einbezogen sein könnte. Wir sagen: „Alles hat sein Maß." Nach der Schrift ist es Gott, der das Maß setzt. Das Buch der Offenbarung ist deshalb so „maßvoll", weil seine Sicht auf den Gott gerichtet ist, der alles in Händen hat. Gott setzt der Notzeit ihr Maß (Mk 13, 5—27), der Sünde (1 Th 2, 16; Mt 23, 32), den Märtyrern (Offb. 6. 11), den bekehrten Heiden (Rö 11, 25), und so auch den Christusleiden „zugunsten seines Leibes" (Kol 1, 24).

Der erste Teil des Briefes strebt seinem Höhepunkt zu. Wieder — wie im ersten Brief (I 3, 16) — krönt der Apostel seine Ausführungen mit einem Hymnus, der mit allem bisher Erwähnten aufs engste verwoben ist und zugleich den zweiten Teil einführt und begründet.

Wir geben den griechischen Text mit der buchstäblichen Übersetzung wieder, um den gesetzmäßigen Aufbau des Ganzen an einem Beispiel zu veranschaulichen:

11 pistos ho logos
glaubwürdig (ist) das Wort

1. ei gar syn-apethanomen,
wenn denn wir mitgestorben sind (aor.),

kai sy-zesomen;
so werden wir mitleben (fut.);

12 2. ei hypomenomen,
wenn wir standhaft ausharren (präs.),

kai sym-basileusomen;
so auch werden wir mitherrschen (fut.)[21];

3. ei arnesometha
wenn wir verleugnen werden (fut.),

ka' keinos arnesetai hemas;
so auch jener wird verleugnen uns (fut.);

13 4. ei a-pistoûmen, ekeinos pistos menei;
wenn wir un-treu sind (präs.), jener treu bleibt (präs.);

arnesasthai gar heauton
zu verleugnen (aor. inf.) nämlich sich (selbst)

ou dynatai.
nicht ist er imstande (präs.).

Vermutlich haben wir in den Versen 11—13 vier Zeilen aus einem Lied vor uns, das eng verbunden ist mit einem Teil-

[21] Mitherrschen heißt eigentlich mit König sein (*basileus* = der König, *basileia* = das Reich, *basileuein* = als König, das Reich regieren: der Zusammenhang zu Vers 8, Jesus herrscht als Messias aus dem Königsgeschlecht Davids).

stück vielleicht eines anderen Liedes in Vers 8. Paulus verknüpft die beiden Auszüge durch den Kommentar seines Lebens (9—10), wie er durchgehend auch für Timotheus Lehre und Leben verbindet. Wenn wir den Fäden des Briefgewebes sorgfältig nachgehen, erkennen wir eine innige Verwobenheit des Ganzen. Nirgends sind Liedzitate zusammenhanglos aufgegriffen oder lose dazwischengestreut. Wie Jesus im irdischen Leben bei seiner Verurteilung verlassen war a) und als Übeltäter verurteilt wurde[22], so erduldet[23] sein Apostel Böses wie ein Übeltäter b), gefesselt wie Jesus c). Wie der Auferstandene als Messias aus dem königlichen Geschlecht Davids herrscht[24], so wird auch Paulus nach den Leiden das Heil in Jesus und die ewige Herrlichkeit samt allen Auserwählten (10), die mit Jesus ausharren, erlangen. Paulus hat sich nicht ungebührlich zwischen die beiden Liedstücke geschoben; indem er sie in bezug auf sich selbst auslegt, wendet er sie doch zugleich auf alle Mitarbeiter, ja auf alle Auserwählten an. Er führt durch seine Person hindurch zu dem Bekenntnis derer, die miteinander „wir“ sagen d). Die Zeilen 1 und 2 bezeugen die Haltung und Tat, wie sie aus der Treue gegenüber dem Herrn entspringt. Die Zeilen 3 und 4 zeigen die Folgen der Untreue und Verleugnung. An den 4 Strophen beobachten wir weiter Zeitform und Personalform:

a) II 1, 15; 4, 16; I 6, 13!
b) II, 2, 9
c) Mt 27, 2
d) wie II 4, 6—8

Zeile	Zeitform	Personalform
1	Vergangenheit (aorist)	wir — wir
2	Gegenwart	wir — wir
3	Zukunft	wir — er
4	Gegenwart	wir — er

Zeile 1:

„Wenn wir mitgestorben sind.“ Die griechische Zeitform des Aorist kann eine Handlung in ihrer Ganzheit anzeigen, die zwar in der Vergangenheit geschehen ist oder begann, aber fortdauert: Wann immer wir mitgestorben sind, sterben oder

22 Lk 23, 32. 33, Übeltäter, Verbrecher, dasselbe Wort wie II 2, 9.
23 Das gleiche Verb wie 12, ebenfalls in Gegenwartsform: „wenn wir standhaft ausharren.“
24 8 b, vgl. *syn-basileusomen* in Vers 12: zusammen mit ihm als Könige regieren.

sterben werden mit ihm, werden wir auch mitleben[25]. Ähnlich ist das **Mitleben** zu sehen, das schon jetzt in diesem Leben beginnt, aber erst nach dem Tode in Vollendung aufblüht[26].

12 Zeile 2:

e) II 1, 8; 2, 3
f) Offb 2, 26
Hb 3, 6. 4
Mt 10, 22
24, 13
g) Hb 12, 4
h) Offb 8, 3—5; 3, 21
i) 1 Ko 6, 2—3
Rö 5, 10. 17; 6, 10—12. 14. 22. 23
Offb 1, 6;
1 Pt 2, 5—9
k) I 5, 8!
II 3, 5
Tit 1, 16; 2, 12

Standhaft ausharren e) ist nur **in** Christus möglich[27]. Wer Grund und Kraft zum Ausharren f) in sich selbst sucht, wird umfallen und den Herrn verleugnen, wie Petrus es tat. Das Ausharren ist auf das Ende, auf den Widerstand bis aufs Blut g), auf das Martyrium gerichtet. **Mitherrschen:** Die Erlösten sind durch ihr Beten jetzt schon mitbeteiligt an der Weltregierung ihres erhöhten Herrn h). Ihre zukünftige Aufgabe soll jetzt schon praktische Auswirkungen haben i).

Zeile 3:

Wenn wir verleugnen werden. Der Blick ist auf die Zukunft gerichtet, auf die letzte Prüfung, wenn es um Leben und Tod geht wegen des Bekenntnisses zu Jesus. In unserem Zusammenhang ist an die Irrlehrer zu denken k). „Es haben sich gewisse Leute eingeschlichen, deren Verhalten schon längst so beschrieben worden ist: Gottlos sind sie, verkehren die Gnade, die Gott uns gegeben hat, in ein ausschweifendes Leben und verleugnen unseren einzigen Gebieter und Herrn Jesus Christus"[28]. Timotheus soll nicht wie die Irrlehrer seinen Herrn verleugnen, wenn die letzte Prüfung auf ihn zukommen wird, wie es jetzt bei Paulus eingetroffen ist. In seiner eigenen Standhaftigkeit im Herrn wendet der Apostel den Blick sei-

[25] Spicq übersetzt: *„Si nous avons commencé par mourir avec (lui)."* Wenn wir begonnen haben, mit ihm zu sterben. Dem entspricht das neutestamentliche Verständnis des Sterbens als einem Geschehen in der Vergangenheit des Christen (die Taufe: Rö 6, 2—8; Kol 3, 3) in der Gegenwart (2 Ko 4, 10. 11; Rö 8, 36; 1 Ko 15, 30. 31; vor allem aber 2 Ko 7, 3: „Ihr seid in unserem Herzen zum Mitsterben und Mitleben"). Das ist die einzige Stelle im NT, welche das Wortpaar genau gleich verwendet — ein starker Hinweis nicht nur auf den Autor der Past, sondern auf die Möglichkeit, daß Paulus den Hymnus (früher) als pneumatischen (geistlichen) Gesang (vgl. 1 Ko 14, 15b; Eph 5, 17—18) empfangen und weitergegeben hat. Sterben in der Zukunft, da der Tod nicht als Wassertaufe, sondern als Bluttaufe des Märtyrers zu verstehen ist (Mk 10, 38. 39; Lk 12, 50; II 4, 6; Phil 2, 17). Was soll der Anfang der Wasser- und Geist-Taufe für einen Sinn haben, wenn sie nicht in der Blut-Taufe bestätigt werden kann?

[26] Gegenwart (Phil 1, 21; 1, 6; 2, 5; Jo 17, 3; Offb 8, 3—5): Jetzt mit Jesus leben, heißt mit ihm sein, Gemeinschaft mit ihm haben, sich seiner freuen, ihn lieben, ihn verherrlichen durch heiligen Wandel.

[27] Vgl. Offb 1, 9 (das ist ein Selbstzeugnis des Johannes): Bruder und Mitgenosse im Ausharren in Jesus.

[28] Ju 4, Wilckens

nes Mitarbeiters auf den Herrn selbst l). Wer Jesus vor Ge- l) II 2, 8,
richt den Menschen gegenüber verleugnet und sich endgültig I 6, 13. 12;
von ihm lossagt, den wird auch Jesus im Gericht vor dem 4, 17—18! vgl. 1, 6. 7;
Vater verleugnen m). Das ist ein ernstes Mahnwort im Kampf 2, 1!
um die Wahrheit. Dabei war das traurige Beispiel von Petrus m) Mt 10, 33
schon in der Urchristenheit eine unüberhörbare ernste War-
nung und ist es seither geblieben.

Jesus wird zu den Pseudopropheten und Irrlehrern sagen,
die in seinem Namen aufgetreten sind: Ich habe euch nie ge-
kannt, weichet von mir n). Von diesem Ernst sind die Past n) Mt 7,
durchdrungen, weil die Wirklichkeit der Irrlehre und des Ab- 15—23
falls mächtig vor Augen steht. A. Bengels Bemerkung zur
Stelle gilt mit unverminderter Dringlichkeit: „Diese Verleug-
nung geschieht nicht nur in Verfolgungszeiten, sondern auch
heutzutage, da die Vernunft sich über den Glauben erhebt."
Die Gemeinde muß ständig darüber wachen, daß in ihrer Mit-
te nicht jemand ein böses Herz des Unglaubens hat oder aus
purer Menschenfurcht und Geltungssucht feige den Namen
des Herrn verschweigt, nur um sich keinem Spott und keiner
Verachtung auszusetzen. Darum muß sie sich gegenseitig jeden
Tag ermahnen o)[29]. o) Hb 3, 12—13

Zeile 4:

Wenn wir untreu werden, bleibt er treu. Im Vordergrund 13
steht hier die unwandelbare Treue des Herrn, die seine Jün-
ger auch in der letzten Versuchung vor dem Bösen zu bewah-
ren vermag p). In diesem Zusammenhang wird die Bitte aus p) 2 Th 3, 3;
dem Herrengebet verständlich: Und führe uns nicht in Ver- I 5, 24!
suchung (in die Versuchung, in der wir letztlich und unwider- 1 Ko 1, 9; 10, 13;
ruflich von dir abfallen, dich verleugnen würden), d. h. be- II 1, 18;
wahre uns vor und in der Stunde der Versuchung (erlöse uns Phil 1, 6;
von dem Bösen) q). Gottes Reich wird vollendet werden trotz Hb 10, 23; Jud 24.
der Untreue und Schwäche der Erwählten, denn „sollte ihre q) Offb 3, 10
Untreue die Treue Gottes aufheben r)?". Die vierte Zeile ist ganz r) Rö 3, 3
von paulinischem Sprachgebrauch her geprägt. „Menschlicher

[29] Wichtig in diesem Zusammenhang ist die Botschaft des Petrus, der den Herrn zwar selber verleugnet, aber Vergebung dafür erfahren hatte. Er sagt seinen jüdischen Zuhörern und ihren Oberen, daß sie Jesus vor Pilatus verleugnet und ihn als Verbrecher hingestellt haben. Sie verleugneten ihn, obwohl er der Gerechte und der Heilige war (Apg 3, 13. 14: zweimal!). Aber da sie nicht wußten, was sie taten (Apg 3, 17), kann ihnen die Umkehr angeboten werden. Wie Petrus selber, so können auch sie umkehren (Lk 22, 32 b; Apg 3, 19) und Vergebung der Sünden empfangen (Jo 21, 15—17). Nicht anders versteht sich Paulus selbst im Zeugnis aller seiner Briefe bis zu den Past (I 1, 12—16), und so sollen alle Diener des Herrn, ja alle Christen sich verstehen (Tit 3, 3—7).

Unglaube entkräftet Gottes Glaubhaftigkeit nicht" (Schlatter). Der vierzeilige Liedauszug endet nicht im dunkeln Geheimnis der Zukunft, die vielleicht unsere Verleugnung und unsern Abfall verbirgt. Das Lied führt in das wunderbare Licht der unwandelbaren Treue Gottes und unseres Herrn Jesus. Der Apostel „redet aus der Hoffnung des ewigen Lebens schon ganz gewiß, aus der Ewigkeit heraus, zurück in diese Vorbereitungszeit hinein. So muntert der alte Paulus sich in seinen Banden und Timotheus, seinen Sohn, und alle Christen auf." (A. Bengel) „Er bleibt uns treu, besser: er bleibt seinen Verheißungen treu. Auch wenn wir so oft versagen und untreu werden, er kann vergeben. Die Logik zerbricht an der Liebe des Heilandes. Dies ist kein Freibrief für Sünde und Abfall, das zeigt die vorangehende dritte Zeile des Liedes, aber ein Trost für erschrockene Gewissen, und der versagende Glaube darf sich an der Treue seines Herrn aufrichten"[30].

Denn sich (selbst) **verleugnen kann er nicht.** Dieser Satz mag als noch zum Lied gehörig und damit den unerwarteten Abschluß unterstreichend oder als Zusatz des Apostels angesehen werden. Der gewaltige Abschnitt 1,3—2,13 ist ein ergreifender Kommentar zu Lukas 12, 4—12 und mündet angesichts der Leiden und des Todes ein in den Lobpreis der Treue des Herrn. Wie immer es in der Welt und in der Gemeinde aussehen mag und wird, das eine bleibt gewiß und fest: „Der Herr ist treu, er wird euch stärken und bewahren vor dem Bösen" (2 Th 3, 3).

[30] Fridrichsen, zitiert bei J. Jeremias, 45.

II. TEIL: TIMOTHEUS IM WIDERSTAND GEGEN DAS VERFÄLSCHTE EVANGELIUM

2. Timotheus 2, 14—4, 5

A. DIE GEGENWÄRTIGEN IRRLEHRER

2. Timotheus 2, 14—26

1. Das Zentrum der Heilswahrheit festhalten

2. Timotheus 2, 14—19

a) Abwegiger Glaube und Wandel 2, 14—18

**14 Dies rufe ihnen ins Gedächtnis und bezeuge ihnen eindring-
lich vor dem Angesicht Gottes, keine Wortkämpfe zu füh-
ren, was zu nichts nütze ist, sondern nur zur Verstörung
15 der Zuhörer führt. * Sei eifrig bestrebt, dich selbst vor
Gott als bewährt darzustellen als einen Arbeiter, der sich
nicht schämen muß, weil er das Wort der Wahrheit richtig
16 darbietet. * Auf das heillose, leere Geschwätz laß dich
nicht ein; denn damit werden sie nur in immer größere
17 Gottentfremdung hineingeraten, * und ihr Wort wird
weiter um sich fressen wie ein Krebsgeschwür. Zu ihnen
18 gehören Hymenäus und Philetus, * die von der Wahrheit
abgewichen sind, indem sie sagen, die Auferstehung sei
schon geschehen; damit zerstören sie den Glauben mancher
Leute.**

Was Timotheus seinen Hörern **in Erinnerung rufen** soll[31], 14
ist entweder die heilsame Lehre (sie steht im Gegensatz zum heillosen Geschwätz (16)), auf die der Apostel seinen Mitarbeiter angesprochen hat, oder aber, und dieser Sinn ist vorzuziehen, das eben genannte Bekenntnislied, das vor der Versuchung zum Abfall mahnt (14.16—18) und zur Bewährung aufmuntert (15). Das Wort vom Arbeiter, der sich nicht schämen muß, verbindet den Abschnitt 14—18 mit dem ersten Teil des Briefes (1, 6—8.12.16). Auch wenn der Apostel die Blicke seines Mitarbeiters jetzt auf die schweren Aufgaben und Anfechtungen angesichts der Irrlehrer und der Gefahr des Abfalls wendet, soll er doch auf Gott ausgerichtet bleiben, vor dessen Augen er die Gemeinden beschwörend abhalten soll

[31] So nur noch Tit 3, 1.

von nutzlosen **Wortkämpfen.** Allzuoft waren die Diener des Wortes so von den gefährlichen Verhältnissen beeindruckt, daß sie wie gebannt darauf starrten und so ihren Herrn ganz aus ihrem Blickfeld verloren[32]. Paulus als beschwörender Mahner hält selber Herz und Auge auf Gott gerichtet, er bleibt a) in der Gegenwart Gottes. Wer aber Wortkämpfe führt statt den Glaubenskampf b), wird vom Wort der Wahrheit abgleiten, den Wellen menschlicher Meinungen preisgegeben c) wie ein steuerloses Boot auf offener See. Diese Art, mit dem Wort umzugehen, ist nicht nur zu **nichts nütze** — im Gegensatz zur heilsamen Lehre, die nützlich ist zur Seligkeit — d), sondern sie wirkt geradezu zerstörend und führt in die **„Katastrophe"**[33].

a) I 5, 21! II 4, 1; Apg 2, 40; 18, 5; 20, 21; 23, 11; 28, 23
b) II 2, 5; 4, 7; I 1, 18; 6, 12!
c) Eph 4, 14
d) I 4, 8! II 3, 16; Tit 3, 8!

15 Timotheus ist selber durch sein Leben und sein Zeugnis die stärkste Waffe gegen die falschen Lehrer e). Darum soll er eifrig sein, sein Äußerstes drangeben, sich selbst Gott darbieten als ein lebendiges Opfer[34]. Vor Gott soll er die Menschen beschwören, sich selbst soll er vor Gott hinstellen als einer, der bewährt ist, angenommen nach der Prüfung f). Als **Arbeiter** ist er Diener am Wort und nicht Herr über das Wort g). Der dienende Arbeiter ist Künder und Täter des Wortes im Gegensatz zu den bloßen Rednern und ihrem heillosen nichtigen Geschwätz (16). Wenn einmal im Feuer des gerechten Gerichts all das von Schwätzern gedroschene „leere Stroh", die großen Heuhaufen angeblicher Erkenntnis, die Holzstapel törichter Menschenweisheit verbrennen werden h), soll er mit seinem Dienst vor Gott ohne Beschämung bestehen können: er soll **sich nicht schämen müssen.** Das Bestreben und die Hoffnung des Paulus bestehen darin, daß er als Herold des Wortes in nichts zuschanden wird, wenn er vor Gott erscheinen muß i).

e) II 2, 22—23; I 4, 16! Tit 2, 7—8!
f) wie Rö 16, 10 1 Ko 11, 19; 2 Ko 10, 18; 13, 7 vgl. Rö 14, 18 mit 2 Ko 10, 18
g) wie 2 Ko 11, 13; Phil 3, 2
h) 1 Ko 3, 12—15
i) Phil 1, 20; vgl. 1 Jo 2, 28

Das eifrige Bemühen um die Lehre und das Achthaben auf sie allein genügt nicht; auch auf sich selbst soll Timotheus achten, immer gehört beides zusammen; wenn aber beides auseinanderfällt, wird man zuschanden j).

j) I 4, 16a! 1 Ko 9, 27 b

[32] Vgl. den Propheten Jeremia, der das Volk zur Umkehr aufrief und doch selber von Gott zur Umkehr ermahnt werden mußte (Jer 15, 19—21), und im Gegensatz dazu die Haltung des Täufers als Urbild des Verkünders: Indem er seinen Blick selber unverwandt auf Jesus gerichtet hielt, ihn anschauend (Part. Präs.), lenkt er den Blick seiner Zuhörer ebenfalls auf ihn und sagt: Siehe das Lamm Gottes! Jo 1, 29. 36.

[33] Verstören, griech. *katastrophe*, von oben nach unten umkehren, verderben, zerstören (als Gegensatz zu aufbauen); sonst im NT nur noch in 2 Pt 2, 6.

[34] Das gleiche Verb wie Rö 12, 1 und Rö 6, 13—19! Paulus stellt die Menschen vor Gott: Kol 1, 28; 2 Ko 11, 2! Gott stellt den Menschen vor sich: 2 Ko 4, 14; Eph 5, 27; Kol 1, 22.

Das Wort der Wahrheit k) ist das Evangelium. Wie soll er sich in seiner Hingabe l) an Gott und in der Weitergabe des Evangeliums an die Menschen bewähren? Wie soll er das Wort der Wahrheit darbieten[35]? Die beste Auslegung gibt Paulus selbst in 2 Ko 2, 17: „Das Wort Gottes **bieten wir dar,** nicht verfälscht wie die vielen, sondern (1.) so wie aus Lauterkeit, (2.) so wie aus Gott heraus (aus Gottes Eingebung), (3.) vor Gott (in der Verantwortung vor Gott, vgl. 15a), (4.) in Christus (in der Gemeinschaft mit Christus) reden wir. Wer ist dazu tüchtig?" m) An dieser Stelle finden wir vier Merkmale apostolischer Verkündigung. Wie verhängnisvoll war die Entwicklung in der Kirchengeschichte, als man alles nur auf die rechte Lehre allein abstellen wollte, während der Apostel sowohl in den Briefen an die Korinther wie unablässig und eindringlich überall in den Past das unentbehrliche Zusammenwirken von rechter Lehre und rechtem Leben betonte. Unser Abschnitt zeigt *kein* Absinken von der Höhe des Vorangegangenen. Er ist die notwendige Umsetzung dessen, was Paulus vorher zu bedenken gegeben hat, in die Praxis, auf die es letztlich ankommt.

k) II 1, 3; 2, 9; wie Eph 1, 13; Kol 1, 5
l) Rö 12, 1
m) 2 Ko 2, 16 c

Auf das heillose, leere Geschwätz n) **laß dich nicht ein;** denn 16
wer sich damit abgibt, wird selbst angesteckt von der Epidemie des bloßen „Maulbrauchens" (Luther). Das Verhängnisvolle aller Polemik liegt darin, daß sie ihre Waffen und Methoden vom Gegner übernimmt, das gilt auch und gerade für die theologische Polemik.

n) I 6, 20! 6, 4! 1, 4! 4, 7!

Laß dich nicht ein. Der Ausdruck erscheint nur noch in Tit 3, 9 und kann auch umschrieben werden: drehe dich um, in der Absicht auszuweichen. Während die Irrlehrer zu größerer *Gottlosigkeit fortschreiten*, wenn sie nicht aufgehalten werden o), soll Timotheus in der *Bewährung fortschreiten* p). Ein Stehenbleiben gibt es nicht. Menschen, die einmal vom Kurs abkommen, werden immer extremer in ihren Ansichten und Äußerungen werden. Und wer auf geradem Kurs läuft (so kann 15b übersetzt werden), wird nur dann darauf bleiben, wenn er danach trachtet, zur vollen Reife und Bewährung zu kommen: „Du aber sei nüchtern in allem, halte aus im Leiden, tue das Werk eines Evange-

o) II 2, 23—26
p) I 4, 15

[35] Spr 3, 6; 11, 5 hat dasselbe Wort in der griechischen Übersetzung der LXX: „Erkenne ihn auf allen deinen Wegen, und er wird *gerademachen* deinen Pfad"; Paulus schreibt in Gal 2, 14: „Ich sah, daß sie nicht *richtig* (den geraden Weg) wandelten nach der Wahrheit des Evangeliums."

q) II, 4, 5 listen, vollbringe deinen Dienst q)." Wieder ist die Parallele deutlich: Das Leben der Irrlehrer schreitet zu weiterer Gottlosigkeit fort (16), und **ihre Lehre frißt weiter um sich wie**
17 **ein Krebsgeschwür.** Das Leben ist von der Lehre nicht zu trennen, auch nicht im negativen Fall. Das Wort der Irrlehrer steht im Gegensatz zum Wort der Wahrheit (15). Der medizinische Ausdruck besagt, daß das Geschwür „Weide findet" r). Das Geschwür erscheint zunächst harmlos, greift dann aber schnell und verheerend um sich. Die falsche Lehre ist wie ein Geschwür im Leibe, es frißt die lebendige Substanz auf und macht die gesunden Zellen krank. Die Lüge nährt sich aus dem Teil der Wahrheit, den sie übernimmt, abspaltet und als Teil absolut setzt. Je mehr Wahrheit in einer Lüge ist, um so mächtiger und gefährlicher ist sie. „Ihr werdet sein wie Gott" ist die gefährlichste Lüge, weil sie am meisten Wahrheit enthält, aber sie ist die größte Lüge, weil sie die größte Wahrheit in ihr Gegenteil verkehrt. Nicht der Mensch kann sich zu Gott machen, sondern Gott macht ihn sich gleich, indem er dem Menschen gleich wird. Immer wird der Mensch in der Versuchung, in der Krise stehen zwischen sicut Deus (selber sein wollen wie Gott) und imago Dei (geschaffen und berufen zum Bilde Gottes). Das Grundwesen aller Irrlehre liegt schließlich darin, daß sie den Menschen über sich selbst hinausführen und Gott zum Mittel menschlicher Selbstverwirklichung machen will. Das Ende aber ist immer die Katastrophe (14c).

r) wie Jo 10, 9

Offenbar hat der Ausschluß von Hymenäus, von dem I 1, 20 berichtet, zu keiner Umkehr geführt und ist die Hoffnung von II 2, 25—26 noch mehr geschwunden, denn die Anführung eines weiteren Namens, Philetus, kann bedeuten, daß Hymenäus bzw. seine krankmachende Lehre fortgeschritten ist, indem sie neue Anhänger und Wortführer gewonnen hat. Da sie mit Namen genannt werden, ist anzunehmen, daß sie noch immer, oder trotzdem wieder, in der Gemeinde sind oder zumindest in sie hineinwirken, denn sie sind den Christen bekannt. So würde auch der zunehmend dringlichere Charakter der beschwörenden Ermahnung in II einen konkreten Hintergrund ersichtlich machen[36]. (Vgl. aber II 2, 23—26!)

[36] Einzelne Ausleger wollen II zeitlich vor I setzen, weil sie aus der Erwähnung von Hymenäus folgern, daß er in II 2, 17 noch in der Gemeinde wirkte, während er in I 1, 20 ausgestoßen ist. Doch abgesehen davon, daß II im ganzen und im einzelnen ein späteres geschichtliches Stadium aufweist, wurde Hymenäus der Züchtigung übergeben in der Erwartung, daß er nicht mehr lästere, d. h. nicht gegen das wahre Evangelium lehre, sondern seinen Sinn ändere, wie II 2, 25 bis 26 erwarten läßt.

Auferstehung (ohne Artikel) **ist schon geschehen** = schon 18
sind wir auferstanden! Das ist das Rühmen der aufkommenden Gnostiker (solche, die sich ihrer Erkenntnis rühmen, vgl. 1 Ko 8, 1—2). Auch in Korinth leugneten gewisse Kreise die kommende Auferstehung, und zwar wenn auch noch viele nicht die Auferstehung Jesu selber, so doch die Wirklichkeit der Auferstehung überhaupt s). Dort (20) wie hier t) bekräftigt Paulus: „Nun aber ist der Messias von den Toten auferstanden" und mahnt Timotheus, den von den Toten Auferweckten im Herzen zu haben u), ohne den es nach dem Mitsterben kein Mitleben gibt (11). Der Hinweis auf die Leugnung der Auferstehung, was einer Verleugnung des Herrn gleichkommt, zeigt noch einmal den inneren und folgerichtigen Zusammenhang zu II 2, 1—13. Ohne den lebendigen Herrn können Botschaft, Lehre und Glaube nicht lebendig bleiben noch Leben schaffen. Alles wird leer und nichtig v)[37]. Erlösung durch Jesus bedeutet, daß sündige, sterbliche Menschenleiber durch den Tod hindurch in ewigen Lichtglanz verwandelt und hineingenommen werden in das Reich Gottes w).

s) 1 Ko 15, 12—19
t) II 1, 10
u) II 2, 8!
v) 1 Ko 15, 14. 17
w) 1 Ko 15, 36. 44. 49 II 4, 18

b) Gottes fester Grund 2, 19

19 **Doch der feste** a) **Grund** b) **Gottes bleibt bestehen und hat dieses Siegel** c): **Der Herr hat erkannt** d), **die sein sind. Und: Es stehe ab von der Ungerechtigkeit jeder, der den Namen des Herrn nennt.**

Vers 19 steht im Gegensatz zu den grund- und uferlosen Irrlehren, die Leben, Lehre und Häuser zerstören. Der Grund ist das, worauf man bauen kann. Es war im Altertum üblich,

a) wie 1 Pt 5, 9; Hb 5, 12. 14
b) 1 Ko 3, 11; Kol 1, 23; Eph 2, 20; 3, 17; Hb 11, 10; 6, 11
c) wie Rö 4, 11; 1 Ko 9, 2;
d) wie 1 Ko 8, 3; 13, 12; Gal 4, 9

[37] In diesem ganzen Brief denkt und schreibt Paulus von der Auferstehung her, „denn dort entspringt der Glaube, und dort erhebt die Hoffnung ihre universale Größe, und dort bekommt der Wille die Befreiung von der Übermacht des natürlichen Begehrens" (Schlatter 235). Zwar kennt Paulus eine gegenwärtig im Leben der Gemeinde wirksame Auferstehung (Rö 6, 34; Eph 2, 6; Phil 3, 11; Kol 2, 12; 3, 1; vgl. auch Lk 15, 24), aber er gründet alle Auferstehung, die gegenwärtige und die umfassend zukünftige, auf die Auferstehung des Messias von den Toten: 1 Ko 15, 3—4; das gilt auch für seine eigene Hoffnung: II 4, 18. Leugnung der Auferstehung (und damit eines zukünftigen Gerichtes) bedeutet Abwertung des Leibes. Entweder wird der Leib verachtet (I, 4, 3; 1 Ko 7, 5. 28), da er als Hindernis und „Käfig der unsterblichen Seele" (Plato) die Spiritualisierung des Auferstehungsglaubens stört, oder, da die Vergeistigung nicht gelingen will, schlägt sie in Leibesvergötzung und Leibesmißbrauch um (1 Ko 6, 12—13. 15b; 15, 32b; Phil 3, 18—19). Hymenäus schreibt später von einem samaritanischen Gnostiker, seine Anhänger bekämen (so sei seine Lehre) durch seine Taufe „die Auferstehung", und hinfort könnten sie nicht sterben und blieben ohne zu altern unsterblich erhalten.

e) vgl. Offb 21, 14
f) 1 Ko 3, 10—11; Eph 2, 20
g) I 3, 15. 16
h) I Ko 7, 31; 15, 58; Hb 12, 27—29
i) Mt 27, 66; Holi 8, 6
k) 1 Ko 9, 1
l) Eph 4, 1
m) Eph 1, 13. 4; 4, 30; Rö 8, 16

daß nach Fertigstellung eines Hauses eine Inschrift über dem Eingang angebracht wurde, welche die Bestimmung des Hauses anzeigte e). Zum Grund gehört alles, was von Gott her gelegt und gebaut worden ist: Jesus und die apostolische Botschaft von ihm f). Dieser von Gott gelegte Grund und Bau g) ist fest und bleibt bestehen, wie das Wort des Herrn bestehen bleibt, auch dann, wenn alles Fleisch vergeht h). Das Siegel ist Zeichen des Eigentums und des Schutzes i) oder der Bestätigung. So schreibt Paulus k): „Das Siegel meines Aposteldienstes seid ihr im Herrn." Das Siegel trägt eine doppelte Inschrift und bringt dadurch ein Spannungsverhältnis zum Ausdruck: Ihr seid Siegel meines Dienstes, sofern *ihr* von der Ungerechtigkeit absteht und des Herrn würdig wandelt l); ihr seid Siegel *im Herrn*, sofern der Herr selbst euch versiegelt hat im Heiligen Geist m). Die Doppelinschrift des Siegels wird durch ein Spruchpaar gebildet, das wahrscheinlich ebenfalls einer urchristlichen Hymne entstammt. Bedeutsam ist seine alttestamentliche Herkunft, gibt sie doch Anlaß zu einem Vergleich zwischen dem alttestamentlichen und dem neutestamentlichen Gottesvolk[38]. Nicht erst in den Past, sondern von Anfang an gegründet auf die alttestamentliche Offenbarung kündet Paulus die Einheit der souveränen Erwählung Gottes und der menschlichen Verantwortlichkeit. Ein von Gott Erkannter zu sein, kann der Mensch nur dadurch bekennen, daß er dem ihn erwählenden Gott entsprechend lebt und seine Zugehörigkeit zu dem, der selber heilig ist und heilig macht, dadurch bezeugt, daß er sich heiligen läßt zu einem heiligen Leben[39]. Wer den Namen des Herrn nennt und dadurch bekennt, daß Gott sich zu ihm bekenne, der erweise das darin, daß er von der Sünde absteht. Das rechte Gottesbekenntnis zeige sich in der richtigen Lebensweise. Diese nie aufzulösende Doppelheit (vgl. auch das „Doppelgebot": Liebe Gott und deinen Nächsten wie dich selbst!) hat nichts zu tun mit einer verflachenden bürgerlichen Moral in den Past. Weil Leben und Lehre auseinanderklaffen und dadurch das innerste Gefüge der Gemeinde bedroht ist, gilt es, unermüdlich, vorbehaltlos

[38] Die Beziehung zu 4 Mo 16, 5. 26 (morgen wird der Herr kundtun, wer zu ihm gehört) und Jes 52, 11; 26, 13; vgl. auch Jes 28, 16 (reinigt euch, die ihr die Geräte des Herrn tragt) wird erst im Vergleich mit der griechischen Übersetzung der LXX recht deutlich. Das Volk muß sich von der aufrührerischen Rotte Korah trennen, sie haben den Herrn gelästert (Vers 31) und verfallen dem Gericht (Vers 33). Vgl. Ju 11.

[39] Vgl. 1 Ko 6, 14—7, 1; 10, 1—22. Hier der Bezug zur alttestamentlichen Geschichte Gottes mit seinem Volk; 1 Ko 5, 13.

und eindringlich, das Grundübel aufzudecken und den Weg zu seiner Überwindung zu zeigen und zu gehen. Mitten in den verwirrenden Parteiungen und Auseinandersetzungen sollen die Bewährten n) offenbar werden o). Für Paulus bilden Erwählung und Heiligung eine Einheit. So ist gesunde Lehre verbunden mit gesundem Leben. „Wir müssen Gott allezeit eurethalben danken, vom Herrn geliebte Brüder, daß euch Gott von Anfang an erwählt hat zum Heil in der Heiligung durch den Geist und im Glauben an die Wahrheit, wozu er euch berufen hat durch unser Evangelium, damit ihr die Herrlichkeit unseres Herrn Jesus Christus erlangt p)." Auch hier wieder bilden frühere Worte des Apostels die beste Auslegung für den Sinn der vorliegenden Stelle. Die Doppelinschrift des Siegels ist endzeitlich ausgerichtet, wie es ein Vergleich mit Mt 5, 15—23 deutlich macht. „An jenem Tag" wird das Werk der falschen Propheten, die das tun, was wider das Gesetz ist, völlig offenbar werden, und sie selbst werden zuschanden werden.

n) vgl. II 2, 15
o) 1 Ko 11, 19; vgl. 1 Ko 5, 13 mit 2 Ko 12, 21—13, 2
p) 2 Th 2, 13—14

Die Gewißheit der Gemeinde beruht auf Gottes erwählendem Erbarmen, das von Ewigkeit her geschieht. Gott selber hat die Erwählten losgekauft als sein Eigentum, er hat den Preis bezahlt: so kennt er diejenigen, die ihm gehören. Die Reinigung der Gemeinde ist unausweichlich die Verantwortung der einzelnen in dieser Zeit, weil Gott mit heiligem Ruf berufen hat, und weil der Heilige Geist Kraft gibt und zu einem heiligen Leben drängt q). Die apostolische Mahnung war weder damals, noch ist sie heute unbegründet oder überflüssig. Die Kirchengeschichte sähe anders aus, wenn die Gemeinden und ihre Glieder der Gestalt heilsamer Worte immer gefolgt wären.

q) I 6, 11—12. 14! II 2, 15. 22

2. Wie Timotheus widerstehen kann

2. Timotheus 2, 20—26

a) Reinigung zum Dienst 2, 20—22

20 In einem großen Hause gibt es aber nicht nur goldene und silberne Gefäße, sondern auch hölzerne und irdene, die einen zu ehrenvollem, die anderen zu niedrigerem Ge-
21 brauch. * Wenn nun jemand sich von ihnen reinigt, wird er ein Gefäß zur Ehre sein, ein geheiligtes, für den Haus-

22 herrn brauchbares, zu jedem guten Werk zubereitet. * Fliehe die jugendlichen Lüste, jage aber nach Gerechtigkeit, Glauben, Liebe, Frieden mit allen, die den Herrn anrufen aus reinem Herzen.

20 Das Bild vom großen Haus, das verschiedenartige Gefäße enthält, ist nicht leicht zu begreifen und umzusetzen in ein praktisches Verständnis. Die einen Ausleger sehen in diesen Worten ein Nachlassen der ursprünglichen Kirchenzucht und eine Absage an eine heilige Kirche. Denn auch den Irrenden werde noch die Ehre eines Werkzeuges, wenn auch eines wenig rühmlichen, zuteil. Nicht mehr die Reinigung der Kirche von falschen Lehrern sei die Forderung und Folgerung, sondern die eigene Reinigung gegenüber diesen Lehrern, die aus der Kirche auszuschließen man nicht mehr die Kraft oder Autorität habe. Andere sehen in der Mahnung zur Reinigung von den Gefäßen der Unehre die Aufforderung zur Reinigung der Kirche von falschen Lehren um jeden Preis, auch um den Preis der Kirchenspaltung und Neugründung und den der Verfolgung von seiten der „verunreinigten Kirchen". Wieweit kann uns ein sorgfältiges Hören auf den Text Klarheit in dieser Frage verschaffen?

21 **Ein Gefäß zur Ehre:** Vgl. Apg 9, 15 — ein auserwähltes Werkzeug; ein **geheiligtes:** s. I 2, 15 für die Frau gesagt; **brauchbar:** nützlich, im Gegensatz zum unnützen Geschwätz — so nur bei Paulus II 4, 11; Philem 11. **Zubereitet:** s. II 3, 17, durch die Wirkung der Heiligen Schrift und den Umgang mit ihr, dem heilsamen und heiligenden Wort, Tit 3, 8. **Zu jedem guten Werk:** auch sonst bei Paulus, 2 Ko 9, 8. „Zu jedem guten Werk überreich"; Kol 1, 10 „Fruchtbringend in allem guten Werk". Das Bild vom großen Haus legt nahe, an die weltweite Kirche zu denken mit ihren verschiedenen Gemeindeprägungen. Ein Blick auf die Sieben Sendschreiben an die Gemeinden in Asia[40] zeigt, daß durchaus nicht alle Gemeinden gleich „gut" oder „schlecht", brauchbar oder unbrauchbar für ihren Herrn waren. Aber diese Unterschiedlichkeit wurde *nicht* einfach hingenommen; zu *allen* spricht der erhöhte Herr, mahnend und tröstend. Er deckt Mängel oder Sünden oder Irrlehre auf und ruft zur Umkehr und zu den der Umkehr entsprechenden Werken. In diesem Sinne könnten die verschiedenen Gefäße von II 2, 20 als verschiedene Gemeinden

[40] Offb. 2, 1—3, 22. S. A. Pohl, W. Stb. Offenbarung, Bd I, S. 106—158.

verstanden werden, dann aber auch innerhalb einer Gemeinde wieder verschiedene Glieder und Gruppierungen a).

a) Offb 2, 2. 6. 9. 14—15. 20 bis 24; 3, 9

Paulus hat als weiser Baumeister gebaut, andere bauen daran weiter. Jeder ist verantwortlich dafür, wie und was er baut: ein Werk aus Gold, Silber, Edelstein, das im Feuer des Gerichts standhält, oder aber bloß Holz, Heu, Stroh, was im Gericht verbrennen wird. Bei diesem Gleichnis setzt Paulus aber noch immer voraus, daß ein unkluger Baumeister doch selber gerettet wird, wenn auch sein Werk verbrennt b). Dieses Wort von Jesus, dem Grund, der gelegt ist, den Paulus nicht gelegt hat und nicht legen konnte, weist auf einen Zusammenhang mit II 2, 19—21 hin. Der Unterschied ist wohl dieser: In Korinth spielt Paulus auf Parteiungen an, die aus fleischlicher Gesinnung und geistlicher Unreife entstanden sind; Überbetonungen, Einseitigkeiten und unlautere Motive c) spielen dabei eine allzu starke Rolle d), aber um ausgeformte Irrlehre handelt es sich dort noch nicht. Hier jedoch, in den Past, und erst recht in II, sind die Irrlehren schon ausgeprägt[41] und deren Propagandisten zahl- und einflußreich. Sie wenden sich offen gegen Paulus und gegen ganze Gemeinden, wenn nicht gegen ganze Regionen, wenden sich von Paulus ab und den Irrlehrern zu[42].

b) 1 Ko 3, 10. 12—15

c) wie Phil 1, 15—18

d) 1 Ko 3, 1—9

Wie sollen wir diesen Vers nun verstehen? Zunächst fällt 21
auf, daß es nicht heißt: Wenn nun die Gemeinden oder Gemeindeglieder sich reinigen. Weist der Ausdruck „jemand" auf den einzelnen, besonders auf den Diener am Wort, hin? Ein Vergleich mit Vers 15 legt diese Deutung nahe: Timotheus soll sich als bewährter Arbeiter vor Gott darbieten, so nämlich wird er ein geheiligtes, zu jedem guten Werk brauchbares Gefäß sein (21b)[43]. 21a sagt nun eingehender aus, wie und warum Timotheus nach Bewährung streben kann: **Er muß sich reinigen.** Das einzige Mal, wo dieses Wort auch noch erscheint, ist 1 Ko 5, 7, also auch bei Paulus. Dort aber wird es unter dem Bild des Sauerteigs gebraucht: Reinigt euch vom alten Sauerteig und schafft ihn hinaus. Der Sauerteig versinnbildlicht die Bosheit und Schlechtigkeit im Unterschied zur Lauter-

[41] Aber vgl. wiederum II 2, 18 mit 1 Ko 15, 12.

[42] II 1, 15; 4, 14—16; Apg 20; 9, 29—30: Hier noch als zukünftig vorausgesagt.

[43] Auch der Vergleich mit II 3, 16—17 als Gegenbeispiel zu den Irrlehrern; II 3, 1—9 (die Irrlehrer, die ebenfalls mit atl Geschehen in Verbindung gebracht werden wie II 2, 19, das die vorangehenden Verse 16—18 aufnimmt und erklärt) weist auf denselben Sachverhalt; vgl. ebenso Tit 1, 10—16 mit 2, 7—8.

keit und Wahrheit[44]. Der Zusammenhang zeigt, daß Paulus über einen Fall schwerer Unzucht spricht, den die korinthische Gemeinde in ihrer Mitte geduldet hat (1—6). Der Betreffende soll ausgeschlossen werden und die Gemeinde soll sich darüber beugen. So wird sie sich reinigen von dieser Sünde, an der sie mitschuldig ist. Jesus warnt seine Jünger vor dem Sauerteig der Pharisäer und Sadduzäer, d. h. vor ihrer Lehre! Bekannt ist, daß die Sadduzäer die Auferstehung leugneten. Der Sauerteig (Bosheit, Schlechtigkeit, Heuchelei, Ungerechtigkeit und dazu falsche Lehre) ist wie ein um sich fressendes Krebsgeschwür (2, 17), denn „ein wenig Sauerteig durchsäuert die ganze Masse“ e). Reinigung richtet sich auf beides: Lehre und Leben. Nur der Diener, der sich selbst in beidem reinigt, kann einen reinigenden Einfluß in der Gemeinde ausüben.

e) Gal 5, 9; 1 Ko 5, 6

Das Gleichnis vom Unkraut und Weizen f) zeigt, daß die endgültige Reinigung und Scheidung erst im Endgericht zu erwarten ist; denn will man das Unkraut völlig und überall ausziehen, wird man auch den Weizen mit ausreißen und sein Wachstum hindern oder zerstören. Jesus selbst wird die „Endverteilung“ vornehmen, die Scheidung der Gefäße zur Ehre und zur Unehre g). Die Mischform der Kirche soll aber trotzdem nie zu einem Kompromiß weder mit der Irrlehre noch mit dem damit verbundenen Irrleben, der Ungerechtigkeit, führen; das zeigt das Gleichnis vom Sauerteig der Pharisäer, das Paulus aufgreift für die Gemeinde in Korinth und das er ins Bild vom Baumeister abwandelt: II 2, 14—21. Die empirische Kirche muß immer damit rechnen, daß es Wölfe in ihr gibt und Schafe außerhalb von ihr (Augustinus). Aber die Reinigung muß trotzdem immer wieder neu geschehen, weil auch die Vermischung, d. h. die Verunreinigung, ständig neu akut wird. Für jeden in die Gemeinde Aufgenommenen geht es um die Heiligung: er jage ihr nach (2, 22!), denn durch nichts ist er vor dem Rückfall in die Sünde gesichert h).

f) Mt 13, 24—30

g) Mt 25, 34—40. 41—45

h) 1 Ko 9, 27b Hbr 12, 14

22 **Fliehe die jugendlichen Lüste, jage aber nach Gerechtigkeit, Glauben, Liebe, Frieden mit allen, die den Herrn anrufen aus reinem Herzen** i). Dieser Vers bildet Mitte, Zusammenfassung und Zusammenhalt der Abschnitte 14—21 und 23—26: Wer den Namen des Herrn nennt, lasse ab von Ungerechtigkeit (19c) und jage nach Gerechtigkeit (22b); er reinige sich (21) von fremder und eigener Unreinheit, indem er sich von der gott-

i) I 1, 5! 1 Pt 1, 22; Ps 51, 12

[44] Mt 16, 6. 11. 12; Mk 8, 15; Lk 12, 1. Vgl. auch Mt 5, 20: Der Sauerteig des Herodes; Lk: die Heuchelei der Pharisäer, d. h. ihren Lebenswandel.

losen Seuche der zerstörenden Irrlehre abwendet (16—18) und im eigenen Leben den jugendlichen Lüsten entschieden absagt (22a). So wird er aus reinem Herzen den Herrn anrufen können mit allen, die auch so leben (22c), so wird er andere vor zerstörendem Streit warnen bzw. davon abbringen (14. 23—26).

Paulus wendet sich wieder direkt an Timotheus und greift Vers 15 auf, indem er das dort Gesagte nach zwei Seiten hin vertieft und erweitert: Mit seelsorgerlichem Feingefühl weist er jetzt auf die Gefährdung hin, die für Timotheus aus dem eigenen Inneren aufsteigt: die jugendlichen Lüste; doch gleichzeitig wendet er seine Aufmerksamkeit über sich selbst und seine Anfechtungen hinweg auf den Sinn der Bruderschaft im Glauben: Jage dem Frieden nach mit allen, die den Herrn anrufen aus reinem Herzen. Nachdem Paulus ihm sagte: Erinnere dich des von den Toten auferweckten Herrn (8), erinnere dich der dir Anvertrauten, daß sie sich nicht fortreißen lassen in fremde Lehren (14), erinnert er ihn jetzt an seine Versuchlichkeit im Innern des eigenen Herzens. Der mögliche Zusammenhang zu geschlechtlichen Versuchungen ist nicht ohne Begründung, wenn man die Ermahnung aus I mitbedenkt: Sei ein Vorbild in ... der Keuschheit; jüngere Frauen ermahne wie Schwestern in aller Keuschheit; in aller, d. h. mit ganzer Keuschheit; bewahre dich selbst keusch k).

k) I 4, 12! 5, 2. 22!

Aber unter jugendlichen Lüsten ist bei Timotheus nicht nur an geschlechtliche Begierde zu denken, sondern auch an geistlichen Hochmut und leidenschaftliche Ungeduld und Härte, was nicht im Widerspruch zu stehen braucht zu seiner eher zaghaften und zur Mutlosigkeit neigenden Art. Im Gegenteil: meistens stehen entgegengesetzte Tendenzen zueinander in einem Zusammenhang: Wer mit Minderwertigkeitsgefühlen zu tun hat, kann sehr überheblich sein, der Weiche sehr hart, der Niedergedrückte sehr ausgelassen, der Zurückhaltende sehr aufdringlich und umgekehrt.

Wie ernst ist für Timotheus der Hinweis auf seine eigenen jugendlichen Lüste[45], wenn er in diesen Briefen gleichzeitig

[45] Lust ist in positivem Sinn verwendet in Phil 1, 33; 1 Th 2, 17; Lk 22, 15. Als sündige Lust mit hauptsächlich geschlechtlicher Bedeutung: 1 Th 4, 5; Rö 1, 24; sündige Lust allgemein: Rö 6, 12; 7, 7. 8; 13, 14; Gal 5, 16. 24; Eph 2, 3; Jak 1, 14. 15; 1 Pt 4, 2. 3; 1 Jo 2, 16. 7; Ju 16. 18; Offb 18, 14. Ein Vergleich zum jugendlichen Joseph, der die geschlechtliche Verführung flieht, ist nicht unangebracht: 1 Mo 39, 12; vgl. 1 Ko 6, 18: Fliehet die Unzucht.

liest von den Lüsten derer, die reich werden wollen, von den mannigfachen und geheimen Lüsten schwacher Frauen, von krankhaften intellektuellen Lüsten derer, welche die heilsame Lehre nicht mehr ertragen l). Was Paulus an Titus schreibt, muß auch Timotheus bekennen, und zwar nicht nur für seine Vergangenheit, bevor er ein Christ wurde, sondern für die Gegenwart als anhaftende Versuchlichkeit: Auch wir dienten mancherlei Begierden und Lüsten, aber auch wir werden durch Gnade erzogen, daß wir die weltlichen Lüste verleugnen können m).

l) I 6, 9! II 3, 6; 4, 3

m) Tit 3, 3! 2, 12!

Ein Vergleich mit I 6, 11, wo ebenfalls die entschiedene Abkehr (fliehe) und Hinkehr (jage nach) als tägliche Bestätigung der seinerzeitigen Umkehr erscheint, weist geringe, aber für die feine seelsorgerliche Anpassung doch bemerkenswerte Unterschiede auf. Geduld und Sanftmut, die in I am Schluß der Liste stehen, scheinen in II zu fehlen, aber sie tauchen ebenfalls am Schluß auf, nur um eine besonders eingehende Erörterung erweitert, weil die verschärfte Kampfsituation das nötig macht (23—26). So gesehen erscheint Vers 23 nicht als bloße oder unnötige Wiederholung von 2, 14.16—18. „Gottseligkeit" fehlt in der Aufzählung von II, weil der Sache nach schon in Vers 19 erwähnt und angewendet auf Timotheus in Vers 21. Hinzugefügt ist: **dem Frieden nachjagen,** weil der Kampf zugenommen hat, dem Frieden mit denen, **die den Herrn anrufen aus reinem Herzen,** weil das Anwachsen der Irrlehre die Verbundenheit der Glieder untereinander bedroht. Frieden und Reinheit des Herzens, d. h. Lauterkeit der Gesinnung in Lehre und Leben, gehören zusammen n).

n) I 1, 5!

Wird hier der Bildung von besonderen Kreisen das Wort geredet? Ist hier der Ansatz zu sehen für die Ecclesiola in Ecclesia (Zinzendorf), für das kleine Kirchlein in der großen Kirche, für die reine Hausgemeinde innerhalb des großen Hauses der Weltkirche? Ja und nein! Jede Gemeinde baut sich auf aus Zellen von kleinen Gruppen, in denen gegenseitige Mahnung und Ermunterung verwirklicht werden kann. Nicht erst die Erkenntnisse moderner Gruppenpsychologie zeigen die Unersetzlichkeit der kleinen Gruppe. Jesus stellt die brüderliche Mahnung und Einigung, welche das Zusammenkommen in seinem Namen voraussetzt, in die kleinste Gemeinschaft der zwei oder drei, wie aus Mt 18, 15—20 zu sehen ist: Rechte Gemeinde ist dort, wo Sünde in Leben und Lehre aufgedeckt und zurechtgebracht (15—18), wo im Gebet Einmütigkeit für neue Ziele aus Gott gesucht und gefunden (19), wo der Name des Herrn angerufen wird aus reinem Herzen (20), denn seine Gegenwart ist das entscheidende Merkmal der Gemeinde[46].

Ein Nein aber gilt jeder Gruppierung, die sich vom Ganzen abspalten und selbstgenügsam sich verschließen will. So wird sie zur Sekte, zuerst in der Gesinnung, dann in Tat und Lehre. Die Verse 23—26 zeigen, daß der Zusammenhang zum Ganzen *nicht* aufgegeben werden soll, auch unter den schwersten Umständen nicht. Viele erweckliche Kreise, die in ihren Anfängen durchaus gesund waren, sind kränklich und unfruchtbar geworden, weil sie die Leiden scheuten, die damit verbunden sind, wenn neu geschenktes Leben in erstarrte Formen und Beziehungen hineingetragen werden soll, um sie aufzubrechen und zu verwandeln. Wer sich dieser leidvollen, oft auf Mißverständnis und Widerstand stoßenden Aufgabe entzieht, wird selber bald erstarren und verholzen.

b) Widerlegung der Irrlehrer mit Sanftmut 2, 23—26

23 Aber die törichten und zuchtlosen Diskussionen weise ab,
24 weil du weißt, daß sie nur Streitigkeiten erzeugen. * Ein
Knecht des Herrn soll sich aber nicht herumstreiten, son-
dern freundlich sein gegen alle, geschickt zum Lehren, und
25 gelassen im Ertragen des Unrechts, * mit Sanftmut die
Widerspenstigen zurechtweisend, ob ihnen Gott nicht doch
noch Sinnesänderung verleihe zur Erkenntnis der Wahr-
26 heit * und sie wieder zur Besinnung kommen aus der
Schlinge des Teufels heraus, nachdem sie sich von ihm hat-
ten einfangen lassen, ihm zu Willen zu sein.

Timotheus soll sich denen beigesellen, die heilsamen Lehren 23
und Werken nachtrachten. Aber mit den Irrlehrern ist keine Eintracht möglich. Worin besteht nun der Unterschied zu Vers 16? Dort wird Timotheus um seiner selbst willen, damit er nicht verseucht werde, angewiesen, sich von denen abzuwenden, die nur Schwätzer sind. Er soll die Schwätzereien fliehen wie die Lüste der Jugend. Hier aber soll er als verantwortlicher Diener des Wortes die Diskutierer abweisen, indem er

[46] Das Rechnen mit der Gegenwart des Herrn, die Überwindung der Unstimmigkeit, die Übereinstimmung der Brüder — das sind die Merkmale der Gemeinde und jeder gesunden Gruppe in ihr. Krüger beschreibt sie unter den Stichworten: Inspiration, Kommunikation, Institution. Vgl. auch H. Bürki: „Zweierschaft", Besinnung über Grundlagen christlicher Gemeinschaft.

a) vgl. I 4, 7! 5, 11!

sie in die Schranken weist a). Vers 14 ist im Blick auch auf die Gemeinde gesagt; a l l e, nicht nur die Irrlehrer (wie könnten sie sonst solchen Anhang finden), sind in Gefahr, dem Streit um Worte zu verfallen. Die Streitfragen, man könnte auch sagen: bloßes Diskutieren um der Diskussion willen, ständiges Problematisieren ist nicht nur töricht, dumm, sondern zuchtlos und kindisch. Sehr oft ist wichtigtuerisches Gebaren, tiefsinniges Problematisieren und intellektuelle Arroganz verbunden mit einer infantilen Grundverfassung. Man hat eine Wortwelt aufgebaut und bewegt sich innerhalb dieser Welt virtuos, ohne daß aber verändernde Beziehungen zum eigenen Leben und zur Umwelt entstünden. Streit erzeugt neuen Streit, wie Gewalt nach neuer Gewalt ruft, wie das Böse stets neues Böses herausfordert. Aus dem Teufelskreis von Behauptung und Gegenbehauptung, von Argument und Gegenargument heraus führt nur die Bereitschaft, Böses zu ertragen und es mit Gutem zu überwinden b).

b) Rö 12, 16 bis 18. 21

24 **Ein Knecht des Herrn aber soll sich nicht herumstreiten,** sondern den guten Kampf des Glaubens führen. Paulus gebraucht hier einen Ehrentitel. Der Gedanke an den leidenden Gottesknecht, der Gottes Auftrag ausrichtet, liegt nahe[47]. „Streiten“ hat hier den Sinn von bitter und hart kämpfen, verwunden, rechthaberisch behaupten, „zänkisch sein“ (Luther). Paulus sagt immer zuerst, was und wie etwas nicht geschehen soll, dann fügt er hinzu, was gültig ist: Ein Diener des Herrn soll **gegen jedermann freundlich** sein. Er soll gegenüber allen liebreich auftreten. Das gleiche Wort erscheint nur noch in 1 Thes 2, 7! Da sagt Paulus von sich selbst, er sei freundlich, d. h. liebreich aufgetreten, wie eine stillende Mutter ihre Kinder hege. Das Auftreten in entwaffnender Milde verbindet den ersten und den letzten Brief, den wir von Paulus haben, miteinander. Darin ist er seinem Herrn nachgefolgt, und dazu mahnt er seinen Mitarbeiter c). Die aus dem Zwang von Angriff und Verteidigung befreiende Kraft der Sanftmut sollen alle uneingeschränkt erfahren, nicht nur die Irrlehrer, sondern jeder Bruder. Zweierlei sehen wir daraus: Das Wort vom liebreichen Auftreten gilt zwar allen Jüngern, besonders den Knechten des Herrn. Hier aber ist es zuerst ganz persönlich auf Timotheus bezogen, weil er vielleicht in seiner jugendlichen Leidenschaftlichkeit sich leicht fortreißen läßt in aus-

c) Sach 9, 9; Mt 11, 29; 12, 19; 21, 5; 1 Pt 2, 21—24

[47] Jes 42, 2; 53, 7. Aber auch die Verbindung zu „Mensch Gottes“ ist hier anzunehmen: II 3, 17; I 6, 11.

fällige Diskussionen, von denen er dann entmutigt und (nieder-)geschlagen zurückkehrt.

Geschickt zum Lehren. Ein Zusammenhang zu II 2, 2 besteht. Wir erfahren nun des näheren, was von treuen Männern, die geschickt zum Lehren sind, erwartet wird d).

Gelassen[48] **im Ertragen des Unrechts.** Wer gelassen ist, kann den Widerstand auch der Bösen und Böswilligen geduldig hinnehmen e).

d) s. auch II 3, 16—17; I 3, 2!
e) vgl. 1 Ko 4, 12

25 Jede Zurechtweisung, ob in der Lehre oder im Verhalten, soll im Geist der **Sanftmut** geschehen aus zwei Gründen: 1. im Blick auf sich selbst. Wer zurechtweist, kann es nur tun in Demut, weil er weiß, wie oft er selbst der Zurechtweisung bedarf und wie schnell er selber in den gleichen Fehler verfallen kann f). 2. Im Blick auf den anderen, der zurechtgewiesen werden soll. Wird ihm mit Härte begegnet (was nicht dasselbe ist wie Entschiedenheit und Klarheit der Liebe), so verschließt er sich nur noch mehr. Der Irrende soll *gewonnen*, nicht abgestoßen werden[49]! Was heißt schließlich zurechtweisen, wenn nicht dies, solchen Menschen die rechte Richtung weisen. Kann das anders geschehen als aus der rechten Gesinnung? Zur gegenseitigen Ermahnung bedarf es der guten Gesinnung (das vorbehaltlose Annehmen des anderen als Geschöpf Gottes, als Bruder) und der Erkenntnis (die vom Geist geschenkte Einsicht in das, was nottut) g). Zurechtweisen kann hier im Blick auf die Irrlehrer durchaus den Sinn haben von *unterweisen* h). Das ist mehr, als gegen den Irrtum angehen und sich in Wortstreit verstricken lassen. Der Irrtum soll überwunden werden durch unentwegte Darlegung der Wahrheit i). Das Wesen der Polemik liegt darin, daß sie nur abwehrt, abweist, kritisiert, bloßstellt und deshalb nicht aufbauen, nicht zurechtbringen, nicht heilen kann. Die Irrlehrer sollen nicht einfach zurückgewiesen oder beseitigt werden, so daß sie erledigt sind. Sie können ja zurückgewonnen werden, wenn Gott ihnen **Sinnesänderung** schenkt. Umkehr ist immer ein Ge-

f) Gal 6, 1—2
g) Rö 14, 15
h) wie II 3, 16
i) II 4, 2

[48] *anexikakos* kann hier mit „gelassen' übersetzt werden! Besteht hier etwa ein Widerspruch zu Offb 2, 2? Da sagt der erhöhte Herr lobend: „Du kannst die Bösen nicht ertragen." Die Gemeinde hat das Böse ertragen, das ihr angetan wurde (so Vers 3), aber die Bosheit der falschen Apostel hat sie nicht ertragen. So soll Timotheus das Böse, das *ihm widerfährt*, gelassen ertragen, aber den Irrlehrern entgegentreten, damit sie überführt werden und zur Umkehr gelangen.

[49] Mt 18, 15. Wenn dein Bruder sündigt, so gehe hin und weise ihn zurecht unter vier Augen. Hört er auf dich, so hast du deinen Bruder *gewonnen*! Zweimal heißt es „Bruder". Vgl. Tit 3, 2; 1 Ko 4, 21; 2 Ko 10, 1; Gal 5, 23; Eph 4, 2; Kol 3, 12; Jak 1, 21; 1 Pt 3, 15.

schenk von Gott — auch hier[50]. Darum soll man mit den Verirrten nicht streiten oder diskutieren, was ihnen nicht weiterhilft, sondern sie nur noch mehr in ihre Gedankengänge verstrickt. Vielmehr soll ihnen in Ernst und Liebe das göttliche Wort gesagt werden, das sie zur Umkehr bewegen kann, auch wenn sie es zunächst scheinbar nicht annehmen.

j) I 2, 4!

Erkenntnis der Wahrheit. Das ist Gottes Wille für alle j). Nicht eine gefühlsmäßige Änderung allein, sondern eine volle, den ganzen Menschen umfassende Hinwendung zur Wahrheit. Das muß geschehen, und das **kann** auch geschehen. Diese Hoffnung darf nicht aufgegeben werden.

Das Ganze gilt auch für das Verhalten zwischen den Christen in den verschiedenen Kirchen und Denominationen. Viel berechtigte Kritik stammt nicht aus Beugung und Demut und trägt darum den Stempel der Selbstgerechtigkeit und des Verurteilens, des Richtgeistes; deshalb richtet sie mehr Schaden an, als daß sie heilen könnte.

26 Der Irrlehrer ist trunken, er ist von Sinnen, unnüchtern. Timotheus aber soll völlig nüchtern sein, das Leiden erdulden, das Werk eines Evangelisten vollbringen k). Wenn er selber in Wahrheit wach und nüchtern ist, kann er die verstörten Verstörer durch das Wort der Wahrheit zur Ernüchterung führen. Daß das Wirken und Leben der Irrlehrer dämonischen Hintergrund habe, ist nicht etwa eine ausfällige Beschuldigung, die man erst in den Past findet, wie einige Ausleger meinen l). Daß der Diabolos als der Verkläger der Brüder der Menschen Gedanken und Sinne verblendet m), verfinstert und versklavt, das sagt Paulus immer wieder n).

k) II 4, 5
l) 2 Ko 11, 1—15
m) I 3, 7! 6, 9!
n) 2 Ko 4, 4; 11, 13—15; Rö 1, 21; Eph 2, 2; 6, 11. 12

Die Mahnung zum geduldigen und sanftmütigen Überführen der Verführten entstammt nicht einer nachlassenden Wachsamkeit gegenüber der Wahrheit des Wortes und seiner Verwirklichung im Leben der Gemeinde. Vor den Augen Gottes o) und im Wissen um den dämonischen Hintergrund aller Verführung, die womöglich bis zur Verleugnung und zum Abfall der Auserwählten führen kann p), gibt Paulus die Weisung, durch deren Befolgung im eigenen Leben, in der Führung der Gemeinde und in der Überführung der Irrlehrer Timotheus als bewährter Arbeiter vor Gott dastehen wird.

o) II 2, 8. 15. 19
p) II 2, 10. 11 —13. 17. 26

[50] Zu *„metanoia"* als Geschenk von Gott vgl. Apg 5, 31; 11, 18; ähnlich in Rö 2, 4; 2 Ko 7, 9.

B. DIE ZUKÜNFTIGEN IRRLEHRER

2. Timotheus 3, 1—17

1. Der Charakter der Endzeit

2. Timotheus 3, 1—9

a) Durch die Frömmigkeit getarnte Sünde 3, 1—5

1 **Das sollst du wissen, daß in den letzten Tagen schwere Zei-**
2 **ten eintreten werden. * Denn die Menschen werden selbst-**
süchtig sein, geldgierig, prahlerisch, hochmütig, schmähsüch-
3 **tig, den Eltern ungehorsam, undankbar, ruchlos, * lieblos,**
unversöhnlich, verleumderisch, hemmungslos, brutal, dem
4 **Guten feind, * verräterisch, rücksichtslos, aufgeblasen, die**
5 **Wollust liebend anstatt Gott. * Sie werden zwar eine Form**
von Frömmigkeit zeigen, deren Kraft aber verleugnet haben.
Und von diesen wende dich weg!

Das Wort vom dämonischen Fallstrick[1] (2, 26) leitet über zur Beschreibung der dämonisch geprägten Endzeit, die eintreten wird und schon angebrochen ist.

Das sollst du wissen, daß in den letzten Tagen schwere Zei- 1
ten eintreten werden. Das steht im Zusammenhang zu 2, 7. Dort sind alle drei Bilder (Kriegsmann, Sportler und Bauer) unter endzeitlichem Vorzeichen gesehen. Jetzt führt Paulus aus, worauf zu merken ist im Blick auf die Entwicklung in Kirche und Gesellschaft. Merke auf beim Lesen, was geschehen wird a)!

In I 4, 1—5 steht der asketische, hier in II 3, 1—9 der ausschweifende Zug der Endzeit im Vordergrund. Der dämonische Aspekt der Zeit ist schillernd. Endzeit ist, was begonnen hat mit dem Kommen des Messias ins Fleisch b). Es besteht darum für das ntl. Verständnis kein Widerspruch zwischen den drei Aussagen: die Endzeit wird kommen, sie hat schon begonnen, und sie ist jetzt da. Die verschiedenen Autoren betonen nur verschiedene Aspekte dieses Einen, das ein Ganzes bildet. „Die letzten Tage" sind nicht ein punktuelles Ereignis, sie erfüllen sich in verschiedenen Etappen.

a) Offb 3, 3; Mt 24, 15; 10, 26; 24, 32. 39; Apg 20, 29. 30
b) Hb 1, 2

Zeiten (kairos): die rechte, bestimmte, erfüllte, gelegene Zeit. Hier steht das Wort im Plural, was zu übersetzen wäre

[1] Vgl. dasselbe Wort in Lk 21, 34—36: jener Tag wird kommen wie ein Fallstrick!

mit Zeitläufe, Epochen. Die im folgenden beschriebenen Zustände können zu verschiedenen Zeiten und an verschiedenen Orten verschieden auftreten. Typisch ist ein solcher Zustand der Gesellschaft nach einer Revolution, nach einer ein ganzes Volk erfassenden Katastrophe, in einer Zeit des allgemeinen Umbruchs, wenn eine alte Epoche zusammenbricht und eine neue erstehen soll. Die verschiedenen Katastrophen-Zeiten sind Geburtswehen der Endzeit — schon im Judentum sprach man von den „Wehen des Messias" —, sie sind noch nicht selbst das Ende c).

c) Mt 24, 8

Schwere Zeiten; gefährliche, bedrohliche[2], schlimme Zeiten treten ein, stehen bevor[3]. Aussagen über die Verderbnis der Menschen in der Endzeit sind im AT und im NT bekannt d). Endzeit trägt immer das Zeichen der D r i n g l i c h k e i t. Das Heute Gottes begleitet jeden Augenblick des Menschen und jede Epoche der Menschheit, darum „ermahnet einander jeden Tag, solange das ‚Heute' ausgerufen wird, damit nicht jemand von euch verhärtet werde durch den Betrug der Sünde, denn wir haben am Messias Anteil bekommen, wenn anders wir die anfängliche Zuversicht bis zum Ziel unerschütterlich festhalten e)."

d) Jes 2, 5; 4, 1; Micha 7, 5—6; Mt 10, 21. 35

e) Hb 3, 13—14

Der hier vorliegende „Lasterkatalog", wie man ihn nennt, ist eher mit Rö 1, 29—32 zu vergleichen als mit hellenistischen Listen, obwohl der Typus solcher Aufzählungen und die Wahl der Worte auch von dort her beeinflußt sein mögen. Im folgenden numerieren wir die 19 Glieder[4] und fügen jedem Wort zur Vereinfachung nur knappe Bemerkungen und Stellenangaben bei. Dabei deuten wir überall die Beziehung zu Rö 1, 29—32 an. Beschreibt dieser Katalog zukünftige (und schon gegenwärtige) Zustände in der Welt oder in der Kirche? Das merkwürdige und bezeichnende „Dazwischen" dieser Aufzählung gilt nicht nur für die Zeitbeschreibung (Gegenwart und Zukunft), sondern auch für die Menschen (Welt und Kirche) und ebenso für die Zustände innerhalb der Gemeinde (Irrlehrer u. a. Gemeindeglieder). Mit anderen Worten: Es ist verfehlt zu sagen, dieser Abschnitt beziehe sich nur auf die Zukunft oder nur auf die Welt oder nur auf die Irrlehrer. Gerade weil der Charakter der Endzeit „Mischzeit" ist, weil das Unkraut mit dem Weizen zugleich wächst, darum gilt es aufzumerken, darum sich

[2] So nur noch Mt 8, 28.
[3] So in 1 Ko 7, 26; bei *Paulus* also: Die bevorstehende Not!
[4] Darin J. Jeremias folgend.

zu reinigen aus der Vermischung der Motive, der Lehren, der Erwartungen, der Absichten. Nur deshalb wird diese Aufzählung überhaupt gegeben. 2,19 steht im Hintergrund, ja als Überschrift über dem Abschnitt: Auch wenn die Gesetzlosigkeit überhand nimmt, so kennt Gott doch diejenigen, die er erwählt hat; er selber wird sich immer solche vorbehalten, die ihre Knie vor den Götzen nicht gebeugt haben f). Darum, wer sich zu diesem Herrn bekennt, der stehe ab von aller Ungerechtigkeit, wie sie hier als umgekehrter Tugendspiegel beschrieben ist.

f) 1 Kön 19, 18

Denn die Menschen werden sein; betonte Hervorstellung des Futur wie Mk 13, 19. Die Menschen bestimmen die Zeiten. Während sie Herren der Zeit zu sein scheinen, werden sie von der Zeit beherrscht. Hier könnte eine Besinnung über das Verhältnis des einzelnen zu den heute vielgenannten „Strukturen“ einsetzen. Die Sünde-Struktur des einzelnen und im einzelnen schafft sündhafte Strukturen in der Gesellschaft, die den Sünder „bestätigen“ und in der Sünde verhaften. Vgl. 2, 26. 2

1. **Selbstsüchtig** (phil-autoi); vgl. den Schluß: Vergnügen liebend, sich selber süchtig begehrend; Tit 1, 7; NEB: self-pleasing.
2. **Geldgierig** (phil-argyroi); wörtlich: das Geld liebend, geizig, habsüchtig. I 6, 10! Lk 16, 14: Jesus nennt die Pharisäer geldgierig. Darum verhöhnen sie ihn.
3. **Prahlerisch** (Rö 1, 30): großmaulig; Jak 4, 16; 1 Jo 2, 16; angeberisch, übertreibend.
4. **Hochmütig** (Rö 1, 30); vgl. auch Lk 1, 51; Spr 3, 34.
5. **Schmähsüchtig,** verleumderisch, lästernd; I 6, 4; 1, 20; Tit 3, 2; Apg 6, 11; 2 Pt 2, 11. Sie wollen sich selbst erhöhen (4), indem sie die anderen erniedrigen (5). Sie verachten all das, was sie nicht selber sind, und lästern Gott.
6. **Den Eltern ungehorsam** (Rö 1, 30); vgl. auch Tit 1, 16; 3, 3; Lk 1, 17; Apg 26, 9.
7. **Undankbar,** in Verbindung zu 6. zu sehen; Lk 6, 35; Rö 1, 21 gegenüber Gott.
8. **Ruchlos,** vor nichts zurückschreckend, nichts als heilig ansehend; vgl. I 1, 9: unheilige und ruchlose Elternmörder; diese Beziehung ist wichtig: dort geht es um die Bestimmung des Gesetzes. So ist der Hintergrund dieses Kataloges von dort her zu sehen.
9. **Lieblos** (Rö 1, 31); herzlos, gefühllos, ohne natürliches 3
Empfinden. 6—10 können im Zusammenhang gesehen wer-

den: Wer in der primären Umgebung der Familie die Unterordnung verwirft, weiß nicht mehr zu danken, er verliert die Grenze für sein Verhalten, nichts mehr hält ihn zurück; er verliert das natürliche Empfinden, das im Vertrauen gegenüber den Eltern überhaupt erst empfangen und entfaltet werden konnte. Da er die engste und erste Bindung und Verbindlichkeit verweigert, ist er überhaupt nicht mehr fähig, sich zuverlässig zu binden. Vgl. Rö 1, 18—25, denselben Zusammenhang in der Einstellung zu Gott: Am Anfang steht ebenfalls die Weigerung, Gott zu ehren (Gehorsam) und ihm Dank zu erweisen (für seine Gaben, Vers 21).

10. **Unversöhnlich;** sie können nicht Frieden schließen, anerkennen keine Bindung, keine Freundschaft, keinen Vertrag, keine Verbindlichkeit.
11. **Verleumderisch** (diaboloi); falsche Ankläger (wie der Teufel) I 3, 6. 7. 11; Eph 4, 27; 6, 11; Tit 2, 3.
12. **Hemmungslos,** haltlos, unbeherrscht, unenthaltsam, zügellos, allen Impulsen freien Lauf gebend, unmäßig beim Genuß auch erlaubter Güter[5].
13. **Brutal,** roh, verwildert, ungezähmt, unzivilisiert, unmenschlich; Tit 1, 12.
14. **Dem Guten feind,** (a-phil-agathoi); sie sind vom Guten losgelöst, der Liebe zum Guten entwöhnt, ohne Liebe für das Gute, Tugendverächter.

4 15. **Verräterisch,** in der endzeitlichen Trübsal „werden viele abfallen und werden einander verraten und einander hassen“; Mt 24, 9. 10; Apg 7, 52. „Judas, der zum Verräter wurde“ Lk 6, 16.

16. **Rücksichtslos, verwegen,** übereilte Menschen, Abenteurer, abgeleitet von: überfallen, voreilig unter dem Drang der Leidenschaft handeln, wobei das Ziel etwas Verkehrtes ist.
17. **Aufgeblasen** (tetyphomenoi); umnebelt und dadurch verblendet, hochtrabend, dünkelhaft, sich selbst wichtig nehmend, nie über sich im Zweifel; NEB: swollen with self-importance. I 3, 6; 6, 4.
18. **Die Wollust liebend anstatt Gott:** (phil(o)-donos) vergnügungssüchtig; (philo-theos) Gott liebend; Freunde des Genusses anstatt Freunde Gottes; für jedes Vergnügen, aber

[5] Auffallend ist, daß die Liste im Unterschied zu Rö 1 keine sexuellen Sünden direkt nennt. Doch in dem Wort „hemmungslos“ ist auch die geschlechtliche Zügellosigkeit enthalten.

nicht für Gott bereit (Wilckens); NEB: Men who put pleasure in the place of God; Vergnügen als Ersatz für Gott; „deren Gott ihr Bauch ist", das ist von Menschen in der Gemeinde gesagt (Phil 3, 19!). Am Anfang dieser Reihe steht phil-autoi: die Ich-Liebe, am Schluß das Gegenstück, nämlich das, was eigentlich die Grundlage sein sollte: philo-theos, die Gottesliebe. Sein wollen wie Gott heißt, sich selbst an die Stelle von Gott setzen, sich selbst zum Gott machen und Gott absetzen; sich selbst Ehre und Dank und Anerkennung zuschreiben (lassen). Das führt zur Verkehrung aller Ordnungen im eigenen Leben und im Leben untereinander.

19. (Menschen), **die eine äußere Form der Frömmigkeit zei-** 5
gen, deren Kraft aber verleugnet haben, und von diesen wende dich weg.

Die da haben den Schein eines gottesfürchtigen Wesens, aber seine Kraft verleugnen (Luther). Sie werden an der Form der Religion festhalten, aber sich von ihrer Kraft distanzieren (Wilckens). Sie halten wohl noch fest an den äußeren Bräuchen der Frömmigkeit, aber sie geben ihr keinen Einfluß auf ihr Leben (Albrecht). Who preserve the outward form of religion, but are standing denial of its reality (NEB).

Form (morphosis) **der Frömmigkeit,** Scheinheiligkeit wie in Rö 2, 20. Vgl. 2, 17—24: „Im Gesetz hast du die F o r m der Erkenntnis und der Wahrheit; belehrst du nun aber andere und folgst selbst deiner Lehre nicht?" In Rö 1 hat Paulus die Sünden der Heiden vorgestellt, in Rö 2 zeigt er die Sünden des Volkes Israel. Heuchelei war die Hauptsünde der Pharisäer, Lk 12, 1. „Die falschen Propheten werden aufstehen und viele verführen." Sie geben den Schein harmloser Schafe, aber sind in Wahrheit zerreißende Wölfe, „Wölfe in Schafskleidung" Mt 7, 15; 23, 3. Ohne die aufbauende Kraft eines gottesfürchtigen Wesens tragen sie den Deckmantel der Frömmigkeit zur Schau. S. den Zusammenhang zu II 2, 21[6]! Das Verb von Vers 5 steht in der Gegenwartsform im Unterschied zu Vers 2. Anstatt „das Geheimnis des Glaubens in reinem Gewissen"

6 Ein zeitgenössisches Beispiel: Das Wort „christlich" müßte aus den Namen der Parteien, die es gebrauchen, gestrichen werden, weil sie mit diesem Wort Mißbrauch treiben. Es ist ein Aushängeschild geworden, um „Christen" zu fangen.

besitzen sie den „Schein der Gottseligkeit", ohne deren verändernde Kraft an sich zu erfahren. (S. I 3, 9!)

Dieser Vers 5 steht „dazwischen", das Bisherige zusammenfassend und überleitend zu den im folgenden ausdrücklich genannten Irrlehrern.

Die Kraft der wahren Gottesverehrung (Gottseligkeit) aber haben sie verleugnet. Der Zusammenhang zu 2, 11—13 ist durch das Stichwort **verleugnen** nicht nur äußerlich, sondern ganz der innersten Bedeutung nach sachlich gegeben. Die Zeitform des Verbes drückt einen aktiven Entschluß, eine gewollte Verwerfung der Gottseligkeit aus. Sie wollen sich nicht in der Disziplin der Frömmigkeit üben g). Freilich gilt dann auch, daß, wer die Kraft h) der Frömmigkeit verwirft, auch von ihr verlassen wird; er bleibt seinen Begierden ausgeliefert, er erfährt nichts mehr von der zurechtweisenden, umgestaltenden und zum Menschen Gottes erziehenden Gnade. Die Wirklichkeit des Lebens aus Gott ist ihm verschlossen (worden). Der Zusammenhang zu II 1, 7 ist durch das Stichwort „Kraft" gegeben. Ohne den Geist der Kraft und der Liebe und der Zucht, von Gott gegeben und im Gehorsam zu Gott sich auswirkend, muß die Frömmigkeit kraftlos und unwirklich werden. Sie kann nur noch „pro forma", zum Schein, also heuchlerisch gezeigt werden. Halten wir fest: Die Scheinfrömmigkeit kann asketische und sie kann ausschweifende Züge haben, meistens wechselt sie, schillernd und unlauter wie sie ist, von einem zum anderen hin und her.

g) I 4, 7—8! II 2, 5
h) vgl. 1 Ko 4, 18—21

Der Tiefpunkt der eigenmächtigen Frömmigkeit, die Heuchelei der kraftlosen Ich-Religion, ist entlarvt[7]. Doch selbst noch in der Anklage tritt der Höhepunkt hervor, leuchtet „die K r a f t der Gottseligkeit" auf! Das ist ihr Geheimnis: Gott geoffenbart im Fleisch. Jesus selber ist Grundlage, Quelle, Kraftinhalt, Weg und Ziel wahrer Frömmigkeit, der Gottesverehrung im Heiligen Geiste.

Und von diesen wende dich weg! Das Verb erscheint nur hier und ist stärker als der entsprechende Ausdruck in I 1, 6; 5, 15; II 4, 4, wo die Rede ist sowohl von Irrlehrern wie von Frauen und allgemein von Gemeindegliedern, die sich von der Wahrheit abwenden; abwenden hat auch den Sinn von fliehen, wie I 6, 11; II 2, 22. Nur noch stärker hier: mit Abscheu abwenden, fliehen. (Vgl. Rö 12, 9: Die Liebe sei ungeheuchelt,

[7] Das Geheimnis der Frömmigkeit steht dem Geheimnis der Gesetzlosigkeit gegenüber. 2 Th 2, 7. I 3, 16 und der Gegensatz II 4, 1—3 sind endzeitlich gesehen!

verabscheut das Böse, hanget dem Guten an.) Mit solchen Menschen soll er n i c h t Gemeinschaft pflegen (2, 16), wohl aber in Sanftmut ihnen die Wahrheit sagen. Vielmehr soll er den vertrauten Umgang mit denen suchen und vertiefen, die den Herrn anrufen aus lauterem Herzen (2, 22).

b) Die frommen Verführer 3, 6—9

6 **Zu diesen gehören die, welche sich in die Häuser einschlei-**
chen und kindische Frauen einfangen, die mit Sünden über-
häuft und von den verschiedensten Lüsten getrieben sind,
7 *** die ständig lernen und doch nie zur Erkenntnis der Wahr-**
8 **heit gelangen können. * Auf dieselbe Weise aber, wie Jannes**
und Jambres dem Mose widerstanden, so widerstehen diese
der Wahrheit, Menschen, deren Verstand zerrüttet ist, ohne
9 **Bewährung im Glauben. * Aber sie werden nicht weiter**
fortschreiten, denn ihr Unverstand wird allen offenbar wer-
den, wie auch (der Unverstand) **jener** (Magier) **offenbar ge-**
worden ist.

Zu diesen gehören die: Aus diesen Kreisen kommen[8]. Gemeint sind die in Vers 5 genannten Kreise, ein Hinweis mehr, daß nicht nur an die gedacht war in den Versen 2—4, sondern an alle jene „Menschen" (2). Aus ihrer Mitte stammen die Irrlehrer, die j e t z t in ihrem Treiben beschrieben werden. Die hinterlistige und verdeckte Art, Propaganda zu treiben unter unsicheren Frauen, wo sie leichte Beute finden, ist in eine konkrete Lage hinein gesprochen. Der Hinweis auf die Tätigkeit unter Frauen gibt weiteren Aufschluß über die Bedeutung der Frau in der Urkirche und besonders über die Zustände, welche die Past im Auge haben a). 6

a) I 5, 3—16! 2, 9—15! Tit 2, 3—5!

Welche sich in die Häuser einschleichen und kindische Frauen einfangen b), die mit Sünden überhäuft c) und von den verschiedensten Lüsten getrieben werden, * die ständig lernen und doch nie zur Erkenntnis der Wahrheit gelangen können. 7

Kindische Frauen. Eigentlich in abschätzigem Sinn: Weiblein, Frauenzimmer, Weibsleute. Es sind wehrlose, weil in sich und in der Wahrheit unbefestigte Frauen. Die hier gewählte Übersetzung ‚kindische Frauen'[9] sucht den buchstäblichen Wortsinn wiederzugeben in der Annahme, daß diese Frauen

b) wie 2 Ko 10, 5; Eph 4, 8
c) wie Rö 12, 20

[8] Jo 1, 24: Aus den (Kreisen) der Pharisäer.
[9] s I 2, 15 im Gegensatz die frauliche Reife: Glaube, Liebe, Heiligung mit Verständigkeit.

infantil geblieben sind und die entsprechenden Merkmale aufweisen: skrupelhaft im Gewissen, darum mit dem Bewußtsein unvergebener Sündenlast (Schuldkomplexe) überhäuft, die durch kein noch so genaues und wiederholtes Sündenbekenntnis als vergeben erfahren werden; unfähig zur Begegnung und zum reifen Leben, weil die verdrängten Affekte im verborgenen ihr Unwesen treiben; unfähig zum Wachsen in der wahren Erkenntnis, weil der kindische Sinn am Äußeren hängen bleibt, was sehr wohl mit einer einseitig entwickelten und vom Leben gelösten „Intelligenz“ verbunden sein
d) Apg 17, 21 **kann[10] d).**

Überhäuft. Wie das Haupt des Bösen mit feurigen Kohlen
e) Rö 12, 20 der Beschämung überhäuft wird e): wenn ihm der Geschädigte Gutes tut, anstatt Böses mit Bösem zu vergelten. So sind diese Frauen von ständigen Gewissensbissen geplagt und mit Selbstvorwürfen überhäuft, voll Gier nach letztlich doch unvollziehbarer Erkenntnis und Erfahrung.

Lüste bezeichnet Begierden aller Art. Wenn vor allem oder nur Unzuchtsünden gemeint sein sollten, so wäre das wohl
f) wie I 5, 11 genannt worden f). Eher ist an streng asketische Lebensführung zu denken, durch welche die Begierden unterdrückt werden sollen. Vielleicht verheißen die Irrlehrer endgültigen „Sieg“ über den Leib, was aber die Niederlage nur vergrößert, wie Kol 2, 20—22 zeigt: „Obwohl diese Dinge als ‚Weisheit‘ geltend gemacht werden in eigenwilligen Gottesdiensten, Kasteiungen und leiblicher Zucht, sind sie doch (in Wirklichkeit) keiner Ehre wert und dienen nur zur Befriedigung eines sehr irdischen Sinnes“[11].

Getrieben. Die passive Form zeigt das hilflose Getriebensein an; wie man von den Götzen in ekstatischen Erlebnissen
g) 1 Ko 12, 2 mit fortgerissen wird g). Der Zusammenhang zu Vers 4: Die Wollust lieben, kann auch passiven Sinn haben: sich von der eingestandenen oder uneingestandenen Lust treiben l a s s e n.
h) Rö 8, 14; Gal 5, 12; Eph 3, 10 Gegensatz: Sich leiten lassen vom Heiligen Geist h). Das führt

[10] P. Tournier gibt in seinem Buch (Wahre und falsche Schuldgefühle) Hilfe zur Unterscheidung und Klärung in diesen verworrenen Seelenzuständen; vgl. das Entsprechende über die M ä n n e r: II 2, 23.

[11] Wilckens; NEB: *True, it has an air of wisdom with its forced piety, its self-mortification and its severity to the body, but it is of no use at all in combatting sensuality.* Diese Religion hat den Anschein von Weisheit, aber forcierte Frömmigkeit, Selbstabtötung und Härte gegen den Leib sind völlig nutzlos, wenn es um die Überwindung der sinnlichen Gier geht.

zur Reife, zur Gewißheit in Gott und zur Überwindung der aus dem natürlichen Menschen aufsteigenden Lüste i). i) Rö 8, 12—16

Ständig lernen. Holtz (182) sieht hier eine Anspielung auf die leere, weibliche Lernlust, 1 Ko 14, 35; vgl. I 2, 11: vielleicht „die Abwehr lern- und fragbegieriger Frauen". Das Wissen allein bläht auf. Es verändert weder den einzelnen noch seine Umwelt. Erst die Liebe baut auf k). Das aber gilt für Frauen und Männer in gleicher Weise. Und hier sind nicht „die Frauen" gemeint, sondern eine bestimmte Art unfreier Frauen, über die falsche Lehrer (und Lehrerinnen) ihren Einfluß ausüben. k) 1 Ko 8, 11

Zur Erkenntnis der Wahrheit kommen. Zusammenhang zu 2, 25; dort sind Irrlehrer gemeint. Vgl. I 2, 4. Die Irrlehrer schleichen sich ein (sie sind ebenso unfähig zur offenen Begegnung), und einmal eingeschlichen, halten sie unbefestigte Menschen gefangen, von sich abhängig. Das unstillbare Bedürfnis nach „Seelsorge" hält das Bedürfnis nach ständigem „Beseelsorgern" wach. Beides steht im Gegensatz zur rechten Ermahnung. Die gegenseitige Weisung (Mahnung und Trost) in der Bruderschaft, das ist das Wesen mündiger Gemeinde (mutuum colloquium et consolatio fratrum). Dieser Abschnitt müßte als Ausgangspunkt genommen werden für eine kritische Überprüfung der Seelsorgepraxis an bestimmten Frauen. Führt die Seelsorge dazu, daß sie frei werden, daß sie wachsen und lernen, oder hält die Seelsorge sie weiterhin fest in dem kindischen Zustand?

Auf dieselbe Weise aber, wie Jannes und Jambres dem Mose 8
widerstanden, so widerstehen diese der Wahrheit, Menschen, deren Verstand zerrüttet ist, ohne Bewährung im Glauben. Lange vor der urchristlichen Zeit haben jüdische Schriftgelehrte zu den atl Büchern Auslegungen und Legenden geschrieben, gesammelt und tradiert. Paulus zitiert hier aus einem solchen Kommentar die Namen der ägyptischen Magier, die in 2 Mo 7, 11 selbst nicht erwähnt sind. Sie wollten sich dem Anspruch Moses, daß er im Auftrag Gottes rede und das Volk Israel aus dem Sklavenstand herausführe, nicht beugen und stellten ihm ihre eigenen Zauberkünste als Gegenbeweis ihrer religiösen Macht und der Kraft ihrer Götter entgegen. Schon in II 2, 19.20 begegnete uns nicht nur ein Zitat aus dem AT, sondern eine atl Geschichte, die „typisch"[12] als Warnung

[12] 1 Ko 10, 1—11: „Darin sind sie uns zu *Vorbildern* geworden, damit wir nicht am Bösen unsere Lust haben ... Das ist ihnen als warnendes Vorbild für uns widerfahren und ist

für das ntl Gottesvolk ist. Beide Zitate, die Ausrichtung des Lasterkatalogs und der Bezug auf das atl Gesetz, zeigen den stark jüdisch gefärbten Grundzug der Irrlehren und die atl und endzeitliche Ausrichtung der paulinischen Entgegnung. Die Irrlehrer widerstehen eigentlich ihm, dem Gesandten Gottes in Christus; auch in 2 Ko 3, 13 vergleicht er sich mit Mose.

Sie widerstehen: In Rö 13, 2 dreimal, hier zweimal gebraucht — unterstreicht die Härte des Widerstandes; Gal. 2, 11.

Der Wahrheit: Wie „Glaube" im objektiven und umfassenden Sinn gebraucht: sie widerstehen Gott und dem Evangelium sowie denen, die das Wort der Wahrheit verkünden. Vgl. Rö 1, 18.25; Apg 7, 51—52.

Was die Irrlehrer mit den ägyptischen Zauberern gemeinsam haben, ist ihr Widerstand gegen die Wahrheit Gottes und nicht, daß sie Magie anwenden. Trotzdem besteht ein allgemeiner Zusammenhang zwischen Irrlehre und Aberglaube. Wer der Wahrheit nicht glaubt, glaubt der Lüge l). Auch das ist endzeitlich gesehen; die Menschen, welche der Wahrheit widerstehen, werden in ihrem Verstand zerrüttet. Sie sind **ohne Bewährung im Glauben.** Von der Skepsis angefressen, können sie sich der Wahrheit nicht mehr anvertrauen, so bleiben sie im Glauben ohne Bewährung[13]. Da ihr Wirklichkeitssinn verdorben ist, halten sie den Glauben für Aberglauben und bleiben im Leben unbewährt, sie verfehlen das Ziel. Das Schlußwort hier ist ganz ähnlich wie in I 6, 5. Entscheidend zur Beurteilung der Irrlehrer ist: sie bestehen die Probe im Glauben nicht. Aber sind das nur die Irrlehrer allein? Sie sind es vornehmlich; doch viele denken und handeln wie jene, darum schließen sie sich an, mitverführt und mitverführend.

l) 2 Th 2, 9—12

uns zur Lehre in der Schrift berichtet, denn wir sind die, auf die das Ende der Weltzeiten gekommen ist." — Paulus zitiert auch hier ein jüdisches Targum (4 Mo 20, 19). Nach einer jüdischen Legende sind die beiden Zauberer dem Schein nach Juden geworden, sind mit dem Volk in die Wüste gezogen und haben es zur Bereitung und Anbetung des Goldenen Kalbes geführt. Das könnte eine Illustration geben zu 1 Jo 2, 19. Spätjüdische Mosesgeschichten finden im NT ihren Niederschlag: Der Unterricht in der Weisheit Ägyptens: Apg 7, 21; das Alter von vierzig Jahren: Apg 7, 23; das Gesetz, durch Engel gegeben: Apg 7, 53; Gal 3, 19; Hb 2, 2; alle auf Mose getauft und von einer Wolke mit Mose eingehüllt: 1 Ko 10, 2; der Horebfels wandert mit: 10, 4; der Erzengel kämpft mit dem Satan um den Leichnam des Moses: Ju 9. Wichtig ist, wie diese Geschichten verarbeitet und in den Dienst des Evangeliums gestellt werden. Vgl. wie Paulus auch heidnische Schriftsteller zitiert: Tit 1, 12; Apg 17, 23. 28.

[13] *adokimoi*, untüchtig zum Glauben: Rö 1, 28; 1 Ko 9, 27. Paulus sieht diese Möglichkeit für sich selbst, wenn er nicht wacht; und für die Gemeinde, wenn sie sich nicht prüft (2 Ko 13, 5).

Aber sie werden nicht weiter fortschreiten m), **denn ihr** 9
Unverstand n) **wird** (in der Zukunft!) **allen offenbar werden,** m) wie 2, 16; 3, 13
wie auch (der Unverstand) **jener** (Magier) **offenbar geworden** n) nur Past und Lk 6, 11
ist. Magier können nicht beliebig lange die vorgetäuschte Wirklichkeit, die Ersatzwelt vor der wirklichen Welt der Wahrheit verborgen halten[14]. Steht das nicht im Widerspruch zu II 3, 13 und 2, 16: Böse Menschen und Betrüger w e r d e n f o r t s c h r e i t e n? Das Böse w i r d fortschreiten wie das Gute, bis alles ausgereift ist zum Endgericht. Das ist der Sinn des Gleichnisses vom Unkraut und Weizen und der Sinn der Endzeit überhaupt. Die Aussage hier ist bezogen auf die atl Geschichte; so wie dort einzelnen das Handwerk gelegt wurde, als Vorzeichen des letzten Gerichts über alle, so werden und müssen auch in dieser endzeitlichen Epoche Pseudoapostel aufgedeckt und überführt werden o). Die Entfaltung der Geschichte geschieht nicht automatisch geradlinig, sondern in „Fristen", in Epochen, in Wehen und Wellen[15], in Aufwärts- und Abwärtsbewegungen mit lokalen, regionalen, nationalen und kulturellen Unterschieden, Schwerpunkten und Gegenströmungen.

o) Offb 2, 2

3, 1—9 gilt für alle Zeiten, weil alle auf die letzte Zeit bezogen sind; gilt allen Menschen, weil in allen „das Geheimnis der Gesetzlosigkeit" wirkt; gilt allen Christen, weil sie nie endgültig in dieser Zeit von der Sündhaftigkeit befreit sind. Und trotzdem: was allen gilt, gilt nicht gleich zu allen Zeiten und für alle! Paulus schreibt hier in eine ganz bestimmte geschichtliche Lage hinein[16]. Daß dieses Wort doch „für alle Zeiten" Geltung hat, liegt nicht an der Verschwommenheit seiner Darstellung, sondern weil durch den Geist Gottes p) die letzten Voraussetzungen und Grundlagen des Menschseins in dieser Weltzeit ans Licht gebracht werden q).

p) Rö 2, 1. 7. 14; 3, 1 = I 4, 1!
q) Eph 5, 12—18; Hb 4, 12

Vielleicht hat unser Text eine bald zu erwartende Katastrophe vor Augen oder ist diese schon zum Teil eingetreten. Die genauen Umstände wissen wir nicht. Dem Schreiber und dem Briefempfänger aber waren sie ebenso klar vor Augen

[14] Auch die moderne Welt der Technik und Wissenschaft hat zu wählen zwischen Magie und Wahrheit. Die Versachlichung und Verobjektivierung der mitmenschlichen Beziehung kommt einer magischen Handlung gleich. Der faustische Mensch steht zwischen Magie und „Wirklichkeit".

[15] Man beachte die Schlagworte in Verbindung mit Welle: Freßwelle, Wohnwelle, Sexwelle, Pornowelle, Streikwelle etc.

[16] Vielleicht bezogen auf Ephesus allein oder Ikonium oder auf Asia überhaupt.

wie die Charakterisierung der Lage in den sieben Gemeinden der Offenbarung (2, 1—3, 22), nur werden sie hier nicht näher genannt.

2. Der wahre Lehrer des Evangeliums

2. Timotheus 3, 10—17

a) Paulus als Vorbild 3, 10—13

10 **Du aber bist mir in allem nachgefolgt, in der Lehre, in der**
Lebensführung, in der Zielsetzung, in Glaube, Geduld, Lie-
11 **be, im Ausharren, * in Verfolgungen, in Leiden, wie sie**
mir in Antiochia, in Ikonium, in Lystra widerfahren sind,
welche Verfolgungen ich ertragen habe, und aus allen hat
12 **mich der Herr errettet. * Alle, die gottselig leben wollen in**
13 **Christus Jesus, werden verfolgt werden. * Böse Menschen**
dagegen und Betrüger werden im Bösen fortschreiten, in-
dem sie irreführen und irregeführt werden.

Anfang und Ende berühren sich. Paulus hat die Erörterung über „die Menschen" und die aus ihnen hervorstechenden Kreise samt deren Führern zu Ende gebracht. Jetzt wendet er sich wieder ganz direkt seinem echten Glaubenssohn zu: **Du aber** bedenke die ersten Anfänge unserer Kampfgemeinschaft, wie du mich kennengelernt hast und mich kennst seither (10—12). Wie ich um des Evangeliums willen verfolgt wurde (du hast es von Anfang an miterlebt und bist bis heute Schritt um Schritt mir nachgefolgt), so werden alle verfolgt werden, auch du, wenn du in der wahren Frömmigkeit verharren willst in Christus Jesus.

Darum bedenke deine eigenen Anfänge von Kindheit an (14—15)[17] und verharre im Wort Gottes, das dich zum Knecht Gottes machen kann (17), der sich vor Gott bewährt dar-
a) II 2, 15. 24 stellt a) bis zum Ende. Gedenke unser beider Wege, fasse Mut zum Ausharren in der Treue zum Herrn und zu seinem Wort, so wirst du ein wahrer Lehrer des Evangeliums bleiben.

10 **Du aber bist mir in allem nachgefolgt.** Vgl. die Spannung zu Vers 14: **Du aber bleibe;** nachfolgen ist zugleich ein Bleiben. Das Bleiben im Wort ist zugleich ein Nachfolgen im Gehor-

[17] Siehe II 1, 3—5 die Anfänge der b e i d e n „von Mutterleib an".

sam. Paulus verwendet hier dasselbe Wort wie in I 4, 6: Er ist der guten Lehre nachgefolgt, ebenso wie dem guten Vorbild. Das ist ein Wort des Lobes und des Dankes an Timotheus[18]. Wieder folgt eine Aufzählung, diesmal von neun, für Timotheus genau überprüfbaren Kennzeichen des Apostels, die sein Leben ins Licht stellen. Wir erkennen eine sinnvolle Unterteilung von dreimal drei Gliedern, die wir der Reihe nach numerieren und kurz kommentieren, die griechischen Worte in den Text nehmend. Timotheus ist „Nachfolger" des Paulus nicht im Sinne dessen, der sein „Amt" übernimmt, sondern wörtlich als einer, der mit ihm auf dem Wege war, hinter ihm her, gemeinsam auf den Herrn ausgerichtet als sein Mitarbeiter:

1. **In der Lehre.** Steht am Anfang, ist in den Past und für die Lage, die sie beschreiben, von Bedeutung. I 1, 10; 4, 6; 5, 17; 6, 1.3; Lehre kann auch den Sinn von „Weg" haben. Weg des Lebens, vgl. 1 Ko 4, 17. Christus ist die volle und ganze Wirklichkeit, er ist Weg — Wahrheit — Leben (Jo 14, 6). Weg besonders in Apg 2, 28; 9, 2; 13, 10; 16, 17; 18, 26; 19, 9.23; 22, 4; 24, 14.22.

2. **In der Lebensführung** (agoge); nur hier; allgemeines Verhalten; bei Paulus ist Lehre mit Lebensführung gepaart. Darin ist er Modell; Jesus mahnt zur Einheit von Tun und Lehren: Mt 5, 19, vgl. Rö 2, 23.21; 1 Ko 4, 17 und immer wieder: 1 Ko 9, 27.

3. **In der Zielsetzung.** In der Gesinnung, im Streben, im Vorsatz, im Entschluß. Lehre und Leben sind verinnerlicht, vereinigt, vom Willen aufgenommen und umfaßt, darum echt und überzeugend geworden. Und so entstand der Entschluß im Herzen des Timotheus, diesem Mann und seinem Herrn nachzufolgen. Lebenslehre, Lebensführung und Lebensziel sind in diesem Manne eins geworden; auch da nicht absolut, nicht letztlich, endgültig, aber in großer Entschiedenheit und Klarheit. Phil 3, 12—14 beschreibt, was Paulus tut, 15—17 was andere tun sollen: seinem und dem Beispiel anderer nachfolgen.

[18] *kolutheo* ist das gewöhnliche Wort für einen Jünger, der seinem Lehrer (Rabbi) *nachfolgt.* Hier aber setzt Paulus eine Vorsilbe dazu, *Para-kolutheo,* was den Sinn von nachfolgen verstärkt: du bist mir genau, getreu, Schritt für Schritt nachgefolgt. In diesem Sinn gebraucht Lukas dasselbe Verb für seine Nachforschungen, die ihn zur Niederschrift des Evangeliums führten: Lk 1, 3. NEB: *But you my son have followed step by step.* Die Übersetzung: „In allem nachfolgen" versucht den verstärkten Sinn des gewöhnlichen Verbes wiederzugeben. Diese Deutung erscheint auch angebracht im Blick auf Phil 2, 19—22.

Pro-thesis: Sonst bei Paulus verstanden als Ratschluß Gottes: Rö 8, 28; 9, 11. S. II 1, 9 dasselbe Wort. Der Ratschluß Gottes umfaßt den Ratschluß für Paulus und ist in ihn eingegangen und zu seinem eigenen Entschluß geworden. Die englische Übersetzung hat: My purpose, chief aim. Der Katechismus fragt: What is man's chief end? To glorify God and to enjoy him for ever. Gott verherrlichen und sich seiner ewig freuen, sein Vergnügen in Gott finden und darum Freude an allem, Dank für alles haben, was von ihm kommt, das ist Grund und Ziel des Menschen. Du hast erkannt und bist nachgefolgt meiner Zielsetzung.

4. **In Glaube.** I 6, 11, Glaube ist Quelle und Kern des Christenlebens für Paulus.

5. **Geduld.** Wie I 6, 11; Geduld ist auf Hoffnung bezogen; Tit 2, 2; 1 Th 1, 3 läßt verstehen, daß Geduld für Hoffnung stehen kann: „Ausdauer in der Hoffnung"; vgl. Rö 5, 3—5, auch dort Glaube, Hoffnung, Liebe.

6. **Liebe** ist für Paulus kein leeres Wort, sondern Wirklichkeit in seinem Leben, in das hinein und aus dem heraus der Lobpreis der Liebe inspiriert werden konnte: 1 Ko 13. Du bist mir nachgefolgt in „Glaube — Liebe — Hoffnung".

7. **Im Ausharren** (hypomone); Ausdauer, Standfestigkeit gegenüber schlechten und widrigen Umständen; Voraussetzung für die Bewahrung in Verfolgungen und Leiden. Paulus gibt dem Mitarbeiterspiegel von 2 Ko 6, 1—10 allem voran und alles mitbestimmend die Überschrift: „Wir erweisen uns als Diener Gottes durch viel Standhaftigkeit"[19].

11 8. **In Verfolgungen.** 2 Th 1, 4; 2 Ko 1, 6; Hb 10, 32. Hier sind die äußeren Verfolgungen gemeint, nicht der innere Widerstand.

9. **In Leiden.** 2 Ko 11, 21—33. Verfolgungen und Leiden oft bei Paulus zusammen erwähnt. Wohin führt die Einheit von Lehre, Leben und Zielsetzung, die in Glaube, Hoffnung, Liebe die wahre Gottseligkeit findet und zum Ausdruck bringt? Sie führt zur Standhaftigkeit in Verfolgungen und Leiden bis zum Ende.

Im folgenden zählt Paulus konkrete Widerfahrnisse auf, die er erduldet hat. Warum zählt Paulus Verfolgungen auf, die

[19] Vgl. Rö 8, 25; 15, 4. 5; 2 Ko 1, 6; 12, 12: Die Zeichen des Aposteldienstes sind vollbracht in allem Ausharren; Kol 1, 11; 2 Th 1, 4; 3, 5; ferner Hb 6, 12; 10, 36; 12, 1; Jak 1, 3. 4; 5, 1; 2 Pt 1, 6; Offb 1, 9; 2, 2. 3. 19; 3, 10; 13, 10; 14, 12; Lk 8, 15; 21, 19. Der endzeitliche Grundton des Wortes ist deutlich zu hören: Wer ausharrt bis ans Ende, Mt 10, 22.

Timotheus gar nicht gekannt hat als Augenzeuge, während er ihm doch bezeugt, daß er ihm in allem nachgefolgt sei? Welchen Sinn kann es haben, daß Paulus Ereignisse erwähnt, die Timotheus unbekannt sind? Hat er nicht genügend viele Jahre mit ihm verbracht, um an Beispiele zu erinnern, die beiden bekannt sind? Ein Ausleger meint, es sei verständlich für einen ältern Mann im Gefängnis, wenn er sich seiner ersten Erfahrungen auf der ersten Missionsreise erinnere. Aber Paulus schreibt nicht im Blick auf sich selbst, sondern für Timotheus! Versuchen wir eine Auslegung, die darauf am einfachsten antwortet. Timotheus wird erst auf der zweiten Missionsreise erwähnt: „Ein Jünger, der ein gutes Zeugnis hatte von den Brüdern in Lystra und Ikonium.“ Von dort an nimmt ihn Paulus mit b). Wann aber ist Timotheus ein Jünger geworden? Aus Antiochia (in Pisidien) und dessen Gebiet c) wurden Barnabas und Paulus vertrieben, und in Ikonium wurde Paulus, nachdem er vorher wie ein Gott verehrt werden sollte, als Gotteslästerer gesteinigt. Juden kamen aus Antiochien und Ikonium und hetzten die Volksmenge gegen Paulus auf. Wenn — wie wir unserer Auslegung zugrunde legen — Timotheus bei der Steinigung des Paulus mit dabei war, dann hörte er die Juden aus Antiochia und Ikonium ihre Anklagen gegen Paulus vorbringen. Er wußte also aus erster Hand von der eben vorangegangenen Verfolgung in Antiochia und erlebte die jetzt geschehende Anklage und Steinigung als Augenzeuge: „Die Juden aus Antiochia und Ikonium ... steinigten den Paulus und schleiften ihn vor die Stadt hinaus in der Meinung, er sei tot. Als ihn aber die Jünger umringten, stand er auf und ging in die Stadt hinein. Und am folgenden Tag zog er mit Barnabas hinweg nach Derbe“ d). Die Gegner aus Antiochia, Ikonium und Lystra waren vereinigt, als es um die Steinigung des Paulus ging. Die Jünger aber aus den gleichen Städten wurden mit Freude und Heiligem Geist erfüllt e) als Frucht der Verfolgung. Auch in Antiochia, Ikonium und Lystra[20] sind Menschen durch die Missionsverkündigung zum Glauben an Jesus, den Messias, gekommen und Jünger geworden. Diese wurden ermahnt, im Glauben zu verharren[21], weil der Weg ins Reich Gottes mit Drangsal verbunden ist. Timotheus ist damals ein Jünger geworden. Wie könnte er sonst echtes Glaubenskind des Paulus

b) Apg 16, 2—3
c) Apg 13, 50
d) Apg 14, 19—20
e) Apg 13, 52

[20] In Apg 14, 21 (wieder) zusammen erwähnt.
[21] Vgl. Apg 14, 22 mit ausharren in II 3, 11 und verfolgt werden in II 3, 12.

sein? Auf der zweiten Missionsreise, als Paulus ihn in Lystra besuchte, war Timotheus schon Jünger und hatte schon ein gutes Zeugnis unter den Christen in seiner Stadt und in Ikonium, d. h. in der ganzen Umgebung. Welches aber war für ihn der entscheidende Anstoß zum Glauben geworden? Das Blutzeugnis des Paulus. Paulus brach unter den Steinen, die auf ihn geworfen wurden, bewußtlos zusammen. Man schleifte den für tot Gehaltenen aus der Stadt hinaus, und dort suchten ihn die Jünger auf und bildeten einen Kreis um ihn. War er wirklich tot, oder lebte er noch? Hat Gott an ihm ein Wunder der Wiedererweckung getan, oder wurde er, der bewußtlos Gesteinigte, so wunderbar wiederhergestellt, daß er aufstehen, gehen und am anderen Tag seine Reise fortführen konnte? Paulus schreibt, daß er dreimal geschlagen und einmal gesteinigt worden ist f), und diese Steinigung ist für Timotheus zu einem Blutzeugnis geworden, daran hat sich sein Glaube entzündet[22]. Hier hat sich das geflügelte Wort erfüllt: Das Blut der Märtyrer ist der Same der Kirche. Der Mittelpunkt aller Verfolgungen und Leiden des Apostels in Antiochia, Ikonium und Lystra ist seine Steinigung. Sie hat Timotheus miterlebt, aus der Nähe oder aus der Ferne. Um den für tot gehaltenen Märtyrer hat er mit anderen Jüngern im Kreis gestanden. Aber aus diesen wie aus allen bösen Werken der Widersacher, aus dem Todesrachen selbst hat ihn **der Herr errettet,** und so wird er ihn auch hineinretten in sein himmlisches Reich g). In diesem Zusammenhang verstanden, erhält das Wort: „Du bist mir genau in allem gefolgt" seinen prägnanten Sinn. Der „Märtyrerbrief" ist innerhalb des ganzen nicht ein fremdes Stück, er hat in 2, 14 nicht seinen Abschluß gefunden, sondern die eingehende Beschäftigung mit den durch die Irrlehrer entstandenen Zuständen der Gemeinde in „den letzten Tagen" ist unablässig verbunden mit dem Bewußtsein wachsender Verfolgungen. Darum gilt es, sich nicht zu schämen (2, 16), sondern Böses zu ertragen (2, 24) und auf Verfolgungen gefaßt zu sein (3, 12). Darum die Erwähnung des alles in einen Brennpunkt zusammenfassenden Ereignisses der Steinigung als vorweggenommenes Blutzeugnis, wovon Timotheus Augenzeuge geworden ist; darum der Hinweis auf das unausweichlich bevorstehende endgültige Martyrium (4, 6), auf das auch Timotheus sich gefaßt machen (lassen) soll (4, 5). Der Hebräerbrief

f) 2 Ko 11, 25. 23—24. 26—28.

g) II 4, 17—18

[22] Siehe W. Stb. 1 Tim S. 38 (E 30).

weiß h), daß Timotheus gefangen war und freigelassen wurde. h) Hb 13, 23
Wir wissen nicht, wann und wie seine letzte Stunde geschlagen hat und er vor dem erschienen ist, der die Toten und die Lebendigen richtet (4, 1).

Noch eines ist zu bedenken: Paulus selber war Augenzeuge eines Martyriums gewesen. Durch das Blutzeugnis des Stephanus, der das Böse erduldete und für seine Feinde betete, ist der Stachel der Christuswahrheit in ihrer alles duldenden und alles überwindenden Liebe in das Herz des Gamaliel-Schülers Saulus gedrungen i). Nicht erst auf dem Wege nach Damaskus, i) Apg 7, 54—60
schon durch das Blutzeugnis des Stephanus ist Paulus der Wirklichkeit und Gegenwart des Messias begegnet. Er war schon überwunden, aber er wollte sich noch nicht überwunden geben, darum tobte er voll Wut gegen Jesus und seine Gemeinde. In den Männern und Frauen, die er ins Gefängnis schleifte, verfolgte er Jesus selbst und schlug gegen den Stachel aus, der schon in seinem Herzen saß.

So ist weder I 1, 13 noch II 3, 11 einfach historische Erinnerung eines alten Mannes im Gefängnis. Die jetzt vordringende Verfolgungszeit, die Gefahr der Irrlehre und des Abfalls, die Verzagtheit des bedrängten Mitarbeiters, das bevorstehende Ende des Apostels — das alles veranlaßt ihn, dem Timotheus zuzusprechen: Bedenke, daß Gott die schwersten Verfolgungen in Segen verwandelt; du weißt, wie es mir, dem Augenzeugen, bei der Steinigung des Stephanus ergangen ist; du weißt, wie es dir ergangen ist, als du Augenzeuge meiner Steinigung wurdest[23]. Darum verzage nicht, sondern rechne damit,
daß alle, die entschlossen sind, Gott zur Ehre in Christus 12
Jesus zu leben, verfolgt werden. Man bedenke die eindrückliche Parallele zu Apg 14, 22: Sie stärkten die Seelen der Jünger (in Lystra, Ikonium, Antiochia) und sprachen zu ihnen: Harret aus im Glauben, denn wir müssen durch viel Drangsal hindurch, um in das Reich Gottes einzugehen k). Menschen, k) vgl. 1 Th 3, 4
die „entschlossen sind, gottselig, d. h. Gott zur Ehre in Christus Jesus, zu leben", werden Widerstand erfahren. Sie werden als Nachfolger des Gekreuzigten ihr eigenes Kreuz zu tragen haben. Der unmittelbare Zusammenhang weist auf eine Verfolgung hin, die von religiösen Menschen im Namen Gottes kommt. So wie Paulus selber ein religiöser Verfolger war und von religiösen Menschen gesteinigt wurde, hat Timotheus

[23] Vgl. Apg 8, 2: gottesfürchtige Männer bestatteten den Stephanus; Apg 14, 20: die Jünger umringen den totgeglaubten Paulus, weil sie ihn bestatten wollen.

mit Verfolgungen aus den Kreisen der Widerspenstigen zu rechnen. Wie aber bei Paulus auch die politischen Mächte verfolgend eingriffen, ebenso wird es bei Timotheus geschehen (er wurde gefangengenommen!). Darauf muß sich die Gemeinde Gottes gefaßt machen zu allen Zeiten „in den letzten Tagen". Wahrscheinlich sind noch nie so viele Christen verfolgt und getötet worden wie im 20. Jahrhundert.

Wie verkehrt ist es, in den Past das Vordringen einer sich mit den Weltumständen abfindenden und auf bürgerliche Ruhe ausgerichteten Geistesart erkennen zu wollen! Würde die Frömmigkeit so menschlich angenehm und vernünftig sein, wie könnte sie dann Widerstand und Verfolgung bis zum Martyrium erregen! Die Tyrannei dieser Welt und die Heuchelei des leeren Religionsbetriebes entdeckt man erst dann, wenn man ihr Joch abwirft und dafür verfolgt wird, weil man nicht mitmacht. Aber ein jeder sehe zu, daß er wirklich um der Gerechtigkeit willen verfolgt werde und nicht wegen seiner
l) 1 Pt 2, 19—22 eigenen Verfehlungen oder Verschrobenheiten l)[24].

Der erste Brief des Timotheus hat diese Mitte: groß ist das Geheimnis der Gottseligkeit (I 3, 16), und der zweite Brief die ihr entsprechende Antwort: alle, die in dieser Gottseligkeit leben, werden verfolgt werden (II 3, 12). Beide Male geht es um Jesus. Er ist das Zeichen Gottes in der Welt, an dem die verborgenen Gedanken der Herzen offenbar werden. Er ist der kostbare Stein für die einen oder der Stein des Ärgernisses für die anderen, die sich an ihm stoßen und zu Fall
m) Lk 2, 34—35; 1 Pt 2, 6—8 kommen m).

13 **Böse Menschen dagegen und Betrüger werden im Bösen fortschreiten, indem sie irreführen und irregeführt werden.** Das ist ein zusammenfassendes Wort (wie Vers 12 zusammenfaßt, was für alle treuen Zeugen gilt), das den Anfang der endzeitlichen Weisung von 3, 2 („die Menschen werden sein") aufgreift und so den Abschnitt zu Ende bringt. Es gilt das vorher schon Gesagte: „zu diesen Menschen" gehören „gewisse Kreise" und Bewegungen aus Welt und Kirche, aus Gemeindegliedern und Irrlehrern; das Tun und die Gesinnung kann bei den einen verborgen bleiben und trotzdem fortwirken, bei
n) s. I 5, 24—25! den anderen nicht n).

Wilckens übersetzt: „Sie bringen es zu Fortschritten nur

[24] Vgl. ferner: Mt 5, 10—12; 10, 22. 28; Jo 15, 17—20; 16, 1—4. 33; Paulus als religiöser Verfolger der Gemeinde: Apg 9, 4. 5; 12, 4. 7. 8; 26, 11. 14. 15; 1 Ko 15, 9; Gal 1, 13. 23; Phil 3, 6; I 1, 13.

noch im Bösen", dadurch kommt die verborgene Ironie zum Ausdruck: das Böse wird böser. Die Triebkraft des „Fortschritts" ist die Irreführung. Verführung steht in eschatologischem Zusammenhang[25]. Wer immer die Häretiker sind, ob ihr Tun offenbar wird und zerbricht, oder ob es weiterfrißt wie ein Krebs — sie sind „betrogene Betrüger". Das war ein geflügeltes Wort bei den Griechen, doch ist an dieser Stelle die biblische Färbung nicht zu übersehen o).

Verführung ist verborgen — nicht offensichtlich, allmählich — nicht plötzlich, unheimlich anziehend — nicht erschrekkend und abstoßend, harmlos erscheinend — nicht gefährlich, verlockend — nicht unheildrohend, **verführend** — nicht **überführend**[26].

Die verführten Verführer werden immer extremer, sie werden vom Zentrum der Wahrheit immer weiter weg verführen und weggeführt werden. Timotheus aber ist nicht einem Verführer gefolgt, er kennt den Mann von Anfang an genau, der ihn zu Jesus führte, der ihn in der Wahrheit unterwies, in der er bleiben soll, um in der Freiheit zu bleiben p).

o) atl: Jes 3, 12; 9, 16; 47, 10 Jer 23, 31. 32 Hes 13, 10; Hos 4, 12; Micha 3, 5 ntl: Gal 6, 7; 1 Ko 6, 9; 5, 15. 33 Ju 13 Rö 16, 18; 2 Ko 11, 3; Eph 5, 6; Kol 2, 4; 2 Th 2, 3; 1 Jo 2, 26; 3, 7
p) Jo 8, 30—32. 34—36

b) Timotheus, ein Mensch Gottes durch das Wort Gottes 3, 14—17

14 Du aber bleibe in dem, was du gelernt hast und dessen du
im Glauben gewiß geworden bist, da du weißt, von wem
15 du es gelernt hast, * und weil du von Kindheit mit den
Heiligen Schriften vertraut bist, die imstande sind, dich
weise zu machen zum Heil durch den Glauben, der im
16 Messias Jesus ist. * Denn alle Schrift ist von Gottes Geist
eingegeben und nützlich zur Lehre, zur Überführung, zur
17 Wiederherstellung, zur Erziehung in der Gerechtigkeit, * damit der Mensch Gottes voll zubereitet sei und zu jedem
guten Werk völlig ausgerüstet.

Timotheus muß ermahnt werden nicht nur zum *Ausharren* in den Leiden und Verfolgungen, sondern auch zum *Verharren* in dem, was er empfangen hat. Vielleicht hat man sich ein zu niedliches Bild von Timotheus gemacht. War- 14

[25] Mt 24, 4. 11. 24; Offb 2, 20; 12, 9; 13, 14 etc. „denn es werden falsche Messiasse und falsche Propheten auftreten und werden große Zeichen und Wunder vollbringen, so daß sie wenn möglich, *auch die Auserwählten irreführen*."

[26] Beachte nochmals den dämonischen Hintergrund aller Verführung. 2, 26; vgl. 2 Ko 11, 1—3 = I 2, 13. 14; Jo 8, 44—45.

um konnte das Zeugnis der Steinigung nötig gewesen sein, um einen leidenschaftlichen jungen Menschen für Jesus, den Erlöser, zu gewinnen? Warum die unverblümt direkte Mahnung, die jugendlichen Lüste und Begierden zu fliehen? Warum die Warnung vor übereiltem und hartem Handeln und die wiederholte Warnung vor den Irrlehrern, wenn bei Timotheus keinerlei Anlaß dazu vorlag? Darum der Ausruf: O Timotheus! Bewahre das anvertraute Gut, wende dich weg von der Pseudognosis (vom Scheinwissen), sonst wirst auch du vom Glauben abirren. Die Gnade allein bewahre dich davor a). Darum das starke: **Du aber** bist mir nachgefolgt (und nicht einem Verführer), **du aber** bleibe und laß dich nicht wegführen von der offenbarten Wahrheit, von der Gestalt der Lehre in den gotthauchten Schriften. Sie haben in dir den Grund gelegt. Was ich dir brachte, ist nichts anderes, als was die Schriften verkünden b). Prüfe an der Schrift Leben und Lehre bei mir c) und bei dir d). Wie du am Anfang gemahnt worden bist, im Glauben zu verharren e), ausharrend in allen Drangsalen, so verharre jetzt in den Heiligen Schriften und laß dich nicht fortreißen in unheilige und leere Fabeln, Legenden, Spekulationen, Diskussionen hinein. Bewahre aus der Kraft der empfangenen Gabe (1, 6) das Anvertraute im Geist (1, 7.14), in der Gnade (2, 1), in Christus (2, 8), in der Bewahrung vor Gott (2, 15), auf dem festen Grund (2, 19), in der fortwährenden Reinigung (2, 21), in der Gemeinschaft (2, 22).

a) I 6, 20!
b) 1 Ko 15, 1—4
c) II 3, 10—11
d) II 2, 15; I 4, 16!
e) Apg 14, 21

Im Unterschied zu denen, die immer lernen und doch nie zur Gewißheit gelangen, im Glauben nicht wachsen, hat Timotheus **gelernt** und ist zur Überzeugung gekommen in der Wahrheit, die sich in seinem Leben auswirkt. Er hat gelernt als ein Schüler des Paulus, aber er ist über das Schüler-Lehrer-Verhältnis hinausgewachsen und zur eigenen **Gewißheit** gelangt. Er glaubt nicht mehr nur, weil und was Paulus glaubt. Wie Paulus kann er sagen: Ich **weiß,** wem ich geglaubt habe (1, 12). **Du weißt, von wem du gelernt hast.** Geht es hier um den Inhalt des Evangeliums *allein*? Oder auch um den Vermittler? Wer hier einen Widerspruch oder eine Verfälschung des Ursprünglichen zu sehen meint, verkennt die Einheit von Leben und Lehre. Paulus bekennt: Ich weiß, wem ich geglaubt habe. Irrlehrer sind darum so verführerisch, weil sie dieselben Worte und Sätze gebrauchen und unbemerkt ins Gegenteil verkehren können, sei es durch schlaue Akzentverschiebungen, sei es durch Auslassungen oder Hinzufügungen. Richtige Worte können durch die Auslegung eines falschen

Lebens verfälscht werden! Darum die Verbindung von Person und Sache, von Inhalt und Form, von Leben und Lehre. Dringlich ist die Mahnung: Du hast es gut, denn du weißt, was du lerntest von Kindheit an, das Wort der Wahrheit von Gott, und du weißt, von wem (im Plural, also sind die Vorahnen von 1, 6 samt Paulus mit eingeschlossen, wenn nicht auch noch andere Lehrer); du weißt das, und trotzdem bist du in Gefahr, aus dem Darinbleiben herauszugehen, mit kleinen Schritten vielleicht, allmählich, aus Schwachheit oder Neugier. Man beachte den Unterschied: „Du bist mir nachgefolgt" — das ist eine Feststellung, wenn nicht auch eine Bestätigung, ja ein Lob der Treue. Dagegen: „Du aber bleibe" — das ist eine Aufforderung, nicht ohne warnenden Unterton, darum die ständigen, scheinbaren Unterbrechungen, die kurzen Hinweise auf abschreckende Beispiele.

Und weil du von Kindheit an mit den Heiligen Schriften 15
vertraut bist, die imstande sind, dich weise zu machen zum Heil durch den Glauben, der im Messias Jesus ist.

Von Kindheit an. Zu Hause und in der Synagoge wurden die Kinder vom 5. Lebensjahr an zum Lesen der atl Schriften erzogen; von früher Kindheit an: Lk 2, 12.16; 18, 15; Apg 7, 19; 1 Pt 2, 2[27].

Die Heiligen Schriften: ta hiera grammata, Pl., im AT reich belegt. Für Paulus ungewöhnliche Form, da er sonst den Sg. verwendet. In Rö 1, 2: en graphais hagiais, Gott hat durch die Propheten mittels der *geschriebenen Worte* gesprochen. Der Ausdruck „Heilige Schriften" läßt an den Gebrauch der atl Bücher im Gottesdienst denken; vgl. Lk 4, 16—22.

Du bist vertraut. Du bist im Bild darüber, du kennst sie; den Juden sind die Aussprüche Gottes anvertraut worden (Rö 3, 2).

Die imstande (mächtig) sind: ta dynamena, gibt an, warum die Heiligen Schriften hier überhaupt erwähnt sind. Sie sind

[27] Ein kurzer Hinweis auf die atl Unterweisung des Kindes im Wort des Herrn sei wenigstens in Form einer Übersicht von diesbezüglichen Schriftstellen gegeben: 1 Mo 18, 19; 2 Mo 10, 2; 12, 26. 27; 13, 14—16; 5 Mo 4, 9—10; 6, 7. 9; 11, 19; 32, 46. Inhalt der Unterweisung: Spr 1, 7; 9, 10; Pred 12, 13. Verantwortung der Eltern und Gehorsam der Kinder: Spr 1, 8; 6, 20; 2 Mo 20, 12; 21, 15—17; 5 Mo 6, 1—3 (Jes 38, 19), Hiob 1, 5; 1 Sa 1, 27. 28; 2, 11. 18. 19; Spr 22, 6. Zucht: Spr 13, 24; 23, 13. 14; 17, 10; Ps 103, 13; Jos 24, 15; Jes 28, 10. Wenn die Kinder fragen: 2 Mo 13, 8; 5 Mo 6, 7; 6, 20—25; 11, 9; Jos 12, 26—28. Nach dem Exil entstanden verschiedene Schultypen, die sich dann etwa zwei Generationen vor Christus zum Unterricht in der Synagoge entwickelten.

von **dynamischer** Wirkung, sie haben „die Kraft zum Heil" (Rö 1, 16); vgl. Hb 4, 12: energes (Energie). Die von alters her geschriebenen Aussprüche Gottes haben jetzt in der Gegenwart die Kraft, einen Menschen zur einzig nötigen Weisheit zu führen, welche das Heil Gottes aufschließt.

Dich weise zu machen. Sie können dich mit Weisheit erfüllen zur Erlösung aus Glauben; steht im Gegensatz zu den Irrlehrern, die sich ihrer Weisheit rühmen (I 1, 7; 4, 3; 6, 20.21; II 4, 3—4). Das Zeugnis des Herrn macht weise: Ps 19, 7; 18, 8; 119, 98. LXX das gleiche Verb wie hier. Im NT: Weisheit ist geistgewirktes Wissen von Gott. Apg 6, 3.10; 1 Ko 1, 24.30; 2, 6; Eph 1, 8.19; 3, 10; Jak 1, 5; 3, 13.15.

Zum Heil. Der schöne, von Luther gebrauchte Ausdruck „Seligkeit" verleitet dazu, nur an die jenseitige Welt zu denken. Das Heil ist umfassend für diese und jene Welt. Soteria, oft bei Paulus (Rö 11, 11; Phil 1, 19; 2, 12). Der Messias als Erfüllung des AT: Lk 24, 27.32.44; Jo 5, 39.46; Apg 3, 18.24; 7, 52; 10, 43; 1 Pt 1, 10. Weisheit ist Heilsweisheit, gewirkt vom Heiligen Geist, wie Wahrheit rettende Wahrheit ist. Wir haben es hier nicht mit einem intellektualistischen Wissen über die Heilige Schrift zu tun. Das zeigt der Doppelbezug der Weisheit
1. zum Heil,
2. durch Glauben.

Durch den Glauben. Inhaltlich wie Rö 1, 16, charakteristisch für Paulus. Nicht schon das bloße Lesen und Lernen schafft Heil; wenn der einzelne nicht zum Glauben kommt, hat die Schrift ihr Ziel bei ihm verfehlt. Der Lobpreis des AT, das zum Glauben an den Messias führt, ist typisch für Paulus.

Der im Messias Jesus ist. I 3, 13; das Endziel des Gebotes, des AT überhaupt, ist Liebe aus reinem Herzen und gutem Gewissen und ungeheucheltem Glauben, der geistgewirkte Glaube an den Messias Jesus allein als Retter und Erneuerer des Lebens, der betont am Schluß steht: das Ziel der Heiligen Schrift, ihrer Unterweisung, ihrer zum Glauben führenden Weisheit, ihres Heils ist der Messias Jesus Christus.

16 **Alle Schrift ist von Gottes Geist eingegeben und nützlich zur Lehre, zur Überführung, zur Wiederherstellung, zur Erziehung in der Gerechtigkeit.** Der vierfache Nutzen der Heiligen Schriften begründet, warum und inwiefern sie weise zu machen vermögen zum Heil: Sie haben diese Fähigkeit (s. V. 15: ta dynamena), diese göttliche Dynamik, weil sie aus Gottes Geist entstanden sind und von demselben Geist gebraucht werden. Zunächst sei wieder jedes einzelne Wort betrachtet:

Alle: pasa, kann bedeuten: jede, alle, ganz; Rö 11, 26: ganz Israel; Apg 2, 36. Eph 3, 15: jedes Geschlecht. Kol 4, 12: in allem. Darum umschreiben wir: die ganze Schrift, gesehen in jedem einzelnen Teil und gleichzeitig: jede einzelne Schriftstelle als Teil des Ganzen (wie Eph 2, 21: der ganze Bau ist zusammengefügt aus den einzelnen Teilen). Vgl. 1 Ko 12, 12. 13: was hier vom Christusleib gesagt wird, das gilt auch für den Wortleib: denn wie die Schrift nur eine ist und doch viele Schriftstellen hat, alle Schriftstellen aber, obgleich es viele sind, einen einzigen Leib bilden, so auch der Christus. Siehe dazu II 1, 13: „Die Gestalt (Sg.) heilsamer Worte“ (Pl.) — Singular und Plural zusammen genannt, das Ganze und die Teile: als geistgewirkte Wortgestalt.

Schrift: graphe, ohne Artikel, müßte für die Übersetzung „jede Schriftstelle“ sprechen; doch „Schrift“ kann auch ohne bestimmten Artikel den Sinn haben von „die Schriften“; 1 Pt 2, 6: en graphe ist sinngemäß zu übertragen: darum steht in der Schrift folgende Schriftstelle; 2 Pt 1, 20: hoti pasa propheteia graphes: „keine einzige Weissagung der (ganzen) Schrift.“

Der ntl Gebrauch für das AT: „die Schrift sagt“ kann aber auch Schriftstelle bedeuten, irgendeinen Text der Bibel, einen Gottesspruch (Jo 19, 36.37; 20, 9; Apg 1, 16; 8, 32; Rö 16, 26; 1 Pt 2, 6). Also haben die beiden Worte „pasa“ und „graphe“ gemeinsam, daß sie sowohl das Ganze wie jede einzelne Stelle als Teil des Ganzen und a l l e s als sämtliche Teile des Ganzen bezeichnen können. Holtz übersetzt: „Jede Bibelstelle ist von Gottes Geist eingegeben und nützlich zur Lehre.“ (186) Unsere Übersetzung aber soll den in der Schwebe gehaltenen Doppelsinn bewußt offenlassen: sowohl die ganze Schrift wie auch jede einzelne Bibelstelle. S. I 5, 18! Die Texte der Apostel können nicht ausgeschlossen werden von dem in II 3, 16 Bezeugten. Beinahe alle ntl Schriften existierten bereits um die Zeit, da II Tim, der letzte Brief des Apostels, abgefaßt ist. Schon sein ältester Brief gibt zu erkennen, daß Paulus sich dessen bewußt ist, im Auftrag Gottes zu schreiben: 1 Th 5, 27; 1, 5; 2, 13; 5, 20; II 2, 2; 3, 14; vgl. 2 Pt 3, 15—16, wo die Briefe des Paulus bereits den übrigen Heiligen Schriften, d. h. dem AT, gleichgestellt werden.

(Ist) von Gottes Geist eingegeben. Die Kopula (ist) fehlt im Griechischen, was für die Übersetzung einige Unsicherheit mit sich bringt. Ist aber bekannt in den Past: I 1, 8.15, beide Male ohne Kopula. Theopneustos (nur hier): zusammengesetzt aus theos = Gott und pneustos = gehaucht (von Pneuma = der

Geist), also: gottgehaucht. In dem aus dem Lateinischen übernommenen Wort „inspiriert" ist ebenfalls der Hinweis auf den Geist (spiritus, lat.) enthalten, was in „eingegeben" verlorengeht und deshalb ergänzt werden muß: „geist-gegeben". Alle Schrift ist geistgegeben, geistgewirkt. Dieses Verständnis der göttlichen Inspiration der Heiligen Schriften unterscheidet sich nicht von den atl Zeugnissen. Wenn auch das Wort nur hier vorkommt, so ist doch die Sache, die es bezeichnet, bei Paulus überall anzutreffen, denn sie liegt seinem Schriftverständnis zugrunde, Rö 1, 17; 3, 4.10; 8, 36; 1 Ko 9, 9[28].

Nützlich. I 4, 8; Tit 3, 8.9. Die Schrift ist nützlich, sie kann gebraucht werden für eine Aufgabe, die in vier Schritten entfaltet wird. Wie sind nun die Worte „alle Schrift", „gottgehaucht", „nützlich" miteinander zu verbinden? Das hängt zum Teil von dem Verständnis des griechischen Wortes „kai" ab, das entweder mit „und" oder mit „auch" übersetzt werden kann. Wir entscheiden uns für „und" in Anlehnung an I 4, 4: alles von Gott Geschaffene ist gut und nützlich, wo über das von Gott Geschaffene zwei Aussagen gemacht und miteinander verbunden werden. Damit haben wir gleichzeitig entschieden, wie wir „theopneustos" beziehen wollen: nicht als ein die Schrift beschreibendes Adjektiv: „gottgehauchte Schrift", sondern als Prädikat, d. h. als erste Aussage über die Schrift: sie ist 1. gottgehaucht und 2. nützlich. Ein Streit um Worte ist hier allerdings weder nützlich noch notwendig, denn grammatikalisch ist es durchaus möglich, das Wort theopneustos adjektivisch, also mit „gottgehauchte Schrift", zu übersetzen. Was wird dann aber aus dem „kai"? Man vgl., wie in diesem Fall I 4, 4 lauten würde: Jede gute Kreatur ist auch nicht zu verwerfen. Vgl. zu I 4, 4 auch I 1, 8.15. Da für Paulus wie für Timotheus vom AT her klar ist, daß jede Schrift inspiriert ist, würde die adjektivische Verwendung zugleich eine tautologische Aussage ergeben, d. h. dasselbe würde zweimal gesagt: jede gottgehauchte Inspirationsschrift. Wenn aber Paulus und Timotheus das wissen, weil sie beide von Kind auf in diesen Heiligen Schriften unterwiesen worden sind, warum schreibt dann der Apostel darüber? Er erinnert ihn an das,

[28] Zum Selbstzeugnis der Bibel über ihre Inspiration: 2 Mo 20, 1; 2 Sa 23, 2; Jes 8, 20; Mal 4, 4; Mt 1, 22; Lk 24, 44; Jo 1, 23; 5, 39; 10, 34. 35; 14, 26; 16, 13; 119, 36; 20, 6; Apg 1, 16; 7, 38; 13, 34; Rö 1, 2; 3, 2; 4, 23; 9, 17; 15, 4; 1 Ko 2, 4—10; 6, 16; 9, 10; 14, 37; Gal 1, 11—12; 3, 8. 16. 22; 4, 30; 1 Th 1, 5; 2, 3; Hb 1, 1. 2; 3, 7; 9, 8; 10, 15; 2 Pt 1, 21; 3, 16; 1 Jo 4, 6; Offb 22, 19.

was er weiß, weil er das jetzt ganz neu in Herz und Gedächtnis fassen und erwecken muß angesichts der Irrlehrer, die schon da sind und die noch kommen werden, da die heilsame Lehre nicht mehr erträglich und annehmbar — heute sagt man: nicht mehr „zumutbar"! — erscheint, sondern haufenweise neue Lehrer neue Lehren und Schriften ein- und aufbringen (II 4, 3—4).

Daß die Bibel inspiriert ist, bedeutet, daß sie Geist und Buchstabe vereinigt, eben weil Gottes Geist sie hervorgebracht hat durch die Propheten (und Apostel). Jeder in Schrift gefaßte Gottesspruch ist gottgehaucht und darum für die Gemeinde mit Autorität versehen. Die biblischen „Schriftsteller" waren nicht eigenmächtig von ihren Vorstellungen, Wünschen und Lüsten, geschweige denn vom Vater der Lüge inspiriert (wie die Irrlehrer II 2, 26; 3, 13; 4, 4; Jo 8, 44; 2 Ko 11, 13—15), sondern von Gottes Heiligem Geist bewegt (2 Pt 1, 21). Der Wille Gottes, nicht der Wille des Menschen, stand am Anfang jeder Schrift, die heilig genannt ist. Wilckens zu 2 Pt 2, 21: „Die Vorstellung göttlicher Eingebung war in der Antike weitverbreitet und ist im späteren Judentum auch als Erklärung für die göttliche Autorität des AT benutzt worden." Mit solchen Erklärungen (Übernahme von weitverbreiteten Vorstellungen) ist aber das Entscheidende keineswegs erklärt: sowohl innerhalb des AT wie des NT sind wahre und falsche Propheten aufgetreten. Daß der Heilige Geist die Schrift eingegeben hat, ist nur eine formale Erklärung, wenn nicht deutlich wird, daß eben dieser Geist die Schrift als von Gott gekommen an den Menschen bestätigt, die sich ihrem Anspruch, Wort und Autorität Gottes zu sein, unterstellen. Genauso ist auch der Sinnzusammenhang unserer Stelle II 3, 16: Wie kannst du beurteilen, ob mein Evangelium Gottes Wort ist? Messe es an der Wirkung, die es auf mich und dich ausübte, wie es uns die Rettung in Christus brachte durch den Glauben, indem Gottes Wort uns überführte, uns zurechtwies und in der Gnade erzog. Gebrauche so die Heilige Schrift, und du wirst erkennen, wie Gott zu seinem Wort steht. Aber in Wortkämpfe lasse dich nicht ein! Der Heilige Geist, der die Schrift durch den Mund von Propheten gegeben hat, wird eben diese Schrift zur Überführung von Irrlehre und Irrleben gebrauchen.

Die Schrift hat, weil sie geistgegeben ist, „bleibende Geltung und immer neue Wirkung" (Schlatter, 259).

Oft wird gegen die Inspiration der Heiligen Schrift angegangen, indem man unhaltbare Theorien aufgreift und ihre Unmöglichkeit demonstriert. Schon Philo verbreitet die Meinung, daß die menschliche Geistestätigkeit beim Vorgang der Inspiration ausgeschaltet werde zugunsten des göttlichen Geistes im Propheten; so schon bei Plato, doch nirgends im AT, denn das wäre eine dualistisch-mechanistische Vorstellung, typisch für hellenistisches, aber nicht für biblisches Denken, das eine ganzheitlich geschichtliche und damit eine „organische" Anschauung von Gottes Wirken in und mit Menschen hat. Von daher ist es gegeben, das Bekenntnis des Glaubens zur Heiligen Schrift ganzheitlich auszudrücken: Wir glauben, daß Gottes Geist am Wirken war für den ganzen Entstehungsprozeß der Bibel, darin eingeschlossen redaktionelle Verarbeitung von Quellen, Endgestalt der einzelnen Bücher und schließlich auch das geschichtliche Werden des Kanons. Gewiß, die Bibel ist geschichtlich geworden, aber ihre Geschichte ist spezifische Gottesgeschichte mit und durch Menschen. Die Bibel, wirklich von Gottes Geist durch wirkliche Menschen geschrieben und zustande gekommen, gleicht wohl allen anderen geschriebenen Büchern und unterscheidet sich doch so von ihnen, wie Jesus als wahrer Gott und wahrer Mensch allen Menschen wirklich gleicht und doch gleichzeitig sich von ihnen grundlegend unterscheidet als der Eine. Die eine Schrift des alten und neuen Bundes kündet den einen Mittler für alle Menschen.

1. **Nützlich zur Lehre** (didaskalia, vgl. den Wortgebrauch in der Pädagogik: Didaktik). Steht am Anfang wie Vers 10; vgl. I 5, 20; Tit 1, 9—13; 2, 15. In den Past hat die Lehre wohl einen besonderen Akzent, weil die Irrlehre überhand nimmt, doch steht die Lehre im ganzen NT — und nicht erst in den Past — immer am Anfang, denn sie ist die Grundlage des neuen Lebens. Apg 2, 42: Sie verharrten aber in der Lehre der Apostel; vgl. II 3, 14: Du aber verharre ... in der Schrift; Eph 2, 20: aufgebaut auf dem Fundament der Apostel und Propheten, wobei der Messias Jesus sein Eckstein ist.

Was bedeutet „Lehre"? Sie vermittelt Verständnis für den
f) II 1, 13. 14 Zusammenhang göttlichen Handelns und göttlicher Weisung f). Die Schrift ist nicht selbst schon Lehre, aber sie ist nützlich zur Lehre. Das eben ist der Dienst am Wort, worin ein Arbeiter sich vor Gott zu erweisen hat, daß er das Wort der Wahrheit richtig austeilt, es im Zusammenhang der göttlichen
g) II 2, 15 Offenbarung auslegt g). Hierin ist die Hauptaufgabe der Theo-

logie als Dienst am Wort zu sehen[29]. Die Lehre allein aber ohne das entsprechende Leben kann nicht im rechten Zusammenhang bleiben. Deshalb genügt Orthodoxie allein nicht, denn die rechte Lehre muß fähig sein, vom Unrecht zu überführen; die Wahrheit muß sich an dem Gewissen dadurch erweisen, daß sie alle Unwahrheit aufdeckt h).

h) 2 Ko 4, 2. 5 1 Ko 14,24.25

2. **Überführung** (elegmos) nur hier im NT; Aufdeckung sowohl der Schuld wie der Wahrheit. Das Verb (elencho) in Tit 1, 9.13 gibt denselben Zusammenhang ausführlicher: „Aufgrund der gesunden Lehre ermahnen und die Widersprechenden überführen." Das kann sowohl für Irrlehrer wie für Gemeindeglieder gelten. Jak 2, 9; Eph 5, 11.13; Mt 18, 15: unter vier Augen zur Rede stellen; I 5, 20: die, welche sündigen, in Gegenwart aller überführen und zurechtweisen; 1 Ko 14, 24: wo Rede aus Eingebung ist, wo der Geist aufgrund einer Weissagung in eine konkrete Lage hinein spricht, da wird ein Mensch von allen (in denen der Geist wirkt) überführt, von allen erforscht, und er fällt auf sein Angesicht nieder und betet Gott an — als Ausdruck des Überführtwordenseins in Beugung vor Gott. Er erkennt und bekennt: so bin ich, sein Wort ist wahr an mir. Vgl. Jo 16, 8—11: der Heilige Geist wird überführen von Sünde, Gerechtigkeit und Gericht. Ps 38, 14—19: das Bekenntnis eines überführten Menschen.

Wer von der Wahrheit seiner Schuld überführt wird, der ist beschämt. Überführen heißt aber nicht, einen Menschen in der Beschämung stehen lassen, sondern ihn zum Bekenntnis, d. h. zum Eingeständnis der Sünde vor Gott zu führen und ihn dann der Vergebung von Gott her zu vergewissern, wie das der Prophet Nathan mit David getan hat i). Das ist das Musterbeispiel für prophetische Überführung aufgrund der Weisung Gottes (oder der Schrift). Über die Reue hinaus zum Bekenntnis führen, das ist schon der erste Schritt zur Wiederherstellung.

i) 2 Sam 12, 1—25; Ps 51

3. **Wiederherstellung** (epanorthosis, nur hier), Zurechtweisung = wieder den rechten Weg weisen, der verlassen worden ist, den Sünder z u r ü c k f ü h r e n. Wer viele zum Leben in Gerechtigkeit zurückführt, der ist weise, er rettet Menschen vom Tode k). Der Reuige soll wieder aufgerichtet werden. Er wurde auf dem falschen Weg gestoppt, von seinem verfehlten Treiben überführt (2.). Jetzt soll er auf den rechten Weg zu-

k) Dan 12, 3; Jak 5, 13—20

[29] Zu Lehre und Belehrung bedarf es der Erneuerung des Denkens: Rö 12, 2; 1 Ko 9, 9. 13; Gal 3, 6; 4, 22; Apg 17, 2; 8, 35; das eine Musterbeispiel für die Anwendung der Bibel zur Belehrung, die zum Heil führt, ist das Gespräch des Philippus mit dem Schatzmeister aus Äthiopien: Apg 8, 26—40.

l) vgl. Ps 1; 139, 1. 23. 24

rückgeführt werden (3.) l). Wiederherstellung ist ein Tun des Erbarmens, während Überführung mit Entschiedenheit, ja Strenge geschehen kann, wobei Strenge nie dasselbe ist wie Härte. Man denke an die Anklagerede des Stephanus, dessen Angesicht dabei leuchtete wie das eines Engels und der für diejenigen im Gebet eintrat, die ihn steinigten und die er zu überführen versucht hatte. Ihr Knirschen mit den Zähnen zeigt ihre Verschlossenheit, sein Angesicht und vergebendes Bitten offenbart seine Offenheit m). Diese Rede zeigt übrigens den Ernst der Lage, auch für die Past. Auch und gerade dem Zeugen, durch den der Heilige Geist auf Grund der Schrift die Herzen und Gewissen überführt, kann und wird Verfolgung und Widerstand bis zum Martyrium entgegengebracht werden, wenn sich die Menschen verhärten.

m) Apg 6, 10. 15; 7, 51—60

Das Musterbeispiel wunderbarer Wiederherstellung nach dem Fall und den Tränen der Beugung ist das Gespräch des Herrn mit seinem Jünger, der ihn dreimal verleugnet hat n).

n) Jo 21, 15—19

4. **Erziehung in der Gerechtigkeit** (paideia; Pädagogik!), eigentlich mit dem heute oft gebrauchten Wort ‚Training‘ gut zu übersetzen; ebenso aus der Sportswelt: in Kondition bringen. Vgl. II 2, 22; Tit 2, 11—14: Gottes Gnade erzieht! Nicht strenger Rigorismus wird vor alten Wegen und Abwegen bewahren, sondern geduldiges Anleiten wird die Füße befestigen auf dem neuen Weg. Paideia meint die Formung des Menschen im äußeren wie im inneren Leben; auf die Vervollkommnung hin trainieren, aber nicht unter dem Gesetz, sondern unter Gnade o).

o) Mt 5, 48; Rö 6, 14; Phil 3, 12—17

Eph 6, 4: Die Kinder erziehen in der Zucht und Ermahnung des Herrn. Um beim Wort „Erziehung“ ein bloß philosophisch-pädagogisches Bemühen und Verständnis abzuwehren, steht hier: Erziehung *in der Gerechtigkeit*: Gestaltwerdung, Menschwerdung des Menschen ja, aber zum Menschen Gottes (17), dessen Menschsein in Gottes Gerechtigkeit, in Gottes Gerechtsprechung und Gottes Gerechtmachung wurzelt. I 6, 11: Du aber, o Mensch Gottes... jage der Gerechtigkeit nach.

17 **Damit der Mensch Gottes voll zubereitet sei und zu jedem guten Werk völlig ausgerüstet.** *Das Wort Gottes* erweist seine inspirierte Vollmacht und Nützlichkeit darin, daß es den *Menschen Gottes* hervorbringt. Der Mensch Gottes ist im besonderen der Lehrer der Wahrheit p). Mann Gottes ist schon im AT vor allem der Titel für den Propheten, den Mann, der Gottes Aussprüche sagt. Aber alle Gläubi-

p) I 6, 11!

gen sollen zur vollen Reife des Mannesalters in Christus heranwachsen q). Der vielfache Gebrauch der Heiligen Schrift zielt auf die geistliche Reife in Christus. Wilckens übersetzt: „So soll der Gott-Mensch in uns voll ausgebildet werden.“ Christus soll in uns Gestalt gewinnen r).

q) Eph 4, 12. 13

r) Gal 4, 19

Das Ziel ist nicht einfach menschliche oder christliche Vollkommenheit, die man bewundern kann, nicht der fromme Selbstzweck, was nur eine Zerrform der Selbstsucht (3, 2) wäre, sondern das Handeln der Liebe aus Liebe. Vgl. Kol 1, 28—29: „Ihn **verkündigen** wir, indem wir jeden ohne Unterschied **zurechtweisen** und jeden ohne Unterschied in aller Weisheit **unterrichten,** um jeden einzelnen geistlich reif **darzustellen** in der Lebensgemeinschaft mit Christus“ (A).

Zubereitet (artios); vollständig. Englisch: efficient. W.: „So daß er in jeder Hinsicht fähig wird, Gutes zu tun.“

Zu jedem guten Werk. Siehe II 2, 21: der innere Zusammenhang ist klar. Wie kann Timotheus sich reinigen, so daß er für den Hausherrn brauchbar wird? Der Abschnitt 3, 10—17 zeigt es ihm deutlich. Vgl. I 5, 10; Tit 3, 1.

Ausgerüstet (exartizo); betont und unterstreicht den gleichen Gedanken. Ein Schiff wird ausgerüstet mit allem Nötigen und zur Abfahrt vorbereitet; wie Tit 2, 11—14 für das ganze Volk Gottes ausgesagt. „Nicht tote Erinnerung an einmal Gelerntes, sondern ein Aushalten in der Schule Gottes, ein Stehen in der Wirkung des Geistes, die in jeder Schriftstelle Gegenwart und Wirklichkeit wird“ (Brandt, 140). Das macht den Mann Gottes aus.

Man darf dieses Endziel des Mannes Gottes in keinem Fall oberflächlich und farblos verstehen, als ein billiges und schwächliches Nett- und Nützlichsein gegenüber allen Menschen. Der nachfolgende Abschnitt öffnet mit letztem Ernst die Tiefe und Tragweite des Dienstes, den Timotheus vollbringen soll (II 4, 5).

Ja, der Bezug auf die Bedeutung der Heiligen Schrift weist für sich schon auf den ernsten Hintergrund kommender und vielleicht schon einsetzender Verfolgung hin: Diokletian wird die Christen verfolgen lassen, weil die Kirche die Einheit des Reiches zerstöre. In den Heiligen Schriften erkennt er eine Hauptstütze des Christentums. Darum verlangt er die Auslieferung aller Heiligen Bücher und läßt sie öffentlich verbrennen. Dieser Erlaß wurde später verschärft. Häuser, in denen versteckt gehaltene Heilige Schriften entdeckt wurden, hat man zerstört. Die Zahl der Bibeln ist um jene Zeit bereits groß. Auch von den Gegnern werden sie gelesen. Der Diakon Euplos von Catania auf Sizilien wird beim Lesen der Evangelien überrascht. Mit seinen kostbaren Schriften muß er vor den Richter. Der läßt ihn die Evangelien um den Hals hängen (wie ein Amulett zum Hohn) und ihn so enthaupten[30].

So ist der Hinweis auf die Heiligen Schriften nicht ein Zeichen der Verfestigung und Verhärtung des ursprünglich pneumatischen Glaubens, sondern vielmehr erneuter Hinweis auf Verfolgung und Martyrium um des willen, den die Schriften offenbaren.

c) In Treue den Dienst vollbringen 4, 1—5

1 Inständig mahne ich dich vor Gott und dem Messias Jesus,
der die Lebendigen und die Toten richten wird, so gewiß
2 er erscheinen und das Reich aufrichten wird: * Verkünde
das Wort, tritt dafür ein zu gelegener und ungelegener Zeit,
überführe, weise zurecht, mahne mit aller Langmut und Be-
3 lehrung! * Denn es wird eine Zeit kommen, da sie die heil-
same Lehre nicht ertragen werden, sondern sie werden sich
nach ihrem eigenen Belieben viele Lehrer zusammensuchen,
4 um sich von ihnen die Ohren kitzeln zu lassen. * Doch von
der Wahrheit werden sie die Ohren abwenden, um sich den
5 Fabeln zuzuwenden. * Du aber sei nüchtern in allem, er-
leide, was dir an Bösem widerfährt, tue das Werk eines
Evangelisten, vollbringe deinen Dienst.

Die letzte Mahnung des Apostels steht ganz unter dem Ernst seiner eigenen, wirklich letzten Zeit und unter dem Eindruck dessen, was er über „die letzten Tage" geschrieben hat. Der Mensch Gottes, zur Gerechtigkeit erzogen, soll vor dem Richter aller unbeschämt stehen können. Dies wird dann möglich sein, wenn Timotheus ohne Nachlassen, ohne Leidensscheu seinen Auftrag der Verkündigung ausführt und vollendet a).

a) vgl. II 3, 17; 2, 15; 4, 5

Noch einmal stellt er ihn vor das göttliche Angesicht, weg
1 von allen Urteilen der Menschen. Du stehst vor Gott und dem Messias, dem Richter aller, ihm bist du Rechenschaft schuldig. Was Menschen über dich sagen b), ist am Jüngsten Tage ohne Bedeutung, darum sollst du auch jetzt schon frei davon sein, um deinen Auftrag frei ausrichten zu können c), auch wenn es

b) I 4, 12!

c) 1 Ko 4, 1—5; 9, 19; II 4, 5

[30] Zitiert bei I. Leipoldt, Heilige Schriften, S. 194.

dich Leiden und Verfolgung kostet. „Sie aber werden dem Rechenschaft geben müssen, der bereit ist zu richten die Lebendigen und die Toten“ d). Wahrscheinlich liegt hier eine schon geprägte Formel vor, die in einem Taufbekenntnis ihren Platz hatte. Gerade diese Worte aber hat Paulus gewählt, weil er in diesem letzten Brief sich selbst und seinen Mitarbeiter in heiliger Dringlichkeit vor den gestellt sieht, der zwischen Tod und Leben die Entscheidung gebracht hat und bringen wird e).

d) 1 Pt 4, 5

e) vgl. II 1, 10 mit II 4, 1

Im Unterschied zu I 5, 21 fehlt in diesem sonst gleichlautenden Mahnwort der Bezug auf die „auserwählten Engel“. Paulus verwendet diese Formel nicht formelhaft. Jetzt steht der Richter vor Augen[1]. Jesus als Messias ist der Richter, den Gott dazu bestimmt, den gesamten Erdkreis zu richten in Gerechtigkeit — das gehört für Paulus zum integralen Bestand des Evangeliums und seiner Verkündigung[2].

So gewiß er erscheinen und das Reich aufrichten wird. Wörtlich „bei seiner Erscheinung“ (wie I 6, 14; Tit 2, 13) „und bei seinem Reich“: Paulus denkt ganz persönlich an die Nähe dieses Reiches (Vers 18, vgl. 2 Th 1, 5). Sieht man „Erscheinung“ und „Reich“ als weitere Teile der Formel an, so muß man es so verstehen: Seine zukünftige Wiederkehr zum Gericht wie seine zukünftige Verwirklichung der Königsherrschaft Gottes wirkt jetzt schon als lebendige Hoffnung in die Gegenwart herein, darum ist sie jetzt schon Grund der Gewißheit und Bekräftigung der an Timotheus ergehenden Mahnung. In der gewissen Erwartung der Wiederkunft, des Gerichtes und der Herrschaft des Messias braucht Timotheus an seinem Dienst nicht zu verzagen und vor den Widerspenstigen nicht zurückzuweichen, vielmehr soll er „angreifen“ im Geist der Kraft, der Liebe und der Zucht.

Verkündige das Wort, tritt dafür ein zu gelegener und un- 2
gelegener Zeit, überführe, weise zurecht, ermahne mit aller Langmut und Belehrung.

Verkünde. Eigentlich „als Herold ausrufen“, der zentrale Auftrag bei Paulus. Hier ein kurzer Imperativ. Eine letzte

1 Vgl. die Abwandlung der Formel in I 6, 13—16.

2 Apg 17, 31; 10, 41; 1 Ko 4, 5; 15, 23. 24; Rö 2, 16; 14, 9; Offb 20, 11; die Irrlehren, welche die Auferstehung leugnen, behaupten damit auch, daß es kein Gericht mehr geben werde. Dies mag ein nicht unwesentlicher Beweggrund sein für ein ausschweifendes Leben, wie es in II 3, 1—5 geschildert wird.

Order wird erteilt, auf das Dringlichste und Notwendigste beschränkt[3].

Das Wort. Das Wort Gottes, das nicht gefesselt ist, aber auch nicht in seiner Wirkung gehemmt werden darf durch Untreue und Ungerechtigkeit. Es muß laufen, es muß gesagt und gehört werden können. Nichts ist dringlicher als das, II 2, 9.

Tritt dafür ein (epistethi). Zur Hand sein; bereit sein ist alles; sei ganz da, ganz gegenwärtig, ganz wach; ergreife jede Gelegenheit, ob sie günstig erscheint oder nicht. Freilich gilt auch bei all dieser Dringlichkeit: Gebt nicht das Heilige den Hunden preis (Mt 7, 6).

Zu gelegener und ungelegener Zeit (eukairos akairos). Keine Umstände sollen dich hindern oder beeinflussen. Opportune — importune (lat), so übersetzt die Vulgata; vergleiche ein eher gebräuchliches Beispiel: nolens — volens (wohl oder übel). Der Kairos soll erkannt und ergriffen, ausgekauft und ausgenützt werden, nicht im Sinne des Schlagworts „Zeit ist Geld", sondern Zeit ist Heil, ist Heilszeit zur Entscheidung. Der Tag des Heils ist höchstes und letztes Angebot vor dem Tag des Gerichts, das hereinbricht (Eph 5, 16). Die Mahnung könnte auch ganz persönlich gemeint sein: Verkünde, auch wenn es dir selber nicht darum gelegen ist. Häufigkeit und Dringlichkeit der Mahnung an Timotheus fällt auf. War er in einer bedrängenden Krise? Ist die Christenheit nicht auch heute in Gefahr, die e i n e grundlegende H a n d l u n g der Verkündigung zu vernachlässigen? Die rechte Verkündigung ist eine Tat! Sie gibt allem Tun und Lassen, allen guten Werken erst ihre Motivation (Beweggrund) und Zielsetzung, damit es ein Handeln aus dem empfangenen Heil zur Ehre Gottes wird. Nicht über Predigt-Not und leere Kirchen klagen, sondern klar und vollmächtig die Botschaft ausrichten! Nicht in immer neue Aktionsprogramme ausweichen, sondern das Wort Gottes verkünden. Nicht Wortstreit und theologische Diskussionen führen, sondern das Evangelium bezeugen. Im Wort bleiben und aus dem Wort die frohe Botschaft weitergeben, das ist das erste, das zwar zweites und drittes nicht ausschließt und ersetzt, aber ohne das alles andere keinen Grund unter den

[3] *kerygma* (Verkündigung, Heroldsbotschaft): Rö 16, 25; 1 Ko 1, 21; 2, 4; 15, 14; II 4, 17; Tit 1, 3; *kerysso* (verkünden): Rö 2, 21; 10, 8; 14, 15; 1 Ko 1, 23; 9, 27; 15, 11. 12; 2 Ko 1, 19; 4, 5; 11, 4; Gal 2, 2; 5, 11; Phil 1, 15; Kol 1, 23; 1 Th 2, 9; I 3, 16; II 4, 2; ausrufen: Rö 10, 14. 15; Paulus ist ein Herold: I 2, 7; II 1, 11. Ursprünglicher Sinn: Eine Sache von Bedeutung in allerhöchstem Auftrag öffentlich bekanntgeben: Mt 10, 27; 12, 41; Lk 11, 32.

Füßen hat. Chrysostomus gibt folgenden Kommentar zu dieser Stelle: „Die Quelle sprudelt immer, auch wenn niemand kommt zum Trinken, so auch das Wort Gottes!" — So auch sollte der Diener des Wortes sprudeln. Die Dringlichkeit der Botschaft wird nicht verständlich, wenn man in ihr nur moralische Belehrung, nur Kommentare zum Weltgeschehen, nur Auslegung eines Bibelverses sieht. Verkündigen heißt: Christus den Gekreuzigten vor Augen malen, heißt Christus in Erweisung des Geistes und der Kraft darbringen, ausrufen, vor Herz und Gewissen der Zuhörer stellen, damit sie sich zu ihm wenden und seinen Namen anrufen. „Die Heilskette" hat fünf Glieder und nicht nur vier: senden, verkünden, hören, glauben, a n r u f e n ! (Rö 10, 14—15.) Es darf nicht beim Glauben von gehörten Sätzen bleiben, sondern soll zum Anrufen des Erlösers kommen.

Überführe (elencho). Wie II 3, 16! I 5, 20; Tit 1, 9.13; 2, 15. Die Widersprechenden überführen; die Sünde ans Licht bringen; einen Fehler aufdecken. Die Verkündigung, wenn sie p r o p h e t i s c h ist, wird konkret aufdecken: Du bist der Mann!

Weise zurecht (epitimao). Strafen, schelten; 2 Ko 2, 6! Vgl. Lk 17, 3. Wenn dein Bruder sündigt, so weise ihn zurecht, und wenn es ihn reut, so vergib ihm: Mt 18, 15; Lk 23, 40; Ju 9. Wie Paulus gegenüber dem Unzüchtigen in Korinth: 1 Ko 5, 1—8.13; 2 Ko 3, 5—11. Wie Nathan gegenüber David: 2 Sa 13, 1—5.

Ermahne (parakaleo). Hat einen mehrfachen Sinn: ursprünglich herbeirufen, zu Hilfe rufen; dann bitten, auffordern, zureden, einladen, trösten; hier wohl vor allem: Ermahnen (mit Ernst) und ermuntern (mit Güte); wie 1 Th 2, 7—12; wie II 4, 8; I 2, 1; 5, 1; 6, 2. Paulus sagt zu den Ältesten in Ephesus: „Wachet, dessen eingedenk, daß ich drei Jahre lang Tag und Nacht nicht aufgehört habe, jeden einzelnen unter Tränen zu ermahnen" (Apg 20, 31). Zur allgemein-öffentlichen Verkündigung gehört also die persönliche Seelsorge (überführen, zurechtweisen, ermahnen) unter vier Augen oder in kleinem Kreise hinzu.

Mit aller Langmut. Wie Kol 1, 11; siehe II 2, 24! Er soll wirklich überführen und ermahnen, aber nicht in Härte, sondern liebreich mit Sanftmut, so wie Paulus ermahnt hat unter Tränen, so eindringlich, unnachgiebig, das Beste des andern im Auge haltend. II 3, 10; I 1, 16; 1 Ko 13, 7: Die Liebe, die alles erträgt, vgl. 2 Ko 6, 1—10.

Und Belehrung. In allem ist die Belehrung grundlegend. Wer ermahnen will, ohne Belehrung zu geben, der läßt die Wurzel des Irrtums unberührt. Die Belehrung aber ist noch nicht genug, „Training" im Glauben kommt hinzu (II 3, 16). Die notwendige und beharrliche Korrektur, die veränderte Kursrichtung muß aufgrund ständiger Belehrung eingeübt werden. Man kann Langmut und Belehrung miteinander verbinden zu „beharrlicher Belehrung"; so übersetzt W: „Überführe die Leute, rede ihnen ins Gewissen und mahne sie in *unendlich geduldiger Belehrung*." Da unter den Verkündigern die gegenseitige brüderliche Ermahnung oft fehlt, verfallen viele der Routine oder der Resignation. Die Predigtnot ist eine Predigernot; dasselbe gilt für Missionare und alle Diener in den Kirchen. Darum ist die Mahnung des Paulus an Timotheus heute so aktuell wie damals: Habe acht auf dich selbst, auf die Lehre, jage der Gerechtigkeit nach *mit allen*, die den Herrn anrufen, aus reinem Herzen f).

f) I 4, 16! II 2, 22

3 + 4 **Denn es wird eine Zeit kommen, da sie die heilsame Lehre nicht ertragen werden g), sondern sie werden sich nach ihrem eigenen Belieben viele Lehrer zusammensuchen, um sich von ihnen die Ohren kitzeln zu lassen, doch von der Wahrheit werden sie die Ohren abwenden und sich den Fabeln zuwenden.**

g) wie 1 Ko 4, 12; 2 Ko 11, 1. 4. 19. 20; Apg 18, 14; Eph 4, 2; 2 Th 1, 4; Hbr 13, 22

Warum ertragen sie die Lehre nicht, wenn sie doch heilsam ist? Die Lehre bestätigt nicht, was sie schon wissen und sind. Gottes Wort stellt sie in Frage.

Der dem Wort gehorsame Diener überführt, weist zurecht, ermahnt. Diesen prophetischen Dienst wollen sie nicht, denn er ist ihnen zu unangenehm[4]. Man will Religion haben h), man will religiös betreut werden, aber man will nicht aufgerufen werden zur Umkehr, zur Gerechtigkeit und zum praktischen Tun aus der Liebe. Schon die Propheten des AT wußten von der Konsumenteneinstellung ihrer Zuhörer ein Lied zu singen: „Über dich, Menschensohn, besprechen sich die Kinder deines Volkes an den Mauern und unter den Türen der Häuser, und es sagt einer zum andern: ‚Kommt doch und hört, was für ein Wort von dem Herrn ausgeht.' Und dann kommen sie zu dir, wie eben Volk zusammenläuft, setzen sich vor dich hin und hören deinen Worten zu, aber sie tun nicht danach, denn Lügen sind in ihrem Munde, und ihr Herz ist hinter dem Gewinn her. Und wahrlich, du bist ihnen wie ein

h) II 3, 5

[4] Ein Beispiel aus der „Verkündigungspraxis" des Paulus, als er ein Gefangener war: Vgl. Apg 24, 24—27; 26, 27—29.

Sänger der Liebe mit schöner Stimme und Geschick im Saitenspiel. Sie hören wohl deine Worte, aber sie tun nicht danach" i). Das Gehörte dringt nicht ins Herz, es soll nur den Ohren schmeicheln, ein wollüstiger Reiz nach neuen Theorien beherrscht sie. Sie wollen Pikantes essen und hören. Gaumenkitzel ist mit Ohrenkitzel nah verwandt. Die Neu-gier im Sinnlichen ist enger verbunden mit der Neu-gier nach (religiösem und anderem) Wissen, als man allgemein meint k). Aus dem Aufhorchen auf das Wort entsteht Glaube l), darum ist die Verkündigung des Evangeliums durch nichts zu ersetzen. So höre nicht auf zu verkündigen, auch wenn sie weglaufen und sich hohlen Reden und gescheiten Spekulationen zuwenden.

i) Hes 34, 30—33; Jes 30, 10; Jer 5, 31

k) Apg 17, 21

l) Rö 10, 17; 11, 26; Apg 3, 26

Du aber sei nüchtern in allem, erleide, was dir an Bösem widerfährt, tue das Werk eines Evangelisten, vollbringe deinen Dienst. Wir lesen hier zum letzten Mal „du aber" (I 6, 11; II 3, 10.14). 5

Sei nüchtern in allem. Wie 1 Th 5, 6—11. Es ist die Nüchternheit des aus dem Schlaf und der Trunkenheit Erwachten, der sich ins Licht gestellt sieht und auf den kommenden Herrn wartet. Sei vollständig wach und geistesgegenwärtig. Laß dich nicht von ausschweifenden Spekulationen im Denken und von Leidenschaften im Leben fortreißen. Ebenfalls: Rö 12, 3. Nüchtern und besonnen sein in der Beurteilung des Glaubens, der Gaben, des Auftrages und der Widerstände. Behalte ein klares Urteil. Laß dich zu keinem Gefühlsrausch hinreißen, der dir das Urteilsvermögen vernebelt. Laß dir nichts vormachen, wir stehen in ernster Zeit.

Erleide das Böse. Erdulde mit Standhaftigkeit, was auf dich zukommt an Leiden und Verfolgung, als Diener des Wortes, wie II 2, 3.

Tue das Werk eines Evangelisten. Apg 21, 8 für Philippus gebraucht, um ihn vom Apostel zu unterscheiden. Paulus hatte Evangelisten als Mitarbeiter teils neben sich, teils selbständig. Sie haben später die missionarische und übergemeindliche Arbeit weitergeführt. In Eph 4, 11 steht der Evangelist in der Mitte zwischen Aposteln, Propheten und Hirten-Lehrern. — Der Ausdruck, wie ihn Paulus hier verwendet, spricht deutlich für seine Urheberschaft, für die Zeitumstände, welche der Brief voraussetzt. Es hätte darum wenig Sinn zu fragen: Ist Timotheus Hirte oder Lehrer oder Evangelist oder Prophet? Die Gnadengabe des Wortes kann in ihm zu verschiedenen Zeiten das zum Zuge kommen lassen, was jetzt gerade nottut[5]. Der wahre Evangelist wird arbeiten, dienen, leiden; nicht wie die Irrlehrer, die das Leiden vermeiden, die Einfluß gewinnen und herrschen wollen.

Vollbringe (plero-phoreo) **deinen Dienst** (diakonia). Zustande bringen, zur Ganzheit und zur Vollendung gebracht werden; passivisch in Rö 4, 21; 14, 5; Kol 4, 12. Das gleiche Wort verwendet Paulus für sich selbst (II 4, 17). Die Anspielung auf die Bereitschaft zum Martyrium scheint unüberhörbar.

Evangelisten sind diakonisch tätig! Diakone sind Evangelisten (Apg 12, 25), sie sind Diener des Wortes: Diakone am Evangelium; vgl. Kol 4, 17: Und sage dem Archippus: „Sieh auf den Dienst, den du im Herrn empfangen hast, damit du ihn erfüllst!" Eben das sagt Paulus jetzt seinem Mitarbeiter im Dienst am Evangelium direkt, darum hat er ihm auch so ausführlich geschrieben: Du hast den Dienst im Herrn empfangen, bringe ihn in der Gnade des Herrn zur Vollendung.

C. DER APOSTEL IST AM ZIEL

2. Timotheus 4, 6—18

1. Sein Lauf ist vollendet

2. Timotheus 4, 6—8

6 Denn ich meinerseits werde nun als Trankopfer ausgegos-
7 sen, und die Zeit meines Abscheidens ist da. * Den guten
Kampf habe ich gekämpft, den Lauf vollendet, den Glauben
8 bewahrt. * Nun liegt für mich bereit der Siegeskranz der
Gerechtigkeit, den der Herr, der gerechte Richter, mir an
jenem Tage verleihen wird, doch nicht allein mir, sondern
ebenso allen, die sein Erscheinen in Liebe erwarten.

Den letzten, beschwörenden Worten an Timotheus (4, 1—2.5) folgen eng verbunden die letzten Worte des Apostels über sich selbst: Ein zusammenfassendes Vermächtnis, sein abschließen-

[5] Der Sammelbegriff „Evangelist" ist noch unbestimmt und kann mehrere Dienste bezeichnen, genauso wie das in den Past für Episkopos und Presbyter der Fall ist.

des Bekenntnis, um damit seinen engsten Mitarbeiter zu stärken. Du, Timotheus, du hast noch eine Frist vor dir, kurz oder lang, nütze sie aus bis zum äußersten, vollende deinen Dienst (V. 5). Ich jedoch, ich bin ans Ziel gekommen, meine Zeit ist „nun" erfüllt (V. 6). Vollbringe du deinen Dienst, ich selber habe den Lauf vollendet.

Wenn man die kurzen Sätze mit den Abschiedsreden des Herrn vergleicht, erkennt man das Gemeinsame: Gefaßte, ja freudige Bereitschaft zum letzten Schritt, Gewißheit des Sieges und der Nähe der ewigen Herrlichkeit, Trost für die Jünger, ihnen das „Letzte" anvertrauend: Liebet einander so, wie
ich euch geliebt habe a); Paulus: Liebet sein Erscheinen (V. 8). a) Jo 14, 17

Denn ich meinerseits werde nun als Trankopfer ausgegos- 6
sen. So versuchen wir die betonte Stellung des „ich" im Gegensatz zum „du" von V. 5 zu übersetzen; ausgegossen: genau wie Phil 2, 17 (spendomai), dort noch zukünftig, doch hier hat das Geschehen schon begonnen, das zum Märtyrertod führen wird, das Urteil ist gesprochen. Wir wählen die buchstäbliche Übersetzung, um die Zusammenhänge zu Phil 2, 17 und zum atl Trankopfer deutlich zu machen. Paulus denkt in Vorstellungen, die ihm schon von Jugend auf vertraut sind. Das Trankopfer, bestehend aus starkem Wein, war nicht das eigentliche Opfer; es wurde vielmehr über das zu opfernde Tier ausgegossen b). So verstand Paulus sein eigenes Sterben als ausgegossene Opfergabe über dem Opfer der Gemeinde c) und ausgegossen im wahrsten Sinn über dem Ganzopfer des Messias Jesus d). Bedenkt man diese Zusammenhänge, so wird deutlich, daß Paulus die tiefste Auffassung seines Dienstes als O p f e r g a b e nicht aufgegeben oder geändert, sondern bis zum letzten Zeugnis, das wir von ihm haben, nur vertieft, und — was am meisten zählt — zuletzt durch sein Sterben bestätigt hat.

b) 4 Mo 15, 1—10; 28, 7; 2 Mo 30, 9
c) Phil 2, 17
d) Rö 8, 32 u. 36! 12, 1; 15, 16!

Die Zeit (kairos) **meines Abscheidens ist da** (analysis). Ursprüngliche Bedeutung: das Lösen eines Schiffes vom Land; ein Trankopfer wurde vor der Abfahrt ins Meer gegossen; Apg 27, 12—13; auch das Lösen der Zeltpflöcke durch einen Soldaten, der im Aufbruch ist. Das Wort wird auch gebraucht, um damit den Tod, die Auflösung zu beschreiben. Paulus verwendet das Verb in Phil 1, 23 (abscheiden) im gleichen Sinn wie hier. Dadurch ist der Zusammenhang zum Trankopfer noch deutlicher unterstrichen. Dort spricht er von der Lust, abzuscheiden, hier vom Liebhaben seiner Erscheinung. Er wird „ihn bei seiner Wiederkunft in Liebe empfangen" (W).

e) Rö 14, 8 vgl. II 2, 11 — Wer dem Herrn lebt, wird auch dem Herrn sterben e)[6]. Die Aussage ist direkt und doch verhüllt, klar und doch verhalten, nüchtern und doch mit tiefer Ergriffenheit gefüllt. Sokrates ist in Heiterkeit gestorben und hat dabei seine Freunde noch getröstet; er ordnete an, daß man den Göttern ein Opfer spende nach seinem Tode. Paulus weiß sich selber als Trankopfer ausgegossen über dem ein für allemal geschehenen Opfer des Leibes seines Herrn. Nicht der Abschluß des Lebens, nicht das Gesammeltsein vor dem Sterben ist für ihn entscheidend, sondern die Erwartung, daß er jetzt erkennen wird „von Angesicht zu Angesicht" — ohne Schatten und ohne Rätsel, ganz erkennen, wie er ganz erkannt worden ist — in
f) 1 Ko 13, 12 — der Liebe f) —, das Stückwerk ist vorbei, die Fülle holt ihn
g) 1 Ko 15, 54—57 — ein: verschlungen ist der Tod im Sieg. Gott aber sei Dank, der uns den Sieg gibt durch unsern Herrn Jesus Christus g).

7 **Den guten Kampf** h) **habe ich gekämpft.** Wozu er Timotheus
h) vgl. 2 Ko 10, 3—6; Jo 18, 36 — i) 1 Th 2, 2 — aufrief (I 6, 12), das hat er selbst getan und jetzt bis zum sieghaften Ende durchgehalten. Er hat „das Evangelium Gottes verkündet unter viel Kampf" i), jetzt ist der Kampf vorbei, das Leben ist ausgekämpft, der gute Kampf fand ein gutes Ende. Er hat gekämpft gegen die finsteren Mächte der Bosheit, gegen Satan, gegen jüdische, christliche, heidnische Laster, Heuchelei, Gewalttat, gegen Streit und Unmoral in Korinth, gegen Fanatiker und Verwahrloste in Thessalonich, gegen jüdisch-hellenistische Gnostiker in Ephesus und Kolossä und nicht zuletzt — in der Kraft des Heiligen Geistes — gegen
k) Rö 7; 8, 2. 13; 1 Ko 9, 26—27; 2 Ko 12, 7; 1, 8—10 — den alten Menschen in sich selbst k), gegen Anfechtungen von außen und Ängste von innen l); vor allem und in allem aber hat er gekämpft für das Evangelium, das war der eine große Kampf seines Lebens, sein guter Kampf m).

l) 2 Ko 7, 5 — m) Kol 2, 1; Phil 1, 30 — n) 2 Ko 12, 23—29 — **Den Lauf vollendet.** Das Bild des Wettläufers, der sein Ziel erreicht hat, auf den der Siegeskranz wartet. Von den unzähligen Hindernissen, die er wohl kennt und aufzählen kann n), ist jetzt nicht zu reden, sondern vom Abschluß des Laufes, vom Durchhalten bis zum Ziel. Nichts konnte seinen Lauf aufhalten, durch nichts wurde er sinnlos abgebrochen, auch jetzt werden nicht weltliche Mächte sein Leben eigenmächtig zer-

[6] Für Paulus bedeutet Sterben Gewinn, weil er bei Christus sein wird (Phil 1, 21. 23); bei Christus sein aber heißt: daheim sein (2 Ko 5, 8); vgl. Jo 14, 2: Im Hause des Vaters sein, wo die vielen Wohnungen sind, die der Herr bereitet hat; Lk 23, 43: im Paradiese sein mit ihm. 1 Th 4, 14: In Christus entschlafen und in ihm erwachen, vgl. Apg 7, 59. 60.

stören, er ist „Gefangener des Herrn“[7]. Was er den Ältesten von Ephesus beim Abschied zugerufen hat, ist jetzt in Erfüllung gegangen: „Es geht mir nicht um den Wert meines Lebens für mich selbst, sondern darum, daß ich meinen Lauf um den Dienst vollenden kann, den ich vom Herrn Jesus empfangen habe: Das Evangelium von der Gnade Gottes zu bezeugen“ o). Du, Timotheus, bringe deinen Dienst zur Erfüllung, wie ich meinen Auftrag jetzt erfüllt habe. Ein Leben ist dann erfüllt, wenn der Auftrag erkannt und verwirklicht worden ist und dadurch Gott verherrlicht wird[8].

o) Apg 20, 24 Gal 2, 2; 5. 7; Phil 2, 16; 1 Ko 9, 22—2; 10, 31

Den Glauben bewahrt p). Soll man hier mit dem zum festen Sprachgebrauch gewordenen Satz „ich habe Treue gehalten“ übersetzen? Gewiß, „die Treue bis zum Tode“ ist hiermit gemeint; die Beziehung zu 2, 11—13 bewußt; auch die Treue des Haushalters, von dem Rechenschaft gefordert wird im Gericht q); die Bewährung des Mitarbeiters und seine Geduld in der mühsamen Arbeit bis zum Ende, da die Früchte reif sind r). Alles ist mit inbegriffen, aber vor allem und in allem gilt dieses eine: „Hier geht es um das standhafte Ausharren der Heiligen, welche die Aufträge Gottes und den Jesusglauben treu bewahren“ s). „Ich habe den Glauben bewahrt“, das ist Alpha und Omega, Ursprung und Ziel dessen, der in der ersten Gefangenschaft bekannt hat: Christus ist mein Leben und Sterben mein Gewinn. Glauben dürfen bis ans Ende, im Glauben an Jesus gehalten sein, diesen Glauben ständig erneuert und vertieft empfangen, das ist die größte Gnade, unverdientes Geschenk, Lobpreis der Treue Gottes.

p) I 5, 22! 2 Ko 11, 9; Eph 4, 3

q) 1 Ko 4, 1—5

r) II 4, 5; 2, 6. 15

s) Offb 14, 12

Der Soldat, der Wettkämpfer, der Haushalter (Bauer) — alle drei Bilder, die Paulus dem Timotheus zur Ermunterung zugerufen hat, alle drei endzeitlich ausgerichtet t), sind in Paulus zur Erfüllung gekommen. Nicht von Selbstruhm sind diese Aussagen bestimmt, sondern von Dank und Anbetung gegenüber dem, der ihn stark gemacht hat im Kampf, der ihn zur Vollendung geführt, der ihm den Glauben geschenkt und ihn bewahrt hat.

t) II 3 II 2, 3—6

[7] S. II 1, 8; vgl. Ps 22, 1—22: Alles, was *Menschen* antun können, faßt der Beter in das Bekenntnis: „In den Staub des Todes legst du (Gott) mich.“

[8] vgl. dazu Jesus im hohenpriesterlichen Gebet: „Ich habe dich verherrlicht auf Erden, indem ich das Werk vollendet habe, das du mir übertragen hast, damit ich es ausführe“ (Jo 17, 4). Vgl. auch Paulus in Phil 1, 20!

8 **Nun[9] liegt für mich bereit der Siegeskranz der Gerechtigkeit, den der Herr, der gerechte Richter, mir an jenem Tag verleihen wird, doch nicht mir allein, sondern ebenso allen, die sein Erscheinen in Liebe erwarten.** Paulus bekennt für sich persönlich, was er allen Gemeinden verkündigt hat: die endzeitliche Gewißheit des Glaubens, die nicht auf dem beruht, was man sich erarbeitet hat, sondern auf Gottes treuem Bewahren und unverdientem Belohnen: Die Erfüllung der Hoffnung liegt für euch jetzt schon (!) bereit in den Himmeln u). Darum freut euch (jetzt schon) darüber, daß eure Namen in den Himmeln eingetragen sind, und nicht so sehr darüber, daß euch die Dämonen untertan sind v). Hier nun bricht die Freude des Paulus durch! Der Kampfpreis liegt bereit. Diesem Ziel ist er nachgejagt w). Sollte er eigensüchtig nach seinem Ruhmeskranz, nach seiner Belohnung im Himmel gestrebt haben? Die Antwort gibt der Vers selber. Wer erhält den Siegeskranz? Der das Erscheinen seines Herrn liebgewonnen hat. Der Lohn der Liebe liegt in ihr selbst, darum muß sie nicht das ihrige suchen, weil sie selbstvergessen und unerwartet das ihrige empfängt, im ihrigen lebt: in der Liebe[10]. „Mein Lohn ist, daß ich darf" (W. Löhe).

u) Kol 1, 5; 1 Pt 1, 4

v) Lk 10, 20

w) Phil 3, 14

Der Siegeskranz der Gerechtigkeit. In der Antike war der Kranz Zeichen der Ehre, der Wertschätzung, der Belohnung für den Sieger im Sport[11], im Krieg und für die Toten, deren

[9] „*loipon*", was auch übersetzt werden kann „im übrigen, fortan, von jetzt an", erscheint in den paulinischen Briefen zehnmal, z. B. 1 Th 4, 1; im übrigen NT nur noch zweimal! (Wieder einer der vielen scheinbar nebensächlichen und gerade darum wichtigen Hinweise auf die paulinische Verfasserschaft der Past).

[10] 1 Ko 13, 5; 1 Jo 4, 8. 16—17. Die Liebe schafft Freimut für den Tag des Gerichtes. Die Liebe fürchtet nicht die Strafe, sondern sie kennt den Lohn; Liebe von Angesicht zu Angesicht. Petrus konnte von seiner selbstsicheren und selbstsüchtigen Art nur befreit werden durch Beugung und Umkehr hindurch zur Liebe hin: „Liebst du mich, dann weide meine Schafe!"
Vgl., was Jesus zum Lohn seiner Jünger sagt. Was sie um Jesu willen verlassen haben, sollen sie hundertfach zurückerhalten, jetzt schon zusammen mit Verfolgung in dieser Zeit und vollendet in der zukünftigen Welt. Mk 10, 28—31; der Schlußsatz von den Ersten und den Letzten zeigt an, daß die Belohnung nicht nach menschlicher Berechnung geschieht.

[11] Noch heute wird für die Olympischen Spiele am Hain von Alt-Olympia die olympische Flamme entzündet und, wie das für München der Fall war, von einer griechischen Schauspielerin ein „Gebet" gesprochen: „O Zeus, Herr über Alles und Führer Aller, an dich, o Zeus, richte ich diese Bitte und an dich, Olympia, Mutter der Athleten: Verleihet den Athleten die Schnelligkeit und die Kraft zum Sieg und krönt ihre Stirne mit Olivenzweigen." Die olympische Flamme für München 1972 wurde über eine Strecke von 5100 km hinweg aus Griechenland durch die Türkei, Bulgarien, Rumänien, Jugoslawien, Ungarn und

Grabmäler mit Kränzen geschmückt waren. Im NT bezeichnet der Kranz die von Gott geschenkte Gerechtigkeit, das ewige Leben x). Wie aber kann dabei der Gedanke an Ehrung und Belohnung vermieden werden? Wie soll man den Genetiv übersetzen? Entweder ist die Gerechtigkeit die Krone, oder die Krone ist der Lohn für die Gerechtigkeit? Unverdientes Geschenk und unverdiente Belohnung — beides gilt. Gott krönt alle seine Gaben in uns mit der Krone der Gerechtigkeit[12]! Die Richter dieser Welt (auch die den Apostel verurteilt haben) sind oft ungerecht. Ebenso ist bekannt, daß die olympischen Schiedsrichter nicht immer gerecht entschieden haben, sondern sich bestechen ließen. Jesus aber ist der **gerechte Richter,** der den Lohn recht verteilt. Nicht erst in den Past hat Paulus die Werke des Glaubens als Früchte bezeichnet und betont y), daß ein jeder seinen Lohn empfangen wird, je nachdem, wie er gehandelt hat z). Auch hat er schon früher deutlich die Maßstäbe für das Gericht Gottes dargelegt. Doch ebenso entschieden hat er gegen die Gesetzeswerke, die für das Heil verdienstlich sein sollen, gesprochen a). Im Siegeskranz der Gerechtigkeit ist die unverdiente Gabe der Rechtfertigung und des ewigen Lebens mit dem unverdienten Lohn entsprechend[13] den Werken des Glaubens und der Liebe verbunden. Man täusche sich nicht: die scheinbar höhere Tugend, die das Gute um seiner selbst willen ohne Lohn zu tun vorgibt, ist eine theoretische

x) Jak 1, 12; Offb 2, 10; 1 Pt 5, 4; 1 Ko 9, 25; I 4, 8

y) 2 Th 2, 17 Phil 1, 6; 2 Ko 9, 8; Kol 1, 10

z) 1 Ko 3, 13—15

a) Rö 2, 6. 10; Rö 3, 20. 28

Österreich bis nach München getragen: insgesamt 6400 Fackeln wurden an den Ablösestellen bereit gehalten.
Was unternehmen die Christen, um den Fackellauf der Liebe Jesu durch die ganze Welt voranzutreiben zum Ziel? Was können sie der „olympischen Idee" gegenüberstellen? P. de Coubertin (1863—1937) hat die Olympischen Spiele der Neuzeit in der Hoffnung gegründet, sie mögen „die Menschheit tapferer und stärker und dennoch edelmütiger und feinfühliger machen". Er sah den Sport als eine Möglichkeit der „Vervollkommnung des Menschen". Der neuzeitliche olympische Sport sollte eine neue, die Völker umfassende Religion werden und ihre Teilnehmer „eine Art Diener und Priester der Religion der Muskelkraft". Aber eine *religio athletae* (Sportfrömmigkeit) wird den Menschen nicht menschlicher machen können, wenn der Mensch sich und seinen Leib nicht aus Gottes Händen empfangen und in Gottes Händen wissen kann, wenn er sich nicht bewußt seinem Schöpfer zur Verfügung stellt. Siehe dazu I 4, 8! Sportliche Betätigung „aus Glauben" kann durchaus ein sinnvolles Tun und Spielen sein. Das mag manchem fremd erscheinen, aber nicht wenige Gruppen von Jesusjüngern haben erkannt, daß sie als Sportmannschaft durchaus Zeugen für ihren Herrn unter den Kameraden im Sport sein können.

12 Calvin: *„Deus sua dona in nobis coronat."*

13 Die Belohnung erfolgt nicht *„propter opera"*, sondern *„secundum opera"*, d. h. keinesfalls um der Werke willen, wohl aber gemäß der Werke. Lohn: 4 Mo 18, 31; Ruth 2, 12; Jes 14, 10; 49, 4; Mt 5, 10—12: Der endzeitlich ausgerichtete Lohngedanke für die Verfolgten! 1 Ko 9, 8.

Konstruktion von Tugendlehrern. Der Mensch, der Gott und seinen Nächsten selbstlos liebt, wie er sich selbst liebt, der wird ebenso Gott und den Nächsten anerkennen, wie er sich selbst anerkennt und Anerkennung empfängt. Die Liebe, die zwar nicht sich selbst sucht und dennoch das Ihrige empfängt, erfährt, daß sie durch Liebe anerkannt, das heißt aber belohnt
b) Phil 4, 1 wird. „Wer ist unsere Hoffnung oder unsere Freude b) oder unser Ruhmeskranz, seid nicht auch ihr es vor unserem Herrn Jesus bei seiner Wiederkunft? Ja, ihr seid unser Ruhm, unsere Freude" (1 Th 2, 19—20). Das ist die beste Auslegung unseres Textes. Aber Paulus sieht nicht auf sein Werk mit der Berechnung auf Lohn, er schreibt vom Werk[14] im Blick auf den gerechten Richter, in der liebenden Erwartung seines Kommens. Aller Lohn ist darin gekrönt und erfüllt, daß Gott sagt:
c) 1 Mo 15, 1 „**Ich** bin dein sehr großer Lohn" c). Paulus denkt nicht an das Besondere seines Wirkens[15], sondern an die Verbundenheit mit all den andern, die wie er ebenfalls die Krone empfangen werden. Im Blick auf sie, auf Timotheus im besondern, schreibt er jetzt[16]. Vers 7 ist nicht der Abschluß, er zielt über sich hinaus auf die mit Liebe erwartete Wiederkunft dessen, der sagt: Siehe, ich komme bald und mein Lohn mit
d) Offb 22, 12 mir d).

In den ersten Christen glühte ein brennendes Verlangen, eine mächtige Sehnsucht nach dem Wiederkommen ihres Herrn. Sie litten darunter, daß er verunehrt und verachtet wurde in einer Welt, für die er sein Leben geopfert hat. Er hatte sie gelehrt, wie um das tägliche Brot, so zu allererst um das Kommen seines Reiches zu beten, danach zu hungern und zu dürsten: „Dein Reich komme." Eben dies tun sie nun mit dem
e) 1 Ko 16, 22—24 Ruf: „Maranatha!" = „Unser Herr, komme" e).

Der Gedanke an das baldige Erscheinen des Herrn leitet über zu dem Schlußteil 9—22.

[14] Vgl. II 4, 5: Das Wort „Werk" faßt zusammen, was er in 4, 7 beschreibt.

[15] Er kann von sich sagen, er habe mehr gearbeitet als alle anderen, aber er weiß: was er ist und was er tut, geschieht aus Gnade; 1 Ko 15, 10. Zudem gilt auch für ihn das Wort: Wem viel gegeben ist, von dem wird viel gefordert werden.

[16] Darum ist die Bemerkung eines Auslegers deplaziert, der wahre Paulus hätte im Angesicht des Todes nicht sein Werk, sondern seinen Herrn gerühmt. Genau das tut aber Paulus hier, sogar wörtlich 4, 17—18. Gearbeitet hat er bis zum Ende, in der Kraft des Herrn, der gepriesen sei!

2. Timotheus soll dringend kommen

2. Timotheus 4, 9—13

9/10 **Beeile dich, bald zu mir zu kommen. * Denn Demas hat**
mich verlassen, weil er den jetzigen Zeitlauf liebgewann,
und ist nach Thessalonich gereist, Crescens nach Galatien,
11 **Titus nach Dalmatien. * Nur Lukas ist noch bei mir. Nimm**
Markus zum Reisebegleiter und bringe ihn mit dir, denn
12 **er ist mir nützlich zum Dienst. * Tychikus aber habe ich**
13 **nach Ephesus gesandt. * Den Mantel, den ich in Troas bei**
Karpus zurückgelassen habe, bringe mit, wenn du kommst,
und die Bücher, besonders die Pergamentrollen!

Beeile dich a), **bald zu mir zu kommen!** Darauf hat der Brief 9
abgezielt, was die menschliche Seite anbetrifft. Timotheus soll a) 1 Th 2, 17; Gal 2, 10; Tit 3, 12
gestärkt werden für seinen schweren Weg zu Paulus. Nichts
darf sein Kommen verzögern. **Beeile dich,** komme noch vor
Einbruch des Winters (V. 21)! Der Brief begann mit dem Aus-
druck sehnlichen Verlangens: Ich möchte dich wiedersehen b); b) vgl. 1 Th 2, 17
er endet mit der dringenden und wiederholten Bitte: Komme
bald, beeile dich, komme vor dem Winter. Paulus hat eben
Worte der Siegesgewißheit für sich, für Timotheus, für das
Evangelium, für das Kommen des Herrn und seines Reiches
ausgesprochen. Jetzt bittet er um die Gemeinschaft seines ge-
liebten Sohnes. Er leidet unter seiner Einsamkeit. Jubel und
Schmerz bei Paulus wirken oft scheinbar unvermittelt zusam-
men[17]. Die wahre Menschlichkeit dieses Mannes kommt er-
greifend zum Ausdruck in der bedrängenden Bitte: Komme
möglichst bald zu mir! Die folgenden Bemerkungen des Pau-
lus sollen die Dringlichkeit der Bitte unterstreichen: **Denn** 10
Demas hat mich verlassen, weil er den jetzigen Zeitlauf lieb-
gewann, und ist nach Thessalonich gereist. Demas war wie Lu-
kas ein näherer Mitarbeiter des Paulus[18]. Er gehörte nicht zu
denen, welche die Erscheinung ihres Herrn und der zukünfti-
gen Welt, sondern im Gegensatz dazu den jetzigen Zeitlauf
liebgewannen (beidemal agapan!). Er hat — anstatt in der Ge-

[17] Rö 8, 38—39: Das Siegeslied des Glaubens; und wie unvermittelt daneben Rö 9, 1—3 das Bekenntnis unablässigen Schmerzes und großer Traurigkeit im Herzen, vgl. 2 Ko 2, 4; 6, 10; 7, 4.

[18] Kol 4, 14. Es fällt auf, daß Lukas ein Lob erhält („der geliebte Arzt"), während Demas nur eben mit seinem Namen erwähnt wird. Aber immerhin war er ein den Gemeinden bekannter Mitarbeiter, der Grüße vermitteln läßt (Philemon 24).

meinschaft mit dem gefangenen Apostel unter eigener Lebensbedrohung auszuharren — das Leben in diesem Zeitlauf hochgeschätzt und vorgezogen. **Er hat mich verlassen** deutet eher auf diese Entscheidung als auf einen Abfall vom Glauben. **Er ist nach Thessalonich gereist** läßt mehrere Auslegungen offen: Entweder war es seine Heimat und er hat sich dort eingerichtet und vom Dienst am Evangelium zurückgezogen, oder aber er ging in die dortige, dem Paulus sehr verbundene Gemeinde zurück. Nähme sie ihn als „Weltmenschen" auf, würde das ein sehr zweifelhaftes Licht auf ihren jetzigen Zustand werfen. Zur Einsamkeit des Apostels kommt seine Trauer über einen Mitarbeiter, der die Liebe zum wiederkommenden Herrn aufgibt und sich dadurch auch vom Leiden mit Paulus absetzt. — Du, Timotheus, verhalte dich nicht wie er und wie Phygelus und wie Hermogenes, sondern wie Onesiphorus und wie Lukas, der allein noch bei mir ist c).

c) II 2, 15; 4, 11

Crescens ist nach Galatien gereist[19]. Wir hören sonst nichts von ihm im NT. Die kirchliche Tradition bringt ihn mit den frühen Christengemeinden im heutigen Frankreich (Lyon, Mayence) in Verbindung.

Titus nach Dalmatien[20]. Daraus können wir nur schließen, daß er nicht mehr auf der Insel Kreta ist d). Darum gehört der Brief an Titus zeitlich vor den II Tim. Crescens und Titus sind Boten des Evangeliums, die Paulus noch von Rom aus wieder auf Reisen gesandt hat (das Wort Gottes ist nicht gebunden). „Wie lieblich sind die Füße dessen, der frohe Botschaft bringt" e).

d) Tit 3, 12!

e) Jes 52, 7; Rö 10, 15

11 **Nur Lukas ist noch bei mir.** Auf dem ersten Gefangenentransport nach Rom war Lukas mit dabei. Er berichtet die Reise als Augenzeuge f). Hat er in Rom als Sekretär[21] oder als Arzt dem Apostel geholfen? Wir wissen es nicht. Lukas war „der geliebte Arzt" g) und ist es geblieben. Das zeigt sein Bleiben bei Paulus in der schwersten Lage. Hatte Paulus nicht ge-

f) Apg 16, 10—17; 20, 6—11; Kap 27

g) Kol 4, 14

[19] Einige Handschriften haben anstatt Galatien das Wort Gallien. *Galatien* ist in Asia. *Galatia* (Gallien) aber ist die Provinz, die zwischen Rom und Spanien liegt. Ist Kreszens nach Gallien (das heutige Frankreich) gereist, so würde das die uns nicht bekannte Spanienreise des Apostels biblisch belegen oder zumindest mit großer Wahrscheinlichkeit nahelegen. Der Kirchenhistoriker der alten Kirche, Eusebius, berichtet ebenfalls von einer Spanienreise des Paulus. W. Bauer (Wörterbuch, Spalte 297): die reicher bezeugte Lesart in II 4, 10 Gallien.

[20] Dalmatien liegt nordwestlich von Mazedonien am Adriatischen Meer bei Illyrien (Rö 15, 19).

[21] Interessant ist, daß die Past in ihrem Wortschatz eine gewisse Nähe zur Apostelgeschichte aufweisen.

nug an ihm? Warum die dringende Bitte an Timotheus: „Komme bald“? Lukas wird ja kaum als reisender Evangelist tätig gewesen sein. Der noch jüngere Evangelist Timotheus trägt die Verantwortung für die Gemeinden in Asia. Was er ihm schrieb, möchte er unter vier Augen bestätigen, und über all dem: Timotheus bleibt sein liebstes Kind im Glauben, der vertrauteste Mitarbeiter, den auch Lukas nicht ersetzen kann. Auch das muß für Timotheus ein Trost gewesen sein: Obwohl Lukas bei ihm ist, bittet er mich dringend zu kommen. Er verlangt nach mir: so viel bin ich ihm wert. Der nächste Satz könnte diesen Zusammenhang nahelegen: Lukas ist zwar da, aber komme du unbedingt, und **nimm Markus zum Reisebegleiter und bringe ihn mit dir, denn er ist mir nützlich zum Dienst**[22]. Markus[23] war nah verwandt mit Barnabas h). Er war ein geistlicher Sohn des Apostels Petrus i).

h) Kol 4, 10
i) 1 Pt 5, 13

Derselbe Markus, den Paulus bei Beginn seiner zweiten Missionsreise abgelehnt und dessentwegen er sich damals von seinem Freund Barnabas nach einem heftigen Wortwechsel getrennt hatte k), wird jetzt von Paulus gelobt! Die Zwischenzeit hatte eine Sinnesänderung bei Markus gebracht, und die beiden hatten sich versöhnt. — Dienst (diakonia) kann hier schwerlich persönliche Dienstleistungen bedeuten, dafür ruft Paulus nicht einen Missionar weg von seiner Arbeit. Dienst ist Missionswerk l). Markus muß eine durchaus selbständige Persönlichkeit geworden sein, denn er konnte sowohl mit Petrus wie mit Barnabas wie mit Paulus zusammenarbeiten und dabei doch seinen eigenen Dienst vollführen. Die Mahnung, den Markus als Reisebegleiter mitzubringen, das Lob seines Bewährtseins im Dienst, stimmt nachdenklich. Entscheidend ist damals wie heute, daß Konflikte überwunden und Entzweite wieder versöhnt werden. Markus ist für Paulus nicht eine bit-

k) Apg 15, 37—39
l) Rö 15, 31; 1 Ko 16, 15; 2 Ko 8, 4; 9, 1. 12; Eph 4, 12

22 So übertragen wir die sonst unverständliche Verdoppelung: Nimm Markus zu dir und bringe ihn mit dir. Zugleich kann das ein Hinweis sein, daß die Evangelisten meistens zu zweit oder in kleinen Gruppen gereist sind, oder aber, wenn sie allein waren, wie eben Kreszens und Titus, sollten sie an den Orten gastlich aufgenommen und gestärkt werden, wo sie durch- oder hinreisten. In Tit 2, 13 soll der eine Reiseevangelist für die zwei anderen Reiseevangelisten die nötigen Reisevorbereitungen treffen. Apg 20, 13; 23, 31: Mitnehmen auf die Reise.

23 Aus der langen Namensliste von Kol 4, 10—17 sind hier nur drei genannt: Lukas, der bei ihm ist in Rom; Demas, der unter zweifelhaften Beweggründen gegangen ist, und Markus, der kommen soll. Die drei übrigens auch auf der Grußliste des Briefes an Philemon, nicht nur sie (23—24). Einem Pseudopaulus wird viel zugemutet, wenn er aus der Namensliste ausgerechnet die drei ausgewählt haben soll, um seinem Brief „apostolisches Kolorit“ zu geben.

tere Erinnerung geblieben, sondern Anlaß geworden zum Lob und zur Erwartung seiner guten Dienste als Mitarbeiter und Vermittler[24].

12 **Tychikus aber habe ich nach Ephesus gesandt.** Tychikus ist „ein geliebter Bruder und treuer Diener im Herrn". So erwähnt ihn Paulus als Überbringer seiner Briefe nach Ephesus und nach Kolossä[25]. Der zuverlässige und fähige Mitarbeiter kam als Vertreter für Titus in Frage, wenn dieser die

m) Tit 3, 12! Insel verließ, um zu Paulus zu kommen m). So sendet ihn jetzt Paulus nach Ephesus anstelle von Timotheus, der nach Rom kommen soll[26]. Wie mit Timotheus, so verband ihn mit Tychikus nicht nur der gemeinsame Auftrag am Evangelium (Mitknecht und Diener), sondern auch eine persönliche, herzliche Liebe und Achtung: Er ist „ein geliebter Bruder". So kurz die Angaben in den Grüßen sind, so sind sie doch aufschlußreich zum Verständnis des Apostels und seiner mitmenschlichen Beziehungen. Er war nämlich alles andere als eine einsame und unnahbare Größe; kein „Apostelfürst" hoch über den andern; verschiedene seiner Mitarbeiter waren ihm persönliche Freunde geworden. Timotheus war vom Jüngling zum Partner herangewachsen, dem größte und schwerste Aufgaben zugemutet werden konnten, und den wiederzusehen Paulus sehnlich verlangte.

13 **Den Mantel, den ich in Troas bei Karpus zurückgelassen habe, bringe mit, wenn du kommst, und die Bücher, besonders die Pergamentblätter!** Paulus war oft in Troas gewesen[27]. Bei welcher Gelegenheit er den Mantel zurückließ, wissen wir nicht. Der Mantel ist ein Überwurf aus starkem Stoff, wie eine Pelerine oder ein in den südamerikanischen Anden üblicher Poncho[28]. Das Gefängnis ist feucht und kalt, der Winter

[24] Vielleicht ist sein Dienst auch deshalb wichtig, weil er als Vermittler zwischen den Gemeinden dienen konnte, die sich wegen Paulus und Petrus zerstritten haben. 2 Pt 3, 15—16 könnte auf eine solche Spannung hinweisen, die Petrus von sich aus zu überwinden suchte, in der gleichen Weise, wie auch Paulus bei den Korinthern ausgleichend eingriff, wo die Appollos-, Paulus-, Petrus-, Christuskreise sich gegenüberstanden (1 Ko 3 u. 4).

[25] Eph 6, 21; Kol 4, 7; Bruder, Diener, Mitknecht.

[26] Einige Handschriften ergänzen in Apg 20, 4: Tychikus aus Ephesus. Es ist möglich, daß er Sekretär für den vorliegenden Brief ist und ihn selber an Timotheus überbringt.

[27] Apg 20, 4—6 kann nicht gemeint sein, das liegt mehrere Jahre zurück. Apg 16, 8; 2 Ko 2, 12.

[28] Der griechische Ausdruck ist dem lateinischen Wort für Mantel *paenula* nachgebildet, also ein sog. Latinismus. Man glaubt, mehrere Latinismen in den Past zu sehen, was ein Hinweis wäre auf den Ursprung des Briefes aus Rom. Auf alle Fälle ist es nicht zu verwundern, daß Paulus lateinische Ausdrücke brauchte, wenn er jahrelang in der Gefangenschaft mit lateinisch sprechenden Soldaten zu tun hatte.

steht vor der Tür, Paulus denkt an den wärmenden Mantel, den er in Troas in der Hoffnung zurückgelassen hatte, ihn selbst bei einer folgenden Durchreise wieder tragen zu können. —

Die Bücher. Gemeint sind damit Papyrosblätter für Notizen und um Bücher abzuschreiben.

Pergamentblätter[29] sind sehr teuer und werden nur für Dokumente von Wert verwendet. Wahrscheinlich handelt es sich hier um Abschriften alttestamentlicher Bücher und vielleicht sogar um eine Sammlung von Herrenworten[30]. Wie verträgt sich diese Bitte, die doch voraussetzt, daß Paulus noch zu lesen, zu studieren, zu schreiben gedenkt, mit dem vorangegangenen und nachfolgenden bestimmten Ton des unmittelbar vor der Tür stehenden Abrufes vor Gottes Angesicht[31]?

Paulus hatte die Christen in Thessalonich gewarnt, daß sie sich durch die Erwartung der unmittelbaren Wiederkunft des Herrn nicht von der Arbeit abhalten lassen sollten n). Sollte er sich selbst anders verhalten? Von Luther ist ein Ausspruch überliefert, der eine gleiche Einstellung verrät: Wenn morgen der Jüngste Tag anbrechen sollte, würde er heute noch ein Apfelbäumchen pflanzen.

n) 2 Th 2, 2; 3, 11—14

Zwischen Urteilsspruch und Vollstreckung konnte ohnehin eine längere Zeit vergehen. Paulus rechnet damit, den Timotheus noch zu sehen. Vielleicht sind auch noch einige dringliche Briefe zu schreiben. Wir wissen die Beweggründe nicht. Das eine ist klar, daß Paulus unablässig daran denkt, daß Timotheus kommt. Wie kann er am besten kommen? Wer soll ihn begleiten? Was soll er mitbringen? Was brauche ich am dringendsten? Die Bitte um den Mantel zeigt, daß von den Christen in Rom diesbezüglich keine Hilfe zu erwarten war. Er war im Gefängnis, und ihm war kalt. Da Paulus nicht im Blick auf andere schrieb und er selber der Verfasser ist, mußte er keine nähere Erklärung dazu geben: Timotheus wußte ja Bescheid o). Für seine Zeitgenossen und für Timotheus hatten diese Einzelangaben aus dem Alltagsleben des Apostels keine besondere Bedeutung. Für uns aber, die wir durch 19 Jahrhunderte vom Leben dieses Mannes getrennt sind, ha-

o) II 1, 18 b

[29] *membrania,* wiederum ein Latinismus.

[30] Lukas schreibt von vielen, die schon vor ihm solche Berichte und Sammlungen abgefaßt haben (Lk 1, 1—4).

[31] Sollte ein PP solche Ungereimtheiten übersehen, da es ihm doch darum gehen mußte, den Anschein von Echtheit zu erwecken? Hätte er nicht a n d e r e Details aus dem Alltag anführen oder es beim Mantel bewendet sein lassen können?

ben gerade solche „Nebensächlichkeiten"[32] einen ganz besonderen Wert. Sie lassen uns für einen Augenblick den Menschen Paulus spüren und sehen: seine Kämpfe und Erwartungen; seine Trauer und Sehnsucht; seine liebende Zuwendung; sein Bedürfnis nach Gemeinschaft, nach Wärme, nach Lektüre und Arbeit; gebunden in Ketten, einsam, verlassen, als entehrter Gefangener... Und das alles, damit offenbar werde, daß die überschwengliche Kraft in solcher Ohnmacht nicht von Paulus selbst stammt, sondern von Gott p).

p) 2 Ko 4, 7

3. Widerstände sind zu erwarten

2. Timotheus 4, 14—16

14 Alexander, der Schmied, hat mir viel Böses zugefügt; der
15 Herr wird ihm nach seinen Werken vergelten. * Und auch
du hüte dich vor ihm, denn er ist unseren Worten mit hef-
16 tigem Widerstand entgegengetreten. * Bei meiner ersten Ge-
richtsverhandlung hat mir niemand Beistand geleistet, sondern alle haben mich verlassen; es möge ihnen nicht angerechnet werden.

14 **Alexander, der Schmied, hat mir viel Böses zugefügt:** Denkbar ist es, daß derselbe Alexander wie I 1, 20 gemeint ist, dort zusammen mit Hymenäus erwähnt. Dann hätte jene Züchtigung nicht zur Wiederherstellung geführt, ja, Alexander hätte sich verhärtet und so dem Paulus erst recht viel Böses zugefügt: gegen ihn gesprochen und gewirkt in den Gemeinden, wenn nicht gar in Rom selbst. Doch wird es sich wohl um einen anderen Alexander handeln: dafür spricht die Erwähnung seines Berufes, der ihn von andern, sonst noch bekannten Trägern dieses Namens unterscheiden und so eindeutig kennzeichnen soll[33]. Warum sollte jetzt die Berufsbezeichnung hinzugefügt werden, wenn es sich um denselben Mitarbeiter handelt, den Paulus bereits im ersten Brief erwähnt? Da menschliche Überführung und Bestrafung q) ihn nicht zu-

q) vgl. I 1, 20 mit II 3, 16; 4, 2!

[32] Gedacht sei hier an das Detail aus dem Leben des Herrn: Auf einem Kissen schläft er im Boot mitten im Sturm, Mk 4, 38. Er, der nicht hatte, wo das Haupt hinlegen, war frei genug, diesen Liebesdienst anzunehmen, Lk 9, 58.

[33] Mindestens drei verschiedene Alexander sind im NT bekannt: Mk 15, 21; Apg 4, 6; 19, 33.

rückgewinnen konnte, wird er vor seinem Herrn, dem er nicht entgehen kann, Rechenschaft geben müssen.

Der Herr wird ihm vergelten nach seinen Werken: Nicht daß Paulus dies für ihn erbittet, aber er gibt ihn dem gerechten Richter anheim. Paulus klagt hier nicht an, wie ein Ausleger meint; er will den Timotheus warnen, darum bezeichnet er das gefährliche Tun des Mannes[34]. Beide, Paulus und Alexander, werden vor dem Herrn Vergeltung empfangen nach ihren Werken[35].

Und auch du hüte dich vor ihm, denn er ist unseren 15
Worten mit heftigem Widerstand entgegengetreten. Unsere Worte kann bedeuten: unsere Botschaft, unser Evangelium oder die Verteidigung des Paulus. (Plural statt Singular ist typisch für Paulus.) Der Zusammenhang läßt eher an den **direkten** Widerstand gegen Paulus im Verhör denken (siehe V. 16!): Jetzt bei der zweiten Gerichtsverhandlung ist dieser sogar als Zeuge gegen mich aufgetreten. Dann hätten Alexanders Aussagen den Apostel im gerichtlichen Verhör scharf angegriffen. Daß Christen zu Verrätern ihrer Brüder werden, war in der neutestamentlichen Zeit nicht ausgeschlossen und ist es auch heute nicht. Nach Vers 14 hat er Böses getan, nach Vers 15 mit Worten den Worten des Apostels Widerstand entgegengebracht[36], mit Worten und Taten hat er sich gegen Paulus gewendet. Auch wenn wir die genauen Umstände nicht wissen, so geben diese kurzen Sätze einen beklemmend deutlichen Kommentar zur inneren und äußeren Lage des Apostels.

Was ist die **„erste Gerichtsverhandlung"**, von der Paulus 16
hier schreibt? Verschiedene Erklärungen gibt es:

1. könnte es sich um die römische Gerichtsverhandlung und Gefangenschaft in Caesarea handeln (Apg 24). Der Hohepriester Ananias kommt mit einigen Ältesten und mit einem römischen Anwalt namens Tertulus und klagt Paulus vor dem Statthalter an. Darauf hält Paulus seine Verteidigungsrede, so wie es im römischen Recht vorgesehen ist. Der Hauptmann

[34] Ein anderer meint, dem Paulus wäre eine Verfluchung des Alexander zuzutrauen nach Gal 1, 8; 1 Ko 16, 22. Dazu ist zu sagen: soweit wir aus dem NT erkennen können, wäre ihm n i c h t zuzutrauen, eine Verfluchung auszusprechen über einen Menschen, der ihm persönlich Böses zugefügt hat. Sollte er andere lehren und selbst verwerflich werden? Rö 12, 17—21. Ferner: Spr 24, 12; Mt 25, 31—46; Jo 5, 28. 29; 2 Ko 11, 15; Offb 2, 23; 20, 13.

[35] *apodosei*, vergelten, sowohl in V. 8 wie in V. 13!

[36] Widerstehen: Gal 2, 11; Eph 6, 13; II 3, 8.

der Gefängniswache erhält Befehl, „daß Paulus in Haft zu halten sei und Erleichterung haben solle (d. h. keine Fesseln tragen muß), und er solle niemandem von den Seinen verwehren, ihm Dienste zu leisten". Die Gerichtsverhandlungen aber schleppen sich über zwei Jahre hin!

Doch Caesarea kommt als Ort „der ersten Verteidigung" schon deshalb nicht in Frage, weil die Umstände im Vergleich mit II Tim viel zu günstig und die römischen Behörden dem Apostel sogar freundlich gesinnt sind.

2. War es die Prozeßverhandlung während der ersten Gefangenschaft in Rom? Dringlichkeit und Bedrohung, die in II 4 durchtönen, passen schlecht zu der Lage in Apg 28, 30: „Er blieb zwei ganze Jahre in einer eigenen Mietwohnung und nahm alle auf, die bei ihm eintraten, und verkündete das Reich Gottes und lehrte von dem Herrn Jesus Christus mit allem Freimut u n g e h i n d e r t." Hier ist Paulus in Schutzhaft, die gegenüber Caesarea noch mehr erleichtert worden ist, daß er in einem Haus wohnen darf, das er aus eigenen Mitteln gemietet hat. Er steckt nicht in einem Staatsgefängnis, er kann mit Freude Jesus verkünden, ohne daß die Behörden eingreifen; und die Christen können ungehindert zu ihm kommen und ihm seinen Aufenthalt erleichtern[37]. Durch seine Verkündigung kamen sogar Juden r) zum Glauben an Jesus als ihren Messias[38]. Das Bild, das wir am Schluß der Apostelgeschichte erhalten, paßt durchaus nicht zu der ernsten, bedrohlich bedrängenden und traurigen Lage des letzten Kapitels im letzten Paulus-Brief. Dazu passen auch nicht die Umstände, wie Paulus sie im Philipperbrief erwähnt. Dort hat seine Gefangenschaft zur Förderung des Evangeliums gedient, die Mehrzahl der Brüder hat Zuversicht gewonnen und verkündet furchtlos und immer wagemutiger das Wort. Sie tun es aus Liebe zu Paulus, wissend, daß er um des Evangeliums willen gefangen ist; andere zwar sind auf ihn neidisch und verkündigen Christus aus unlauteren Motiven, um dem Apostel das Leben schwerzumachen; der aber freut sich, wenn nur Christus verkündigt wird. Die Gemeinde der Philipper hat ihm durch einen geliebten Mitarbeiter eine Gabe übersandt. Paulus ist nicht allein gelassen, Mitarbeiter sind bei ihm. „Es grü-

r) Apg 28, 24

[37] Vgl. das zweimalige u n g e h i n d e r t in Apg 24, 23 und 28, 3.

[38] Zu jener Zeit lebten etwa 50 000 Juden in Rom. Sie mußten gemäß kaiserlicher Verordnung im Judenviertel wohnen (Ghetto!).

ßen euch die Brüder, die bei mir sind!" (Es grüßen euch alle Heiligen, besonders die aus dem Hause des Kaisers[39].)

3. Die Prozeßverhandlung während der ersten Gefangenschaft in Rom, jedoch in einem späteren Stadium, als Apg 28 darstellt. Es ist schon viel über den unvermittelten Schluß der Apostelgeschichte gerätselt worden. Fest steht, daß von einer Gerichtsverhandlung nicht die Rede ist, sie steht noch bevor. Wie die Erfahrung in Caesarea zeigt, konnten sich solche Verhandlungen sehr wohl zwei Jahre hinziehen s).

s) vgl. Apg 24, 27

Im Laufe von zwei Jahren konnten sich die Verhältnisse sehr verschlechtert haben. Jetzt wurde es gefährlich, Paulus zu besuchen. Diejenigen Evangelisten, die schon vor dieser Zeit Paulus nicht wohlgesinnt waren, warnten jetzt die Gemeinde vor ihm. Auch engere Mitarbeiter zogen sich zurück, als es zum ersten Hauptverhör vor dem kaiserlichen Gericht kam, so daß er keinen Beistand hatte. Doch der Herr stärkte ihn, so daß er seine Verteidigungsrede mit Überzeugungskraft halten konnte. Das Urteil sprach ihn frei, er war „aus dem Rachen des Löwen errettet". Er konnte noch einmal reisen und evangelisieren, den Verkündigungsauftrag zu Ende führen. Sein alter Plan ging noch in Erfüllung: Er konnte nach Spanien[40] gehen und nachher sogar noch Gemeinden in Asia besuchen. Unmöglich erscheint diese Auslegung nicht, entgegen steht nur, daß zwischen II 4, 17 und 18 eine freie Reisezeit von mindestens ein bis zwei Jahren angenommen werden müßte, wozu wir uns vom Text her nicht entschließen können. Wir versuchen deshalb eine vierte Auslegung. Wir sehen es folgendermaßen: Es handelt sich wohl um das erste Verhör (prima actio) während der **zweiten** Gefangenschaft in Rom. Jetzt steht die Gemeinde in Rom nicht mehr hinter ihm, auch Ge-

[39] *apologia* (Verteidigung): Phil. 1, 7. 12—18; 4, 21—22; 1 Ko 9, 3; 2 Ko 7, 11; Apg 22, 1: 25, 16. „Aus dem Hause des Kaisers" bedeutet: Angestellte der kaiserlichen Behörden, das können Sklaven oder Freie sein. Einige Ausleger vermuten, der Brief an die Philipper sei aus der Gefangenschaft in Ephesus und nicht in Rom geschrieben worden.

[40] Rö 15, 22—24. 28; Clemens, Bischof in Rom, schreibt in seinem ersten Brief an die Korinther (im Jahre 96): Paulus „hat die ganze Weltgerechtigkeit gelehrt und ist bis zu dem fernsten Westen gekommen". Für die Antike war Spanien die äußerste Westgrenze. Die alten Kirchenväter Cyrillius von Jerusalem, Epiphanius, der Syrer Ephraim, Chrysostomus, Theodoret, schreiben alle von einer Reise des Paulus nach Spanien. Eusebius berichtet: „Es ist Überlieferung, daß, nachdem er sich gerechtfertigt, der Apostel wiederum zum Dienst der Verkündigung fortgezogen; daß er aber, als er zum zweiten Mal die genannte Stadt betrat, durch das Martyrium vollendet wurde. Während er bei dieser Gelegenheit gefangen war, hat er den zweiten Brief an Timotheus geschrieben" (Euseb. Hist. Eccl. II 22, 2. 3).

meinden und Mitarbeiter in Asia haben ihn verlassen (II 1, 15), Demas hat ihn verlassen, niemand tritt bei der Gerichtsverhandlung für ihn ein: ja, böswillige Zeugen wie Alexander treten sogar **gegen** ihn auf[41]. Dieser Auslegung scheint entgegenzustehen, daß Paulus selbst von einer Errettung aus dem Rachen des Löwen spricht, die schwer verständlich werden läßt, wie er daraufhin ins Gefängnis zurückgeführt worden ist, und wie dann die Vollendung der Verkündigung an alle Völker verstanden werden soll.

4. Der Herr rettet durch alles hindurch

2. Timotheus 4, 17—18

17 Der Herr aber stand mir bei und gab mir Kraft; daß durch
mich die Verkündigung an alle Völker voll ausgerichtet
würde, und ich wurde errettet aus dem Rachen des Lö-
18 wen. * Der Herr wird mich vor jedem Anschlag des Bösen
schützen und mich hineinretten in sein himmlisches Reich;
er, dem die Ehre gebührt in alle Ewigkeit. Amen.

17 **Der Herr aber stand mir bei und gab mir Kraft;** wie Rö 16, 2; stärken, kräftigen; vgl. Phil 4, 13. So spricht der Gefangene in Rom a). Jesus verheißt seinen Jüngern den Beistand des Heiligen Geistes, seine Kraft und Gegenwart dann, wenn sie vor Gericht stehen b).

a) Apg 9, 22; Rö 4, 20; Eph 6, 12
b) Lk 12, 11—12

Daß durch mich die Verkündigung voll ausgerichtet würde. Das könnte so verstanden werden, daß Paulus noch nicht „ausgedient" hat. Er war noch nicht im äußersten Westen gewesen, darum wollte er auch noch dorthin gehen c). Es kann aber auch bedeuten, daß Paulus vor dem kaiserlichen Gerichtshof „in Gegenwart aller Völker" zum letzten Mal oder bis zuletzt, bis zur vollen Erfüllung in seiner Verteidigungsrede das Evangelium verkündet, so wie er es vor König Agrippa getan hatte[42]. Das Zeugnis vor Gericht war eine der besten Mög-

c) Rö 15, 24. 28 vgl. 2 Ko 10. 16!

[41] Auf die Gegenwart von Alexander im Verhör könnte die Parallele hindeuten von 14 und 16, die doch einen so bedeutsamen Unterschied aufweist: Der Herr *wird* (nicht möge!) ihm vergelten nach seinen Werken; der Herr *möge* es ihnen nicht anrechnen, die mich verlassen haben aus Angst vor den Folgen.

[42] Apg 26, 27—29: „Ich bete zu Gott, daß . . . alle, die mich heute hören, solche würden, wie ich bin, ausgenommen diese Fesseln."

lichkeiten, um das Evangelium zu verkündigen d). Schon in 1 Ko 4, 9 weiß er sich als ein wie zum Tode Verurteilter: Der geringste Apostel in der Welt, sowohl Engeln als Menschen zum Schauspiel geworden. In diesem Sinne, der die sichtbare und unsichtbare Welt umschließt, konnte er auch schreiben, daß das Evangelium schon in der g e s a m t e n Schöpfung unter dem Himmel verkündigt worden ist e). I 3, 16: Das Evangelium i s t verkündigt unter den Heiden, geglaubt in der Welt. Vergleichen wir nochmals II 4, 5. 7. 17: Dreimal schreibt Paulus vom Vollenden, dreimal dasselbe Wort. Ich habe den Lauf vollendet, ich habe jetzt die Verkündigung an alle Völker ganz beendet, nun vollführe auch du, Timotheus, deinen Dienst.

d) Mt 10, 18. 17. 19—33; Apg 23, 11; 27, 24

e) Kol 1, 23

Und ich wurde errettet aus dem Rachen des Löwen. Die passive Form bedeutet: Der Herr hat mich errettet, vgl. den Anfang des Verses: „Der Herr stand mir bei." Auch das kann sich auf ein historisches Ereignis in der Vergangenheit beziehen und den Sinn haben: Ich bin aus großer Gefahr gerettet worden; ich bin aus der Haft befreit worden[43]. Doch kann das „errettet werden" auch endzeitliche Bedeutung haben[44], wie das in Vers 18 der Fall ist. „Er hat uns errettet aus dem Machtbereich der Finsternis." Der Löwe ist Sinnbild für Satan, so deutet es auch Luther in seiner Auslegung f). Zudem hat Paulus schon in II 3, 11 von seinen vergangenen Verfolgungen und Leiden geschrieben, aus denen allen ihn der Herr errettet hat[45].

f) Kol 1, 13; 1 Pt 5, 8; Ps 22, 22; 35, 17

Obwohl er keine Verteidiger und keinen Beistand hatte, konnte er trotz höchster Bedrohung von seiten der Anklage, trotz falscher Zeugen aus dem christlichen Lager, trotz aller finsteren Mächte noch einmal in Kraft das Evangelium von der Gnade Gottes bezeugen, vollständig, bis zuletzt; denn der Herr stand ihm bei, stärkte ihn und rettete ihn aus aller Bedrängnis und Todesangst g). Die erste Verhandlung (actio prima) ist zwar beendet, aber sie hat unmißverständlich deutlich gemacht, daß mit einem Freispruch nicht mehr zu rechnen ist[46].

g) Hb 13, 6

[43] Man denkt an Daniel, der aus der Löwengrube befreit wurde (Dan 6, 20. 27).

[44] Rachen des Löwen: Äußerste Gefahr, tödliche Bedrohung, der Tod selbst (Ps 22, 22).

[45] Spicq hat in einer Gegenüberstellung von II 4 mit Psalm 22 nachzuweisen versucht, daß Paulus an diesen Psalm denkt.

[46] Eine *aktio secunda* konnte geraume Zeit später stattfinden, so daß Paulus hoffen konnte, er werde Timotheus noch sehen, wenn sich dieser beeile. Der Ton des Ganzen zeigt aber, daß nicht viel Zeit zu verlieren war.

18 **Der Herr wird mich vor jedem Anschlag des Bösen schützen und mich hineinretten in sein himmlisches Reich**[47]. Die letzte Bitte des Herrengebets klingt an: Erlöse uns von dem Bösen[48], denn dein ist das Reich. Nicht das Böse, das seine Widersacher ihm zugefügt haben (V. 14) oder noch zufügen wollen, sondern Satan, „der altböse Feind" (Luther), ist vom Herrn über Sünde, Tod und Teufel besiegt und überwunden.

Hineinretten in sein himmlisches Reich. Wieder ein anderes Verb für „retten": Aus Sünde, Tod und Gericht zum Heil führen, das Heil gewähren. Der Herr, der ihn, den Sünder, errettet und zum Dienst berufen hat h), der ruft ihn jetzt in das himmlische i) Reich. Paulus ist umfangen von der Retterliebe seines Herrn, die Freude des Abscheidens ist erfüllt, jetzt wird er bei Christus sein[49], was weit besser ist. Nun bricht sein Geist in den Lobpreis aus: **Er, dem die Ehre gebührt in alle Ewigkeit. Amen.** Jesus, der erhöhte Herr, sei gepriesen! Das NT kennt beides: den ehrenden Lobpreis für den Vater und für den Sohn k). Was in den Versen 6 bis 8 unausgesprochen mitklang, ist jetzt noch einmal preisend ausgesprochen vor dem, der ihn geliebt und sich selbst für seine Rettung hingegeben hat l). Mit ihm ist er gekreuzigt, mit ihm gestorben; so wird er jetzt mit ihm leben und herrschen in Ewigkeit. „Nicht uns, o Herr, nicht uns, sondern deinem Namen gib Ehre" m)!

h) wie I, 1, 15
i) 2 Ko 5, 1; 1 Ko 15, 48; Phil 2, 10; Eph 1, 3. 20; 2, 6; 3, 10
k) Jo 5, 23; Phil 2, 10; Rö 9, 5; 2 Pt 3, 18; Offb 1, 6
l) Gal 2, 20
m) Ps 115, 1

[47] Vgl. nochmals Kol 1, 13: Errettet aus dem Machtbereich der Finsternis.
[48] Der gleiche Wortstamm wie Mt 6, 13!
[49] Unpaulinisch soll sein, daß der Verfasser eine sofortige Vereinigung mit Christus erwartet, während das Reich doch erst nach der Parusie komme. Doch allein Phil 1, 23 außer vielen anderen Stellen genügt, um die Unhaltbarkeit dieses Arguments zu zeigen. Die Augen schließen in diesem Leben und sie öffnen in seinem Reich ist nur ein Augen-blick; vgl. Lk 23, 43.

Der Briefschluß

2. Timotheus 4, 19—22

1. Grüsse

2. Timotheus 4, 19—21

19 **Grüße Prisca und Aquila und das Haus des Onesiphorus.**
20 *** Erastus ist in Korinth, Trophimus aber habe ich in Milet**
21 **krank zurückgelassen. * Beeile dich, noch vor dem Winter**
zu kommen! Es grüßen dich Eubulus und Pudens und Linus
und Claudia und die Brüder alle.

Grüße Prisca und Aquila. Paulus war diesem Ehepaar herzlich und dankbar verbunden während vieler Jahre. Prisca wird hier v o r ihrem Mann genannt. Diese Voranstellung des Frauennamens ist ungewöhnlich und besagt wenigstens so viel, daß Prisca eine markante Jesusjüngerin und Mitarbeiterin gewesen ist, nicht nur im Beruf, den beide zusammen ausüben konnten[50], sondern auch im Dienst am Evangelium: In Rö 16, 3—4 steht sie bzw. das Paar am Anfang der Grußliste wie auch in II. In Apostelgeschichte 18, 26 nimmt das Paar (Prisca ist wieder zuerst genannt) den in den Schriften sehr bewanderten und im Geist feurigen Apollos zu sich nach Hause und „sie legten ihm zusammen (!) den Weg Gottes genauer aus". Sie mußten also b e i d e gut bewandert gewesen sein in den Schriften, rasch den Mangel bei Apollos erkannt und daraufhin mit geistlicher Vollmacht gehandelt haben[51]. Nimmt man 19

[50] Wie auch in Rö 16, 3; Apg 18, 18. 26; 1 Ko 16, 19.

[51] Auf Grund der intensiven unfreiwilligen und freiwilligen Reisetätigkeit des Paares hat man vermutet, daß sie kinderlos waren. Während der Judenverfolgung unter Kaiser Claudius wurden sie aus Rom vertrieben (Apg 18, 1—3) und sind wahrscheinlich in Korinth durch Paulus zum Glauben an Jesus den Messias gekommen (Apg 18, 19). Später finden wir sie in Ephesus (18, 24—26). Von Ephesus aus übermitteln sie Grüße nach Rom samt der Gemeinde in ihrem Haus (1 Ko 16, 19). Nach Rö 16, 3—4 sind sie dann wieder in Rom. Was für die Past nicht ohne Bedeutung ist: dieses Paar zeigt nicht nur eine große Beweglichkeit in der Ortsveränderung, sondern auch Mut darin, daß sie als einst aus Rom vertriebene Juden wieder dahin zurückkehrten. Und nicht zuletzt sehen wir daraus, daß

die Past für echt und ihren Inhalt ernst, so gilt die Auslegungsregel, daß Schrift mit Schrift erklärt werden muß, auch
a) I 2, 15 f! für die Frage der paulinischen Einstellung zur Frau a). Wie könnte Paulus ein Frauenfeind sein, wie könnte er den Wert und Beitrag der Frau in der Gemeinde herabsetzen, wenn er mit einem so aktiven Ehepaar befreundet war und nicht nur um den Evangeliumsdienst auch der Frau wußte, sondern das noch lobend erwähnt? Dieses Paar läßt er j e t z t grüßen!

b) II 1, 16. 17 **Und das Haus des Onesiphorus** b). Zwei Häuser, zwei Familien, die zu grüßen und an die zu denken für den einsamen Mann Trost und Stärkung war. Der nächste Vers ist als Nachtrag zu Vers 10 zu verstehen.

20 **Erastus ist in Korinth geblieben.** Hier ist eher an den frühe-
c) Apg 19, 22 ren Reisegefährten von Timotheus zu denken c) als an den
d) Rö 16, 23 Schatzmeister von Korinth d). Erastus und Timotheus sind von Paulus als Gehilfen nach Mazedonien gesandt worden, während er selber in der Provinz Asia zurückblieb. Der kurze Satz bestärkt in der Annahme, daß Paulus vor der zweiten Gefangenschaft auch in Korinth gewesen war — zusammen mit Erastus, den er dort zurückließ.

Trophimus aber habe ich in Milet krank zurückgelassen.
e) Apg 21, 29 Trophimus stammte aus Ephesus e). Er ist erwähnt auf der dritten Missionsreise, ebenfalls zusammen mit Timotheus und
f) Apg 20, 4 noch anderen Mitarbeitern f). Er begleitete den Apostel nach Jerusalem und wurde ungewollt der Anlaß für dessen Gefangennahme: die Juden meinten nämlich, Paulus habe den unbeschnittenen Heiden in den heiligen Tempelvorraum ge-
g) Apg 21, 29 f führt g). Für Timotheus wäre es unverständlich gewesen, wenn die ihm bekannten Mitarbeiter keine Grüße gesandt hätten. So schreibt ihm Paulus: Sie sind nicht bei mir. Den Trophimus hatte er ursprünglich mit nach Rom nehmen wollen — so müssen wir vermuten —, aber da er krank wurde, konnte er nicht weiterreisen. Paulus weiß beides: daß Kranke in Jesu Namen geheilt werden können und daß Kranke, auch wenn sie gläubig sind, krank bleiben können, solange das Gott für gut befindet[52]. Die Erwähnung der guten Mitarbeiter und Freunde des Timotheus, die nicht in Rom sind, läßt das Al-

die politischen Zustände sich relativ schnell zum Guten oder zum Schlechten wenden konnten. Das ist zu bedenken für die Situation von I und II und besonders für die Frage der Gerichtsverhandlung.

[52] Einige Beispiele kranker Menschen in der Bibel: Elisa 2 Kö 13, 14; Hiskia 2 Kö 10, 1; Paulus Gal 4, 13; Epaphroditus Phil 2, 25—27; Timotheus I 5, 23; Trophimus II 4, 20.

leinsein noch einmal deutlich im Bewußtsein aufbrechen und drängt zur Wiederholung der Bitte:

Beeile dich, noch vor dem Winter zu kommen[53]! Während 21
der Wintermonate ruht die Schiffahrt, daher könnte es danach zu spät sein. Du wirst mich nach dem Winter vielleicht nicht mehr unter den Lebenden antreffen. — Die Wiederholung kann aber auch den Gedanken miteinschließen: Schiebe es nicht hinaus, zögere nicht, laß dich nicht durch Zaghaftigkeit und Unsicherheit oder irgendwelche Umstände zurückhalten! Komme wirklich ohne Verzug auf dem schnellsten Wege. Die Hände lege niemand zu schnell auf, aber wenn es gilt, mich noch einmal zu sehen, dann mache dich s c h n e l l auf den Weg!

Da Timotheus h) während der ersten Gefangenschaft des Apostels mit ihm in Rom war (wie lange wissen wir nicht), hat er Bekannte im Glauben gefunden: **Es grüßen dich Eubulus und Pudens und Linus und Claudia und die Brüder alle.** Sie alle sind sonst im NT unbekannt. Der Tradition nach soll ein Linus erster Bischof von Rom geworden sein. Wer sind „die Brüder alle"? Offenbar entsenden doch die Getreuen, wenn auch nicht die ganze Gemeinde, Grüße an Timotheus. Aber steht das nicht im Widerspruch zu Vers 16: in der Gerichtsverhandlung stand ihm niemand bei? Das schließt nicht aus, daß einzelne Näherstehende auch näher kamen.

h) Phil 2, 19—23

2. Segenswunsch

2. Timotheus 4, 22

Der Herr sei mit deinem Geist! Die Gnade sei mit euch!

Der Herr sei mit deinem Geiste i)! Der Gruß ist direkter 22
formuliert als sonst. Nicht „die Gnade" des Herrn, sondern „der Herr" selber sei mit deinem Geiste.

Die Gnade sei mit euch! Wie I und Tit eine Bestätigung dafür, daß die Past nicht ausschließlich privaten Charakters sind. Sie sind gleichzeitig Briefe von allgemeiner Bedeutung für die Gemeinde. Heute würde man von einem „offenen

i) vgl. Phil 4, 23; Gal 6, 18; Phlm 25

[53] Im Herbst 64 brach die von Kaiser Nero inspirierte Verfolgung aus. Paulus wird seinen besten Mitarbeiter nicht gerade zu diesem Zeitpunkt nach Rom gerufen haben, darum ist für die Abfassung von II eher der Herbst 63 anzunehmen.

Brief" sprechen. Er ist zwar an eine wirkliche Einzelperson geschrieben und gesandt, gleichzeitig aber wird er veröffentlicht (in der Zeitung oder sonstwie), weil mit einem entsprechenden Allgemeininteresse zu rechnen ist.

Das letzte, was wir von Paulus lesen, ist ein Gebetswort, ein Segensgruß: der Herr, die Gnade sei mit dir, mit euch, mit uns.

Der Brief des Paulus an Titus

erklärt von

Hans Bürki

R. Brockhaus Verlag Wuppertal

EINLEITUNGSFRAGEN

1. Die für alle drei Pastoralbriefe (Past) geltenden Überlegungen sind in den Einleitungsfragen des ersten Bandes (Wt. Stb. 1 Tim) dargestellt. Im folgenden werden nur die besonderen Umstände des Titusbriefes hinzugefügt.

Wenn ein Fälscher (PP) die Angaben der Apostelgeschichte „in blinder Gläubigkeit hingenommen" haben soll, wird man sich fragen, warum er dann auch noch einen Brief an Titus erfand, dessen Name in der Apg überhaupt nicht erwähnt ist. Und warum sollte ein PP die Insel Kreta einführen, die in den Plänen und Reiseberichten des Paulus nirgends genannt ist? Chr. Maurer (eine Textvariante klärt die Entstehungsgeschichte der Pastoralbriefe auf; in: ThZ 3. Jg 1947, S. 312 f) versucht darauf folgende Antwort: „Wo bleibt Titus seit dem Apostelkonzil, das doch etliche Jahre zurückliegt? Niemand weiß es. Wo sollte unser Verfasser ihn warten lassen, bis der Ruf des Paulus ihn erreichte? Doch am besten in einer Gegend, von der man möglichst wenig weiß und in welche nicht so schnell jemand hingeht, um die Angaben zu kontrollieren. Das ist eben (!) Kreta, für die damaligen Zeitgenossen das Land der Zigeuner, Lügner, bösen Tiere und faulen Bäuche, vgl. Tit 1, 12 f! Kreta lag nicht mehr in der Welt, mit der die damaligen Christen zu tun hatten." In einer Fußnote erwähnt Maurer, daß Kreta außer Apg 2, 11; 27, 7.12f.21; Tit 1, 5.12 sonst nirgends in der urchristlichen Literatur erwähnt werde. Und wie will ein PP erklären, daß auf Kreta keine Christengemeinden mehr bestehen, nachdem doch Paulus und Titus angeblich dort missioniert haben? Er erfindet die Beschimpfung der Kreter durch den Apostel, dadurch soll verständlich werden, wie sehr sie dem Evangelium widerstanden haben.

Ein anderer Ausleger meint, mit dem ersten Brief an Tim habe der PP eine fest organisierte Gemeinde vorausgesetzt, um die Pflichten für einen Gemeindeleiter darstellen zu können. Im Brief an Titus habe er eine Situation erfunden, in der noch keine festen Gemeinden bestehen, damit er die Aufgaben eines Missionars anschaulich schildern könne. Wieder ein anderer Ausleger ist der Ansicht, der PP habe den Paulus verherrlichen wollen, indem er die Zahl der von ihm gegründeten Gemeinden um diejenigen auf der Insel Kreta vergößert habe. Zypern sei schon von Barnabas beansprucht worden.

Man halte sich derartige Versuche einmal im Detail vor Augen, um erkennen zu können, wohin es führt, wenn man die Erklärungen, die der Brieftext selber gibt, von vornherein als Tarnung, Erfindung, Konstruktion hinstellt.

2. Auf obige und andere Erklärungsversuche, die einen PP voraussetzen, ist folgendes zu antworten: Die 260 km lange Insel Kreta ist nicht nur im Altertum durchaus bekannt, sondern außer im NT auch im AT erwähnt als das Ursprungsland der Philister, genannt Kaphtor (5 Mo 2, 23; Jer 47, 4; Amos 9, 7).

Die Stelle Apg 2, 11 ist von großer Bedeutung, denn sie bezeugt, daß Lukas um die Existenz von Juden auf Kreta weiß, die das Pfingstwunder in Jerusalem erlebt haben. Und Dibelius macht mit Recht darauf aufmerksam, daß Lukas auch die Missionierung von Kreta durch Paulus und Titus erwähnt hätte, wenn sie in die Zeit vor 63 (dem Abschluß der Apg) gefallen wäre (115). Doch offensichtlich will die Geschichte von den anwesenden Juden aus allen umliegenden Ländern nicht nur sagen, daß sie die Apostel in ihrer eigenen Sprache reden hörten, sondern daß die an Jesus als den Messias gläubig Gewordenen in den Ländern, aus denen sie kamen, das Evangelium verbreiteten (vgl. Apg 2, 12 mit 2, 37.41). Unter den Dreitausend, die an Pfingsten zur Jesusgemeinde hinzugetan wurden, waren sicher auch solche aus den in 2, 9—11 aufgezählten Ländern und Sprachgebieten. So konnten auf Kreta kleine Hauszellen von Jesusjüngern längst vor dem Besuch des Apostels begonnen haben: der judaistische Einfluß aber konnte von mangelhaft unterrichteten Judenchristen ausgegangen sein, woraus sich später die Irrlehren entwickelt haben mögen (Tit 3, 9; 1, 14!).

Auch die zweite Erwähnung der Insel in Apg 27, 7.21 ist einer näheren Beachtung wert. Kreta liegt im Kreuzpunkt zwischen Asien, Afrika und Europa. Das Wort „Synkretismus“ stammt von den Kretern. Auf Kreta wollte jede der vielen Städte möglichst auf sich selbst gestellt sein gegen alle anderen. Nur wenn es galt, sich gegen einen gemeinsamen Feind zu verteidigen, taten sich die gerne unabhängigen Kreter zusammen und wurden so zu Syn-Kretern (Syn-kretismus). Das konnte aber auch in einem übertragenen Sinn verstanden werden, daß nämlich auf dieser Insel alle möglichen Kulte, Religionen, Philosophien und Geistesströmungen zusammenflossen.

Die vielen guten Häfen boten willkommenen Schutz auch für längere Winteraufenthalte: so hatte Paulus seinerzeit der Schiffsmannschaft vorgeschlagen, auf Kreta zu bleiben, bis sich die Stürme gelegt hätten (Apg 27, 21). Offenbar wußte der Vielgereiste Bescheid! Während der langen Wintermonate, da jeder Seeverkehr stillgelegt war, hatten durchreisende Evangelisten gute Gelegenheit, ihre Botschaft auszurichten. Die Insel war weder den Juden noch den Christen so unbekannt, wie Maurer das hinstellt. Außerdem führt der PP ins paulinische Missionsprogramm nicht nur Kreta neu ein, sondern noch weitere geographische Gebiete, die im NT bisher nicht erwähnt und die für die Glaubwürdigkeit der Past keinesfalls notwendig waren, sie vielmehr sogar gefährden konnten: Gallien (II 4, 10), Dalmatien, wohin Titus von Rom aus reist (II 4, 10), und Nikopolis, wo Paulus überwintern will (Tit 3, 12; vgl. die paulinische Praxis des Überwinterns in 1 Ko 16, 6).

Am naheliegendsten ist es, diese neuen geographischen Namen und Gebiete (Spanien mit eingeschlossen) tatsächlich als die neuen Reiseetappen anzusehen, die Paulus nach seiner Befreiung aus der Haft erreichen wollte gemäß seiner Hoffnung und seinen Plänen und nach seinem Grundsatz, möglichst Neuland zu erschließen, wo der Name Jesu noch nicht oder kaum verkündigt worden war (Rö 15, 19—23; 2 Ko 10, 16).

Gerade der Brief an Titus ist derart sachlich, nüchtern und knapp gehalten (wie eine Art Zusammenfassung von I), daß aus ihm weder eine Verherrlichung des Apostels noch ein Versuch herausgelesen werden kann, die Zahl seiner Gemeindegründungen zu vergrößern. In II 4, 7 zählt Paulus gerade **nicht** auf, wie viele oder welche Gemeinden er gegründet hat, was er aber in 2 Ko 11, 23—33 sehr wohl tut. Die Gemeindesituation auf Kreta weist auf eine kürzere Dauer und geringere Ausbreitung von festen Jesusgemeinden hin. Doch würde die Erfindung einer solchen Lage nicht genügen, um die Abfassung des Briefes zu begründen, dafür ist er dem ersten Brief an Timotheus zu ähnlich. Die knappere Darstellung weist vielmehr auf einen anderen Zusammenhang hin: der unabhängigere und selbständigere Mitarbeiter, dem Paulus lapidar und fast ohne persönliche Zwischenbemerkungen nur das wichtigste von dem mitzuteilen braucht, was er kurz zuvor ausführlicher und seelsorgerlich behutsam an Timotheus geschrieben hatte. Was wir aus den anderen paulinischen Briefen über Titus wissen, stimmt mit der Eigenart des Briefes an ihn durchaus überein; einer konstruierten Erklärung bedarf es nicht.

3. Wer ist Titus? Der Name Titus ist im Altertum verbreitet. Bekannt ist unter diesem Namen ein römischer Konsul. Titus ist Nichtjude, also „Grieche“, was nicht sagen will, daß er aus Griechenland stammt (Ga 2, 3).

Einige Ausleger vermuten, daß er in Antiochien geboren ist. Wie Timotheus wurde auch Titus durch die Verkündigung des Apostels zu Jesus geführt. Darum nennt er ihn ein „echtes Kind“ im Glauben (Tit 1, 4; I 1, 2), Timotheus nennt er außerdem sein „geliebtes Kind“ (II 1, 2). Es fällt auf, daß Titus im Unterschied zu Timotheus keine besonderen Titel erhält. Paulus schreibt über Titus: „Für mich ist er Genosse (Partner, vgl. Phlm 17!), für euch mein Mitarbeiter, alle aber sind Brüder, Apostel der Gemeinden, ein Abglanz Christi“ (2 Ko 8, 23). Timotheus hingegen nennt er Diakon (II 4, 5; I 1, 22; vgl I 4, 6! II 2, 24; Rö 11, 13; 1 Ko 3, 5; 2 Ko 3, 6.7; 4, 1; 5, 18; 6, 3.4), Evangelist (II 4, 5), Mitarbeiter Gottes am Evangelium (1 Th 3, 2), Mann Gottes (I 6, 11; II 3, 17). Hatte Timotheus diese Bezeichnung zur Stärkung nötig um seiner Angefochtenheit willen oder sind sie Ausdruck einer einzigartigen Anerkennung durch den Apostel? Vielleicht trifft beides zu.

Auch Titus steht bei Paulus in hoher Einschätzung (2 Ko 8, 16—23). Er ist schon vor Timotheus ein Mitarbeiter des Apostels, den er mit Barnabas zum Apostelkonzil begleitet (Ga 2, 1). Während Paulus zur Vermeidung unnötigen Anstoßes Timotheus beschneiden läßt (Apg 16, 3), weigert er sich entschieden, Titus beschneiden zu lassen (Ga 2, 3). Das mag mit unterschiedlichen Umständen zusammenhängen: bei Timotheus war es eine Frage der Missionspraxis (1 Ko 9, 20), bei Titus ging es um eine lehrmäßige grundsätzliche Auseinandersetzung über das, was heilsnotwendig ist und was nicht.

Titus war ein Mann von großer Selbständigkeit. Paulus trat ihm gegenüber als Bittender auf und weniger als einer, der verpflichtende Weisung erteilt: „Titus nahm das Zureden an, eigentlich kam er aus eigenem Antrieb nach Korinth, vielmehr hat es Gott ihm ins Herz gegeben. Gott aber sei Dank, der Titus einen solchen Eifer für euch ins Herz gegeben hat, daß er unsere Bitte (!) erfüllt hat ..." (2 Ko 8, 16.17).

Da, wo der sensible und wohl etwas jüngere Timotheus seinen Auftrag in Korinth nicht ausrichten konnte, trat der stabile und eifrige Titus ein. Mit Bangen wartete Paulus auf den Ausgang der Verhandlungen, die dann mit einem vollen Erfolg gekrönt wurden (2 Ko 2, 13; 7, 6.13.14). Die Korinther haben Titus nicht mit Verachtung aufgenommen (diese Gefahr bestand Timotheus gegenüber: 1 Ko 16, 10—11), sondern vielmehr mit Furcht und Zittern! (2 Ko 7, 15.) Titus ist aber nicht hart oder autoritär aufgetreten. Sein Herz war den Korinthern zugetan; nur so konnte er als Vermittler und Friedensstifter zwischen Paulus und der Gemeinde wirken.

Paulus muß ihn weder wie den Timotheus ermahnen, alten Männern gegenüber gelinde zu sein (vgl. Tit 2, 2 mit I 5, 1!), noch schreiben, daß er als Knecht des Herrn den Irrlehrern gegenüber Sanftmut üben soll; vielmehr hat Titus die Gemeinden zu ermahnen, daß s i e sanftmütig seien gegenüber jedermann (vgl. II 2, 23 f mit Tit 3, 2). Der in sich selbst gefestigtere Titus kann andern gegenüber gewiß und ruhig auftreten und dadurch sehr schwierige menschliche Verwicklungen lösen. Da er im Auftreten wohl ebenso bestimmt war wie der in Korinth bewunderte Apollos, war die Gemeinde eher bereit, auf ihn „mit Furcht und Zittern" einzugehen, als auf Timotheus, ja, als auch auf Paulus selbst, der von sich schreibt, er sei ebenfalls „mit Furcht und Zittern" unter ihnen gewesen (1 Ko 2, 3). Übrigens wird auch Apollos von Paulus nicht mit zusätzlichen Titeln benannt. Er nennt ihn wie Titus entweder nur mit Namen (1 Ko 1, 12; 3, 5.6.22; 4, 6) oder Bruder (1 Ko 16, 12). Der Gebrauch des bloßen Namens läßt darauf schließen, daß sie beide als Apostel (vgl. Apg 14, 4.14; Rö 16, 7 und E 12 in Wt Stb 1 Tim) mit großer Selbständigkeit wirkten und anerkannt waren.

Doch Titus bleibt (mehr als Apollos) von den Weisungen des Apostels abhängig. Auch als Bittender gibt er ihm verbindliche Aufträge (vgl. Tit 1, 5; 3, 12; Phlm 8.21!). Er beauftragt ihn, in Korinth die Kollekte für Jerusalem zu organisieren, was ein wesentlicher Teil des missionarischen Auftrages war, unter dem Paulus stand (vgl. Rö 1, 5; 15, 15; 1 Ko 1, 4; Rö 3, 24; 5, 20; 15, 26; 1 Ko 16, 1—4; 2 Ko 8, 1—5.—2 Ko 8, 6.16.23; 12, 18).

Von der gemeinsamen Reise des Apostels mit Titus auf Kreta erfahren wir nur das eine, daß Paulus ihn dort zurückgelassen hat, damit er als Mann der Verhandlung und Administration das begonnene Werk weiterführe und vertiefe (vgl. Tit 1, 5 mit 2 Ko 8, 6: was er vorher angefangen hat, wird er jetzt vollständig ausführen).

Die kirchliche Überlieferung berichtet, daß Titus Bischof geworden sei, unverheiratet gelebt habe und mit 94 Jahren gestorben sei.

Der Briefkopf

Titus 1, 1—4

1 **Paulus, Knecht Gottes und Apostel des Messias Jesus ent-**
sprechend dem Glauben der Auserwählten Gottes und der Er-
2 **kenntnis der Wahrheit, die der Gottseligkeit gemäß ist * auf**
Grund der Hoffnung ewigen Lebens, das Gott, der nicht
3 **lügt, vor ewigen Zeiten verheißen hat — * jetzt hat er zur**
rechten, von ihm selbst bestimmten Zeit sein Wort geoffen-
bart durch die Verkündigung, die mir anvertraut worden
4 **ist nach dem Auftrag Gottes, unseres Retters, * an Titus,**
mein echtes Kind nach dem gemeinsamen Glauben: Gnade
und Friede von Gott, unserem Vater, und dem Messias Je-
sus, unserem Retter.

1. Absender

Titus 1, 1a

Der Briefkopf des Schreibens an Titus ist länger als I (1 Tim) und II (2 Tim) und als alle anderen Paulusbriefe, ausgenommen den an die Römer. Die Verse 1—3 stellen in knappen Worten die vollständigste Umschreibung des apostolischen Dienstes dar, wie ihn Paulus verstand und ausübte. Der Stil der Darstellung ist geradezu hymnisch. Paulus beginnt mit einem Lobpreis des ewigen Gottes, der vergängliche Menschen in seinen Dienst ruft. In der folgenden Auslegung wollen wir jeden einzelnen Ausdruck dieses apostolischen Bekenntnisses der Reihe nach beobachten:

Paulus, Knecht Gottes: vgl. Jak 1, 1; bei P nur hier, sonst 1
nennt er sich „Knecht des Messias": Rö 1, 1; Phil 1, 1; Ga 1, 10. Der Titel „Gottesknecht" ist alt und nur für die Propheten, für Abraham, Mose, David gebräuchlich: 2 Sam 7, 5; 2 Kö 8, 12; Ps 105, 42; Dan 9, 11. P stellt sich mit diesem (für das NT ungewöhnlichen) Titel den Patriarchen und Propheten an die Seite. Wahrscheinlich tut er das im Blick auf die judenchristlichen Irrlehrer (V 10).

Apostel des Messias Jesus: Vgl. I 1, 1; II 1, 1! Dieser Titel umschreibt, in welchem Sinn P ein Knecht Gottes ist, nämlich als ein von Jesus, dem Messias, Gesandter.

2. Grund und Ziel des apostolischen Dienstes (erster Hymnus)

Titus 1, 1b—3

Entsprechend dem Glauben: Der Dienst des Apostels gründet in dem, was Gott getan hat und fortwährend tut, darum steht das Wirken seines Knechtes auch in Übereinstimmung mit dem, was die Jünger des Herrn glauben und sind. Denn sie selbst haben ihren Ursprung nicht in Paulus, sondern in Gott. Der Dienst des Apostels ist nur Vollzug und Siegel a) dessen, was Gott wirkt[1]. **Glaube** ist hier als „gläubig sein" zu verstehen (wie I 4, 2; II 3, 8) und nicht als Glaubenslehre. Es ist der persönliche Glaube **der Auserwählten Gottes.** II 2, 10 betont den auserwählenden Gott. „Erwählter" ist wie „Knecht Gottes" Ehrenname für Israel (1 Chro 16, 13; Ps 105, 6. 43). Im NT gibt nur P den Gliedern der Gemeinde diesen Titel (Rö 16, 13; 8, 33; Kol 3, 12).

a) 1 Ko 9, 2!

Erkenntnis der Wahrheit: Vgl. I 2, 4; 4, 3; II 2, 25; 3, 7! Es geht nicht um eine Wahrheitserkenntnis an sich, sondern um eine solche, **die der Gottseligkeit gemäß ist!** Gottseligkeit steht hier im Gegensatz zu V. 10. Wenn Gottes Heilswahrheit nicht zur Frömmigkeit führt, hat sie ihren Sinn verfehlt. Es geht um das wahre Leben der Gläubigen. Was nicht in der Wahrheit begründet ist und von ihr bestimmt wird, ist kein wirkliches Leben b). Wahrheit gehört mit Leben zusammen wie Glaube mit Werken.

b) vgl. I 6, 12!

2 **Auf Grund der Hoffnung ewigen Lebens:** Wie in II 1, 1 auf den Apostel zu beziehen und nicht auf das unmittelbar Vorangegangene. Sein Dienst ist eschatologisch (endzeitlich) bestimmt: Rö 4, 18; 5, 2; 8, 20; 1 Ko 9, 10; 15, 30—34; I 4, 10; 2 Ko 4, 16. Darum gilt es, jetzt schon das ewige Leben zu ergreifen (I 1, 16; 4, 8; 6, 12; II 1, 10), denn die Hoffnung auf das, was man noch nicht sieht, ist doch schon gegenwärtig in dem Auferstandenen und in der Heilsbotschaft von ihm. So wird

[1] Man könnte mit Jo 17, 24 und Eph 1, 4 vergleichend sagen: Die in Gott Auserwählten sind dem Apostel und seinem Dienst anvertraut.

hier das ewige Leben der Zuhörer als Ziel der apostolischen Mission auch mit beinhaltet sein; vgl. 3, 7; I 1, 16; II 2, 10. Doch ewiges Leben bleibt unbegründetes Wunschdenken, ja, ein bloßer Wahn ohne den ewigen **Gott, der nicht lügt** (apseudes), wörtlich: frei von Falschheit; steht im Gegensatz zu V. 12; vgl. auch I 6, 20 pseudognosis = falsche Erkenntnis! Gott ist wahrhaftig und treu; vgl. II 2, 13; Rö 3, 4; 11, 29; 4 Mo 23, 19.

Vor ewigen Zeiten verheißen (chronoi aionioi): sagt aus, daß Gott nach seinem ewigen Ratschluß das Heil verheißen hat; vgl. Apg 26, 6: die Hoffnung auf die ergangene Verheißung; II 1, 1; I 4, 8; Rö 4, 13. 14. 16. 20. Was Gott verheißen hat, das vermag und wird er auch tun (Rö 4, 21).

Jetzt hat er zur rechten, von ihm selbst bestimmten Zeit 3
sein Wort geoffenbart: Der ewige Ratschluß ist in der Fülle
der Zeit enthüllt worden. Und eben dieses Wort Gottes wird
durch die Verkündigung c), **die mir anvertraut worden ist** d) c) II 4, 2!
nach dem Auftrag Gottes, unseres Retters e)[2], weitergege- d) wie I 1, 11
ben. vgl. Ga 1, 1;
2, 7;
I 2, 7;
II 1, 11
c) wie I 1, 1

In den Versen 1—3 beschreibt Paulus Ursprung, Eigenart, Inhalt und Ziel seines Apostelдienstes:

1. Gott, der das rettende Heil für alle Menschen verheißt und will, ist allein Ursprung dieses Heilsdienstes. Paulus missioniert wegen Gott und im Blick auf ihn und nicht wegen der Menschen und im Blick auf ihre Sehnsucht, Not und Verlorenheit; und gerade darum missioniert er in Wahrheit für die Menschen, denn gewinnen will er sie einzig vom göttlichen Erbarmen her, das auch in ihm wirkt.

2. „Apostel" ist ein geläufiger Begriff in der alten Welt, aber daß Apostelsein ein Dienst sein soll, ist etwas völlig Neues[3]. Gott will durch den demütigen Dienst seines Boten die Frohe Botschaft, das Evangelium von Jesus, ausrufen lassen an alle.

3. Inhalt der Verkündigung ist Jesus, der Retter. Er ist das Wort des Heils f), der Gnade g), des Lebens h), der Versöh-

f) Apg 13, 26
g) Apg 14, 3; 20, 32
h) Phil 2, 15

[2] Gottes Offenbarung war a) verheißen (1 Ko 2, 7; 1 Th 2, 13; 2 Th 1, 9; Eph 1, 4), b) noch verborgen (Rö 16, 25; Eph 3, 5. 6. 9; Kol 1, 26), c) noch nicht voll verkündigt, verstanden, verwirklicht, nur vorausgeschaut (1 Mo 3, 15; 12, 3; Ga 3, 8; Jes 60. 61; Joel 2, 28. 29; Amos 9, 11. 12), d) jetzt ganz geoffenbart in Jesus und durch die Verkündigung des Evangeliums (II 1, 10; Eph 3, 3—9; Kol 1, 26b—29). In der Verkündigung wird Gottes Offenbarung neu vergegenwärtigt, aktualisiert und verwirklicht. Das geschieht durch das Wirken des Geistes aufgrund des Wortes Gottes.

[3] Vgl. Wt. Stb. 1 Tim, S. 45, Anmerkungen 2 und 4.

i) 2 Ko 5, 19 nung i), der Wahrheit k), kurz: er ist das Wort Gottes an die
k) V. 1; Jo 14, 6 Menschen l).
l) 1 Ko 1, 21 Offb 19, 13 4. Das Ziel: Durch die Verkündigung und im Hören auf sie als Wort Gottes erweckt Gott den heilbringenden Glauben m).
m) 1 Ko 2, 4—5; Rö 10, 8

So lautet die Beschreibung des Apostelsdienstes „entsprechend dem Glauben der Auserwählten Gottes". Diese klare Stelle darf bei der Auslegung der Past nie vergessen werden.

3. Empfänger

Titus 1, 4a

4 **An Titus, mein echtes Kind nach dem gemeinsamen Glauben.** Titus ist durch die Verkündigung des Apostels zum Glauben an Jesus gekommen, er ist eine wirkliche Frucht des apostolischen Dienstes. Echt[4] kann auch ein Mitstreiter im Glauben genannt werden, sofern er bewährt ist.

Die Beziehung des Apostels zu Timotheus, dem „geliebten
n) II 1, 2 Kinde" n), war wohl inniger, doch steht ihm auch Titus nahe[5]. Um so erstaunlicher ist es, daß ein so enger und vertrauter Mitarbeiter von Paulus in der Apg nirgends erwähnt wird[6].

Auf dem **gemeinsamen Glauben** beruht das geistliche Vater-Sohn-Verhältnis. Der Unterschied zu I 1, 2 fällt auf, wo es einfach heißt: mein echtes Kind im Glauben. Darf man aus der Betonung des Gemeinsamen auf größere Unabhängigkeit bei Titus schließen, oder soll die Gemeinsamkeit aller Glaubenden betont werden (vgl. 1b: entsprechend dem Glauben der Auserwählten)? Titus hat den Apostel in einer schwierigen Angelegenheit in der korinthischen Gemeinde mit Erfolg vertreten, während Timotheus gegenüber den Korinthern eher in Schutz genommen werden mußte[7].

Paulus schreibt auch sonst vom „gemeinsamen Glauben",

[4] Phil 4, 3: „echter Jochgenosse"; so nur bei P.

[5] Die gleiche Anrede wie in I 1, 2. I und Tit haben mehr öffentlichen Charakter als II. Die „Echtheit" der Apostelschüler soll im Gruß betont werden, während II als persönliches Schreiben die Freundschaft und Liebe zwischen P und Tim hervorhebt.

[6] Würde ein PP, der möglichst glaubwürdig apostolische Zeitgeschichte darstellen will, nicht einen bekannteren, zumindest in Apg erwähnten Mitarbeiter einführen, z. B. Silvanus (Apg 15, 22. 27. 32. 40; 16, 19. 25. 29; 17, 4. 10. 14. 15 (Silas und Tim!); 18, 5; 1 und 2 Th 1, 1 oder dann Tychikus (Apg 20, 4)?

[7] Vgl. Wt. Stb. 1 Tim, S. 42 (E 31 f).

den er mit allen Jesusjüngern teilt o); mit ihnen allen hat er Teil am „gemeinsamen Heil" p). In diesem Sinn verstanden ist Katholizität, d. h. Allgemeingültigkeit oder Gemeinsamkeit des Glaubens, ein zentrales Anliegen in der Bibel q).

o) Rö 1, 12
p) Jud 3
q) Eph 4, 3—6

4. Gruß

Titus 1, 4 b

4 b **Gnade und Friede von Gott, dem Vater, und dem Messias Jesus, unserem Retter.** Der gleiche Segenswunsch wie Rö; Kol; Eph; Phil; 2 Th; doch unterschieden von I und II, wo steht: Gnade, Barmherzigkeit, Friede. Die Past sind zwar in Wortgebrauch, Stil und Anliegen verwandt, aber sie unterscheiden sich voneinander in der bei Paulus auch sonst bekannten Art, die Ausdrücke zu variieren. Nur Tit hat den zweifachen Segensgruß, nur II hat Dank und Gebet in den Eingangssätzen[8].

Der Segensgruß hat seinen Platz nicht nur im Gottesdienst oder in den ntl Briefen, sondern auch im alltäglichen Grüßen und Korrespondieren, nur sollte ihm nichts Künstliches anhaften.

[8] Weitere Unterschiede: I ist der längste Brief (113 Verse), fast so lang wie die beiden anderen zusammen (II: 83, Tit: 46). Tit erwähnt das Wort Retter am häufigsten, genauso oft wie I und II zusammen: 1, 3. 4; 2, 10. 13; 3, 4. 6, obwohl Tit der kürzeste Brief ist. Jesus, der Messias, wird Retter genannt in II 1, 10; Tit 2, 13; 3. 6, nicht aber in I.

Der Brieftext

Titus 1, 5—3, 11

I. TEIL: DIE WAHREN DIENER DER GEMEINDE UND IHR KAMPF

Titus 1, 5—16

A. DER DIENER ALS VORBILD DER GEMEINDE

Titus 1, 5—9

1. Jede Gemeinde braucht Älteste

Titus 1, 5

5 Dazu ließ ich dich in Kreta zurück, daß du das Mangelnde noch ordnen und besonders in jeder Stadt Älteste einsetzen möchtest, wie ich dir aufgetragen habe.

Aus diesem Satz kann geschlossen werden, daß Paulus und Titus zusammen auf Kreta evangelisiert haben. Juden aus Kreta waren am Pfingstfest in Jerusalem gewesen a). Es ist nicht auszuschließen, daß einige von ihnen zum Glauben an Jesus, den Messias, gekommen waren und als Erstlinge des Glaubens b) nach Kreta zurückkehrten. Solche erste Ansätze mögen dann eine spätere Missionsreise vorbereitet haben. Unmittelbarer Anlaß des Briefes sind die in 3, 13 erwähnten zwei Mitarbeiter, die nach Kreta reisen und das Schreiben an Titus überbringen.

Paulus ist zur Zeit der Abfassung des Briefes frei (3, 12). Die Situation ist ähnlich wie in I: Timotheus soll in Ephesus das Nötige ordnen, Titus auf Kreta. In I wie in Tit folgt der mündlichen Unterweisung die schriftliche Bestätigung und Ergänzung, ein Vorgehen, das für Paulus nicht ungewöhnlich ist c).

Titus wird die Insel auch verlassen d). Darum ist es nötig, daß die Anweisungen schriftlich gegeben werden zu Händen

a) Apg 2, 11
b) 1 Ko 16, 15; Rö 16, 5
c) 1 Th 4, 9; 5, 1—2; Phil 3, 1. 18; vgl. 2 Pt 1, 12 1 Jo 2, 21
d) Tit 3, 12

der mitarbeitenden und leitenden Brüder auf Kreta. In I sind schon festere Gemeindeformen und -dienste vorausgesetzt, auf Kreta scheint ein früheres Stadium der Gemeindebildung zu bestehen.

Das Mangelnde e) ist das, was noch fehlt zur Entfaltung einer voll mündigen Gemeinde. Was Paulus unvollendet zurückgelassen hat, vertraut er Titus zur Weiterführung an. Was Gott begonnen hat, will er zur Reife bringen f). Hier ist nicht nur an eine organisatorische Vervollkommnung gedacht! Schon in 1 Th 3, 10 schreibt Paulus davon, daß er den Mängeln abhelfen will, die dem Glauben noch anhaften. Die Gemeinden sollen zur Bewährung im Glauben gelangen g).

e) vgl. 3, 13; Lk 18, 22; Jak 1, 4

f) Phil 1, 6; 1 Th 5, 23

g) I 3, 10 Tit 2, 2b; 3, 8

Titus hat im besonderen den Auftrag, **in jeder Stadt**[9] **Älteste einzusetzen.** Offenbar hat sich der Glaube an Jesus zuerst in den Städten ausgebreitet, oder die Gemeinden sind dort am schnellsten gewachsen, so daß die Einsetzung[10] von Ältesten h) nötig wurde. Von den Städten aus wurden die Dörfer und Weiler der Umgebung evangelisiert i). Die Einsetzung von Dienern für die Gemeinde ist überall unter Mitwirkung der Gemeindeglieder geschehen k). Apg 14, 23 berichtet, daß Paulus und Barnabas in drei Städte zurückkehrten, in denen während der ersten Missionsreise Gemeinden entstanden waren. Erst jetzt, beim zweiten Besuch, wählen[11] sie in jeder Gemeinde Älteste und empfehlen sie zusammen mit der Gemeinde unter Gebet und Fasten dem Herrn. Die Missionierung auf Kreta mag ähnlich verlaufen sein. Zuerst reisten Paulus und Titus gemeinsam durch die Insel und verkündeten das Evangelium von Jesus. Bei einem zweiten, kurz darauf erfolgenden Besuch soll Titus (er ist auf der Insel zurückgeblieben, während Paulus weiterzog) in und mit den jungen Gemeinden Älteste bestätigen, die sich in ihrem Dienen unter den Glaubenden schon als von Gott begabt und bewährt erwiesen haben.

h) I 5, 17 f!

i) 1 Th 1, 8

k) Apg 6, 3

In allen Gemeinden, welche durch die Missionstätigkeit des Paulus entstanden waren, gab es geregelte Gemeindedienste schon in den ersten Anfängen, sobald überhaupt ein festerer Kern von Jüngern sich gebildet hatte l). Das NT kennt keine

l) 1 Th 5, 12—13

[9] Wörtlich: von Stadt zu Stadt. Im Ilias-Epos wird Kreta die Insel der hundert Städte genannt.

[10] *(kathistanai)* zu einem Dienst bestellen, wie Rö 5, 19; Lk 12, 14. 42; Mt 24, 45; Apg 7, 10. 27. Dieses Wort ist erst später in die Sprache des Kirchenrechts eingegangen. Von einer rechtlichen Regelung ist in Tit noch nicht die Rede.

[11] *(cheirotoneo)* wörtlich: durch Handaufheben bestimmen.

Gemeinde ohne Führung; der Führungsstil kann sehr verschiedene Gestalt annehmen, nie aber die Form einer ausschließlichen Sonderstellung oder eines festen Rechtsanspruchs.

2. Das persönliche Leben der Ältesten und Vorsteher

Titus 1, 6—8

6 (Eingesetzt kann werden) **wenn einer unbescholten ist, Mann**
nur e i n e r Frau, mit gläubigen Kindern, die nicht der
7 **Liederlichkeit beschuldigt oder aufsässig sind. * Der Vor-**
steher soll als Haushalter Gottes unbescholten sein, nicht
eigenmächtig, nicht jähzornig, kein Trinker, kein Raufbold,
8 **nicht gewinnsüchtig, * sondern gastfreundlich, ein Freund**
des Guten, besonnen, gerecht, heilig, enthaltsam.

6 **Wenn einer unbescholten ist:** in V. 7 wiederholt; in I 3, 10 für den Diakon, gilt also für jede Art von Diener, ebenso 1 Ko 1, 8; Kol 1, 22. I 3, 2 nicht das gleiche Wort, aber der gleiche Sinn.

m) I 3, 2!
n) I 5, 19!

Mann einer (einzigen) Frau m), **mit gläubigen Kindern, die nicht der Liederlichkeit beschuldigt** n) **oder aufsässig sind.** In I 3, 4 wird erwartet, daß die Väter fähig sind, ihre Kinder in Gehorsam zu halten. Setzt das Wort von den gläubigen Kindern eine zu lange Zeit der Gemeindeentwicklung auf Kreta voraus? Nein, es zeigt vielmehr, daß die Ältesten wirklich im Alter gereifte Familienväter waren, die zum Teil schon erwachsene Kinder hatten. Wo in einem Hause Kinder willig und gläubig sind, kann man schließen, daß der Vater auch für die Gemeindefamilie zum Vorsteher geeignet ist.

Liederlichkeit (Vulgata: luxuria); wie Eph 5, 18; 1 Pt 4, 4. Lk 15, 13: das gleiche Wort als Adjektiv: liederlich, unordentlich, verschwenderisch leben! atl Hintergrund: Spr 28, 7. **Aufsässig** kann auch mit ungehorsam, rebellisch übersetzt werden. Das Zusammenleben in einer Familie war von größter Bedeutung für die Ausbreitung und Vertiefung des Glaubens, weil die Gemeinden noch fast ausschließlich Hausgemeinden waren, und weil die oft feindlich gesinnte Umgebung scharf beobachtete, was in solchen Häusern vor sich ging[12].

[12] Das dritte Konzil von Karthago legte fest, daß die Ordination zu einem Amt nur dann geschehen kann, wenn alle im Hause des Betreffenden gläubig geworden sind.

Der Vorsteher[13] **soll als Haushalter Gottes** o) **unbescholten sein:** Der Vorsteher ist einer der Ältesten und stammt aus deren Reihen, darum wird für ihn das entscheidende Merkmal wiederholt: er sei untadelig! Die Einzahl schließt nicht aus, daß mehrere Vorsteher in einer Stadt gewesen sind, besonders wenn in einem größeren Ort verschiedene Hausgemeinden heranwuchsen. Im Gegensatz zu I werden hier Diakone nicht erwähnt. Es geht nicht um eine vollständige Aufzählung von Gemeindediensten und noch weniger um die Einsetzung eines monarchischen Bischofsamtes[14] oder um die rechtliche Ordnung von Ämtern[15]. 7

o) I 3, 4—5! 1 Ko 4, 1 Rö 16, 23 Ga 4, 2

Die Dienstleistung im Haushalt Gottes geschieht im Glauben p). Jeder Haushalter gibt Rechenschaft über sein Tun und Lassen. Im folgenden werden fünf Laster aufgezählt, die der Vorsteher vermeiden soll (V. 7), dann folgen sechs Erfordernisse, die für seinen Beitrag am Gemeindeaufbau unerläßlich sind;

p) I 1, 4!

nicht eigenmächtig: anmaßend, rücksichtslos, eigenwillig, eigensinnig. Ein guter Vorsteher wird nicht sich selbst durchsetzen, nicht als Alleingänger und ohne die mitverantwortlichen Brüder vorangehen wollen. Der Leiter sei aller Diener, nicht ihr Befehlshaber und Herrscher;

nicht jähzornig: gehört zu eigenmächtig: wer sich selbst alles oder zuviel zutraut, verliert schnell die Geduld mit anderen. Ein Draufgänger wird bald zum Alleingänger, der nur noch hörige Gefolgschaft, aber nicht mitverantwortliche Bruderschaft hat;

kein Trinker, kein Raufbold, nicht gewinnsüchtig q): Man hat diese selbstverständlich anmutenden Bedingungen mit den

q) wie I 3, 3. 8!

[13] Das plötzliche Auftreten des Vorstehers *(episkopos)* überrascht nur dann, wenn man vorausgesetzt hat, daß dieser Titel bereits fest definiert und geregelt ist. Derart abgekürzte Einführungen sind im NT nicht unbekannt: I 5, 10 ist von V. 9 her zu ergänzen: (sie kann aufgenommen werden), wenn sie Kinder auferzogen hat etc.; Jo 5, 31. 32: (ihr sagt) wenn ich über mich selbst zeuge, so ist mein Zeugnis nicht wahr. (Ich sage euch) ein anderer ist es, der über mich zeugt.

[14] Spriydion war Bischof zu Trimithunt auf Kreta. Er übte seinen Beruf als Schafhirt auch weiterhin aus, nachdem er Bischof geworden war. Dazu las er fleißig in den Schriften. Er war auf dem Konzil von Nizäa. So darf man sich noch im Jahre 325 unter einem „Bischof" eher einen schlichten und bescheidenen Mann des Volkes vorstellen und weniger einen Würdenträger im Sinne des „monarchischen Bischofsamtes".

[15] Wie wenig die Dienste festgelegt waren, kann auch an einem Vergleich von I 3, 1—7 mit Tit 1, 7 f gezeigt werden: In I erscheinen drei Erfordernisse, die in Tit nicht genannt werden (kein Neuling, ehrbar, gutes Zeugnis von außerhalb der Gemeinde). In Tit wiederum drei „Tugenden", die in I fehlen: Freund des Guten, gerecht, heilig. Vier Erfordernisse sind gleichlautend in beiden Listen; acht in beiden Listen gemeinsam, aber entweder für den Ältesten oder für den Vorsteher erwartet.

Anfängen der Mission und dem niedrigen Niveau der heidnischen Umwelt zu erklären versucht. Doch sind sittlich elementar scheinende Anforderungen nicht etwas, was sich von selbst versteht. Wenn man das Grundlegende (das Fundamentale und Elementare) nur ständig voraussetzt und nicht stets neu vor Augen hält, prüft und übt, bleibt alles Fortschreiten im Unklaren und verführt zur Selbsttäuschung[16];

8 **Gastfreundlich r), ein Freund des Guten** (philoxenos, philagathos): Gastfrei sein gilt als ein Beispiel für viele, wie die Bereitschaft zum Guten praktiziert werden kann; diese Freundlichkeit steht dem eigenmächtigen Verhalten (V. 7) gegenüber: anstatt verschlossen und voreingenommen sei einer offen für andere zu deren Bestem. Ein Freund des Guten ist „mit dem Besten des andern im Bunde". So kann er Verworrenes entwirren, Streit schlichten und darin weise und **besonnen** sein. ‚Besonnen' in I 3, 2 ebenfalls für den Vorsteher, in Tit 2, 2.56 aber für alle Gemeindeglieder, jung und alt, Männer und Frauen!

r) wie I 3, 2

gerecht s) und **heilig** gehören zusammen, denn Gerechtigkeit ist nicht eine rein menschliche Tugend, sie stammt aus Gottes Heiligkeit; vgl. Eph 4, 24: der neue Mensch in wahrhaftiger Gerechtigkeit und Heiligkeit. Paulus verwendet die gleiche Wortverbindung, um sein eigenes Verhalten als Evangelist und Diener der Gemeinden zu kennzeichnen: „Wir haben uns heilig und gerecht und untadelig euch gegenüber verhalten" (1 Th 2, 10);

s) I 6, 11! Tit 2, 12

enthaltsam (egkrates, nur hier im NT); beherrscht, zuchtvoll; als Hauptwort in Ga 5, 23, Zucht als Frucht des Geistes, vgl. dazu II 1, 7! Auch in Apg 24, 25 ist Enthaltsamkeit mit Gerechtigkeit verbunden. Der neue Mensch ist erwacht zum wahren Leben, zur Freundschaft mit allem Guten, zum Dienst an der Gemeinde bereit.

[16] Könnte man eine Liste für heutige Verhältnisse zusammenstellen? Z. B.: nicht süchtig im Diskutieren, Politisieren, Rauchen; nicht aggressiv und polemisch in Rede und Gebaren, nicht modernistisch, keiner, der die Wissenschaft vergötzt; keiner, der sozialkritisch oder autoritär auftreten will, keiner, der hastig und gehetzt ist, überall dabei sein will und sich einbildet, zu allem etwas sagen zu sollen, wohl aber innerlich gesammelt, auf das Wesentliche bedacht, fähig zur Zusammenarbeit und zur Einordnung in ein Team.

3. Ihr Dienst am Wort

Titus 1, 9

(Ein Mann) **der am zuverlässigen Wort festhält, wie es der** 9
(rechten) **Lehre entspricht, damit er imstande ist, aufgrund der gesunden Lehre sowohl zu ermahnen als auch die Widersprechenden zu überführen.**

Festhalten: wie 1 Th 5, 14, sich der Armen annehmen, sich kümmern um sie, sich angelegen sein lassen; einer Sache oder jemandem anhängen: Mt 6, 24; Spr 3, 18; Jer 2, 8. Das Festhalten am Wort ist Voraussetzung für alles Ermahnen und Überführen t).

Wie stehen Lehre und Wort miteinander in Beziehung? Das zuverlässige Wort des Herrn u) bildet die Grundlage für alles Lehren v). Die beste Auslegung für diesen Zusammenhang gibt wieder Paulus selbst in 2 Th 2, 15: „Haltet die Überlieferung fest, die ihr gelehrt worden seid, sei es durch ein Wort, sei es durch einen Brief von uns.“ Das zuverlässige Wort bezeichnet das Ganze der Überlieferung, diese aber, damit sie festgehalten werden kann, soll gelehrt werden, mündlich und schriftlich. Schon zur Zeit des 2 Th mußte die schriftliche Überlieferung gegen Fälschungen geschützt werden w). In den Past ist die Unterscheidung von zuverlässiger und falscher Lehre dringender geworden, entsprechend nahm die schriftliche Überlieferung festere Formen an. Wenn der Diener am Wort in diesem Wort verharrt, ist er **imstande** zu ermahnen (dynatos), wörtlich: ermächtigt, bevollmächtigt werden, wie II 1, 12! Die Bevollmächtigung zum Dienst wird n i c h t durch eine äußere Instanz garantiert, noch durch den Akt einer „Amtseinsetzung“! Nur der ist vom Wort Gottes her bevollmächtigt, der diesem Wort vertraut und ihm gehorcht.

Der Heilige Geist bevollmächtigt den Botschafter x). Das Empfangen, Festhalten und Weitergeben des vom Heiligen Geist inspirierten Wortes ist nur möglich in der Kraft desselben Geistes. Der Geist allein ist es, der Wort und Wandel lebendig, d. h. wirkungsmächtig y), werden läßt.

Aufgrund der gesunden Lehre z) **ermahnen:** Ein Vergleich mit I 5, 1; 6, 2; Tit 2, 6.15 zeigt, daß „ermahnen“ hier im Sinn von „Seelsorge üben“ zu verstehen ist. In der Verkündigung kann zwar auch allgemein ermahnt werden, aber das Ziel aller Ermahnung ist doch die konkrete Situation: es soll der einzel-

t) I 3, 2; 4, 6; 5, 17; II 1, 13. 3, 16—17; 4, 2
u) II 1, 13; I 6, 3!
v) II 3, 16
w) 2 Th 2, 2. 3. 14. 17
x) II 1, 6—7. 12—14; 2, 1; 4, 17
y) I 4, 6. 14. 16!
z) I 1, 10

ne, es soll die bestimmte Familie oder Gruppe mit dem Wort Gottes angesprochen werden.

Die Widersprechenden überführen: dasselbe Verb wie Mt 18, 15. Vgl. I 5, 20; II 4, 2!

Die Aufgabe ist für Titus klar umrissen, aber „von einem spezifischen Lehramt haben wir nichts vernommen“ (Holtz). Nicht alle Ältesten sind Vorsteher, nicht alle Vorsteher haben
a) Rö 12, 7 die Lehrgabe (die von der des Ermahnens unterschieden ist) a). Belehrung aber ist immer mit dabei, auch in der seelsorgerlichen Tätigkeit, wenn sie wirklich jeden auf das Wort gründen und auf den Herrn ausrichten soll, denn das ist der Sinn
b) II 4, 2! aller Ermahnung und Zurechtweisung b).

B DER KAMPF GEGEN DIE IRRLEHRER

Titus 1, 10—16

1. Zerrüttung in Volk und Gemeinde

Titus 1, 10—12

10 Es gibt nämlich viele, die aufsässig sind, hohle Schwätzer
und Verführer, am meisten solche, die aus der Beschnei-
11 dung stammen, * und ihnen muß man den Mund stopfen,
weil sie ganze Häuser zerrütten, indem sie lehren, was man
12 nicht soll, um schändlichen Gewinns willen. * Einer ihrer
Landsleute, ihr eigener Prophet, hat gesagt: „Die Kreter
sind zumeist Lügner, böse Tiere, faule Bäuche.“

Die jungen Gemeinden der Jesusjünger können nicht außerhalb der gesellschaftlichen Zustände leben, sie sollen vielmehr in der Bevölkerung der Insel Kreta, aus der sie ja selber
a) Tit 3, 3! stammen a), wie ein Licht in der Finsternis leuchten und wie Salz gegen die Zersetzung der gesellschaftlichen Zustände wirken. Doch der Geist der Unbotmäßigkeit und Aufsässigkeit ist noch oder schon (wieder) in den eigenen Reihen wirksam,
10 denn **viele sind aufsässig, hohle** b) **Schwätzer und Verführer.**
b) wie 1 Ko 3, 20; 15, 17 Die Aufsässigen wollen sich nicht einordnen ins Ganze, sie widerstehen der heilsamen Lehre und bringen ihre eigene verführerische, aber leere Weisheit. Schon von den Kindern der
c) V. 6! Ältesten wurde gesagt, daß sie nicht aufsässig sein sollen c), gerade sie könnten sich leicht von den Angebern verführen lassen, wenn der Vater es nicht versteht, mit wahrer Autorität

dem losen Treiben im eigenen Haus und in der Hausgemeinde
Einhalt zu gebieten.

Die aus der Beschneidung d) sind judenchristliche Lehrer. d) Ga 2, 12; Kol 4, 11; Apg 10, 45; 11, 2
Um jüdische Lehrer kann es sich nicht handeln, weil sie ja
nicht in den Jesus-Gemeinden lehren würden. Der Grundsatz
von 1 Ko 5, 11—13 gilt auch in den Past: Die Gemeinde ist
nicht beauftragt, diejenigen zu richten, die draußen sind, vielmehr
soll sie in ihrer eigenen Mitte zum Rechten sehen. Es
handelt sich hier um keine Pauschalverurteilung „der Juden“[17].
Es ist nicht einmal nur von Judenchristen die Rede,
auch andere Irrlehrer sind am Werk, am einflußreichsten sind
„die aus der Beschneidung“.

Und ihnen muß man den Mund stopfen[18], weil sie ganze 11
Häuser zerrütten. Die in V. 10 genannten Lehrer verkehren
in den Gemeinden. Nicht ihr Ausschluß wird angeordnet, nur
dies, daß sie am Lehren zu hindern seien. **Wie** sie zum Schweigen
gebracht werden sollen, ist nicht gesagt. Es gibt das direkte
Gebieten, das Schweigen verlangt[19], hier aber ist im Zusammenhang
eher an die überführende Zurechtweisung zu
denken, die zur Einsicht und darum zum Aufhören der losen
Schönwortemacherei führt e). Im Unterschied zu II 3, 6 ge- e) II 2, 24—25; 4, 2
schieht das Wirken dieser Leute nicht heimlich, sondern aufsässig
und lautstark. Da Familien und Gemeinden noch mei-

[17] Wilckens will hier „erste Zeichen eines kirchlichen Antisemitismus“ sehen. Zu einem solchen Urteil kann man nur kommen, wenn man die Past nicht P zuschreibt, sondern von vornherein ihre Niederschrift in eine spätere Zeit verlegt. P hat schon in 1 Th 2, 14—16 gegen die „eigenen Volksgenossen“ starke Worte gebraucht und ebenso deutlich im Galaterbrief gegen die judenchristlichen Irrlehrer geschrieben (6, 12—13; 5, 11—12). Nach diesen zwei Briefen aber schreibt er den an die Römer, und dort nimmt er in den Kapiteln 9—11 jedem Antisemitismus ein für allemal die Berechtigung, sich mit ntl Argumenten zu bewaffnen. Er warnt die Heidenchristen vor Selbstüberhebung und vor Verachtung oder gar Verurteilung der Juden (und Judenchristen). Die Heiden sind durch den Glauben an den Messias Jesus eingepfropft worden in den Ölbaum Israel (Rö 11, 17—24). Die Heiden waren ja Fremdlinge, Beisassen, ohne Bürgerrecht und ohne Anteil an Gottes Bund mit Israel. Erst durch den Messias Jesus werden sie Miterben und Mitteilhaber an den Verheißungen (Eph 2, 11—22; 3, 6). Daß Selbst-Überheblichkeit der Heiden(christen) und Verachtung der Juden(christen) in den Gemeinden aufkam, zeigen gerade die Warnungen, die P dagegen vorbringt; niemals kann ein derartiger Antisemitismus biblisch gerechtfertigt werden. Ein späterer, kirchlich-theologisch begründeter Antisemitismus konnte nur deshalb aufkommen, weil die apostolische Lehre betr. das Volk Israel nicht beachtet wurde. Von dieser Lehre weichen die Past nicht ab.

[18] Bei Plato bedeutet der Ausdruck „den Mund stopfen“: jemanden zum Schweigen bringen durch die Macht der Vernunft.

[19] I 2, 12c; 1 Ko 14, 28. 30. Hier ist Schweigen geboten nicht wegen Irrlehre, sondern wegen Unordnung; allerdings kann Irrlehre bei den hitzigen Diskussionen und Wortstreitereien auch eine Rolle gespielt haben.

stens unter **einem** Dache leben, kann es leicht zur Zerrüttung ganzer Häuser kommen, wenn Kinder gegen Eltern und Vater

f) I 2, 11. 12!
und Mutter gegeneinander f) aufstehen und obendrein noch jeder sein Verhalten religiös begründet.

g) I 5, 13; II 3, 6—8!
Diese falschen Propheten **lehren, was man nicht soll,** sie verkaufen ihre Lügen und Zaubereien[20] um teures Geld g).

12
„Die Kreter sind zumeist Lügner, böse Tiere, faule Bäuche." Der Ausspruch wird dem kretischen Priester Epimenides (6. Jahrhundert v. Chr.) zugeschrieben und ist in der Antike weit verbreitet[21]. Was dieser Mann viele Jahrhunderte zuvor sagte, gilt noch immer zur Zeit, da die Jesusgemeinden entstehen. So ist also ihr Landsmann ein Prophet. Das ist ironisch gemeint: „Dieses Zeugnis ist wahr" (V. 13). Wie kann Paulus ein derart summarisches Urteil übernehmen und noch bekräftigen? Stünden solche Sätze in einem Reisebericht über Kreta, wären sie fehl am Platze, weil sie nicht beschreiben, sondern aufdecken und anklagen. Hier aber ist prophetische Strafrede und Zurechtweisung[22] der bestimmende Hintergrund. Man wird hier an die Weherufe Jesu über die Pharisäer erinnert[23]. Als bloße Behauptung, als Ausdruck persönlicher oder kollektiver Aggression gegen Andersdenkende wären solche Sätze freilich unstatthaft und unverständlich.

Nur wer in letzter Hingabe um Menschen ringt und leidet, wie es Jesus, die Propheten und Apostel taten, kann so unverblümt alles Faule und Falsche bloßlegen, um einen einzelnen, einen Kreis, eine Gemeinde oder ein ganzes Volk aufzuwecken

[20] Zauberei war in der alten Welt so verbreitet, daß keine Jesus-Gemeinde ohne Berührung damit bleiben konnte. Die ägyptische Zauberei war in der ganzen zivilisierten Welt verschrien; durch sie war die Inselwelt des Mittelmeeres total verseucht. Die Zauberer sind das Gegenbild der Jünger Jesu, für die das Wort Mt 10, 8 gilt (Holtz, 212).

[21] Aus dem Wort Kreter hat das Griechische das Verb *cretizo* (lügen) abgeleitet; vgl. den selben Vorgang für Korinth, die moralisch verrufene Hafenstadt: „korinthisch leben" war ein griechischer Ausdruck, der soviel besagte wie ein ausschweifendes Leben führen. Vgl. 1 Ko 6, 9—20.
In Apg 17, 28 und 1 Ko 15, 33 werden Aussprüche des griechischen Dichters Menander zitiert.

[22] Ein Beispiel dafür ist in I 2, 9, Anmerkung 89, zitiert; vgl. Tit 3, 2!

[23] Mt 23, 13. 15. 23. 25. 27. 29: Heuchler, blinde Blindenleiter, übertünchte Gräber, Schlangen, Natterngezücht; ebenso der Täufer zur Volksmenge: ihr Natterngezücht ... (Lk 3, 7—14). Vgl. Jes 1, 4; 5, 8. 11. 18. 20. 21. 22, aber auch dieses: wehe m i r (6, 5); 10, 1; 28, 1; 31, 1; Jer 22, 13; 23, 1; Hes 6, 11; 13, 3; 34, 2; Amos 6, 1; Mi 2, 1; Nah 3, 1; Hab 2, 6. 9. 12. 15. 19; Ze 2, 5; 3, 1; Sach 11, 17.

und zur Umkehr zu rufen[24]. Paulus schreibt „mit Weinen von den Feinden des Kreuzes (es sind nicht seine persönlichen Feinde) ..., deren Gott ihr Bauch ist“ h), und Jesus weint über die Bewohner Jerusalems, die die Propheten gesteinigt haben und auch ihn töten werden i). Jeremia weint über den Hochmut seines Volkes und ruft ihm zu: „Dein Ehebrechen und dein Wiehern, die Schandtat deiner Hurerei auf den Hügeln im Felde habe ich gesehen. Wehe dir, Jerusalem!“ k). Das sind gewiß keine schmeichelhaften Worte, aber als Beschimpfung können sie so wenig gelten wie das Zitat, das Paulus hier anführt, um es aus eigener Erfahrung zu bestätigen.

h) Phil 4, 18, 19
i) Mt 23, 37—39; Lk 13, 34—35 19, 41!
k) Jer 13, 17. 27; 14, 17

2. Dem Einfluß der Irrlehrer Einhalt gebieten

Titus 1, 13—16

13 Dieses Zeugnis ist wahr, und deshalb überführe sie mit
14 Strenge, damit sie gesund werden im Glauben * und nicht
auf jüdische Fabeln und auf Gebote von Menschen achten,
15 die sich von der Wahrheit abwenden. * Den Reinen ist
alles rein; den Unreinen und Glaubenslosen aber ist nichts
rein, sondern unrein ist sowohl ihr Verstand als ihr Ge-
16 wissen. * Sie behaupten, Gott zu kennen, aber mit den
Werken verleugnen sie ihn; sie sind Gott ein Greuel, denn
sie gehorchen ihm nicht und sind zu jedem guten Werk untüchtig.

Dieses Zeugnis ist wahr. Nicht um allgemeine Gesellschaftskritik handelt es sich hier, vielmehr steht der innere Zustand der Gemeinde im Blickfeld. Wo dermaßen zerrüttete Verhältnisse herrschen, da muß **mit Strenge überführt** werden l). Dazu braucht es volle Entschiedenheit m). Die ständig wiederholten Mahnungen des Apostels an Timotheus und Titus sind nicht überflüssig. Wenn die beiden ihren Dienst entschlossen 13

l) 2 Ko 13, 10 Rö 11, 22
m) Tit 2, 15

[24] Ein moderner Wissenschaftler schreibt über sein Volk: „Apathie, Heuchelei, kleinbürgerlicher Egoismus und heimliche Grausamkeit prägen die ... Gesellschaft von heute.“ Ich nenne seinen Namen und sein Land hier nicht, weil mir keine vergleichbaren Aussagen über andere Länder zur Verfügung stehen. Kein Volk wird eine derart offene Sprache lieben. Doch dieser Ausspruch legt den Zustand der Mehrheit bloß, wie sie in ihrer Mentalität für alle Industrie-Gesellschaften unserer Zeit mehr oder weniger kennzeichnend ist.

n) I 4, 12; Tit 2, 15 ausüben, werden sie Verachtung n) und selbst Verfolgung zu
o) II 4, 5; 3, 12; 2, 24 c gewärtigen haben o).

Damit sie gesund werden im Glauben: Mit dieser klaren
Zielsetzung ist zugleich die Diagnose ausgesprochen: Krank
sind sie in ihrer innersten Grundeinstellung, nämlich im Glau-
ben. Darum greift Aberglaube und moralische Zerrüttung wie
p) II 2, 17 ein Krebsgeschwür um sich p). Wenn Titus nicht im zuverlässi-
gen Wort der gesunden Lehre verharrt, könnte auch er selbst
angesteckt werden. Wenn er aber mit aller Entschlossenheit
der Verwirrung durch das Wort der Wahrheit entgegentritt,
wird das für die Irrlehrer zur Gesundung im Glauben führen.
Nicht deren Ausschluß oder Verketzerung ist das Ziel, sondern
ihre Heilung! (Vgl. Anhang 2: Die Beurteilung der Irrlehrer.)

14 **Nicht auf jüdische Fabeln achten:** Das einzige Mal im NT
begegnet hier das Wort „jüdisch". Wie in I 1, 4 (!) ist an Le-
genden und Genealogien oder Geschlechtsregister zu denken.

Gebote von Menschen: Vorschriften ritueller Art wie Kol
2, 22.21, was man zu tun hat, um vor Gott richtig zu sein.
(V. 15) Die Evangelien nennen solche Gebote „Überlieferung
q) Mk 7, 2. 4. 7; Mt 15, 1—10 Jes 29, 13 der Alten" q). Wer eigene Gebote aufstellt und lehrt, der
schiebt die Gebote Gottes beiseite, **er wendet sich von der
Wahrheit ab:** abwenden vom Glauben, vom Evangelium, wie
II 4, 4!

15 **Den Reinen ist alles rein; den Unreinen und Glaubenslosen
ist nichts rein, sondern unrein ist sowohl ihr Verstand als auch
ihr Gewissen.** Paulus gibt auf konkrete Auseinandersetzung
eine wegweisende Antwort, die zurückgeht auf ein Wort des
r) Mt 15, 11. 17 Herrn r) und die er bei anderer Gelegenheit schon dargelegt
s) Rö 14, 14. 20 I 4, 3—5! hat: s) äußere Reinigungsvorschriften und -handlungen (wie
Sitten und Gebräuche religiöser Art) können einen Menschen
nicht rein vor Gott hinstellen, noch macht ihre Unterlassung
unrein. Die Entscheidung über rein und unrein fällt einzig und
t) II 2, 22! Ps 51, 12 allein im menschlichen Herzen t). Daß diese Wahrheit so be-
harrlich in Frage gestellt werden kann, ist offenbar eine Äuße-
rung gerade dieses in sich zerrissenen Herzens, das nicht wahr-
haben will, wie allein Reinigung zustande kommen kann: wenn
Gott dieses Herz reinigt!

Die Befleckten und Glaubenslosen sind in ihrem Gewissen
u) I 4, 2! gebrandmarkt u), in ihrem verworrenen Zustand verwirren
v) Hb 12, 15 Jud 8 sie andere v). Glaubenslos sind sie deshalb, weil sie nicht
(mehr) dem auferstandenen, lebendigen Herrn vertrauen, der
w) Rö 10, 4; vgl. I, 7—10! des Gesetzes Ende ist w), und der allein die Gewissen von to-

ten Werken reinigt x). Wenn das Gewissen, das die eigenen x) Hb 9, 14. 22
Gedanken, Worte und Taten beurteilt, befleckt ist, wird auch
der Verstand zerrüttet, da er keinen Maßstab mehr hat, um
zwischen Wahrheit und Lüge, zwischen Gut und Böse zu unter- z) I 6, 5;
scheiden z). II 3, 8!

Sie behaupten, Gott zu kennen, aber in den Werken ver- 16
leugnen sie ihn; sie sind Gott ein Greuel, denn sie gehorchen
ihm nicht und sind zu jedem guten Werk untüchtig.

Die Auseinandersetzung mit Irrlehren und ihren Vertretern in den eigenen Reihen führt immer in schwere Not und Anfechtung, weil jeder seine Überzeugung und sein Tun moralisch zu rechtfertigen sucht und ihm den Anschein der Rechtschaffenheit gibt[25]. Diejenigen, die **behaupten, Gott zu kennen,** wollen also religiös erscheinen, sie sind keineswegs „Atheisten", vielmehr mögen sie behaupten, eine bessere, echtere Frömmigkeit zu vertreten. Sie sind denen gleich, die eine Form der Gottseligkeit zur Schau tragen, aber in Wirklichkeit nur sich selbst suchen. Wie sie die Kraft wahrer Frömmigkeit
nicht kennen (verleugnen) a), so verleugnen sie den wahren a) II 3, 5!
Gott auch in ihrem Tun. An ihren Früchten wird ersichtlich, wer sie sind. Aber offenbar ist ein geistliches Urteil hier nicht so leicht und schnell zu treffen, wie es oft wünschenswert wäre. Auch die Lehren sind Werke, die entweder mit dem Bekenntnis des Mundes im Einklang stehen oder nicht[26].

Sie sind Gott ein Greuel. Greuel ist das, was Gott verabscheut; in Rö 2, 22 das entsprechende Verb: „Du verabscheust die Götzen, aber begehst Tempelraub" (auch hier der Widerspruch zwischen Bekenntnis und Tat). Unreine Tiere waren
als Greuel zu betrachten b). Darauf kann dieses Wort anspie- b) 3 Mo 11, 10
len, denn wahrscheinlich sind in V. 14 auch Vorschriften über
reine und unreine Speisen enthalten c). Welche Ironie! Mit c) I 4, 3!
euren Reinigungsvorschriften und Geboten wollt ihr euch vor

[25] Es geht hier nicht um eine oberflächliche Verurteilung, sondern um eine unbestechliche Diagnose menschlicher Zerrüttung. Wenn Verstand und Gewissen unterdrückt, befleckt oder verstört werden, dann schreitet der Verfall sittlicher Maßstäbe rasch voran, dann kann man sogar „im Namen Gottes und des Gewissens" morden, kriegen, schänden und betrügen.

[26] Vgl. I 4, 3: durch Ehe- und Speiseverbote den Schöpfer verleugnen; I 5, 8: durch Vernachlässigung der häuslichen Geschäfte den Glauben verleugnen. Verleugnen kann also einen vielfachen Sinn haben: a) dem Glauben absagen, sich vom Glauben abwenden (Apostasie), b) dem Glauben widerstehen, c) im Widerspruch leben zwischen Überzeugung (Bekenntnis) und Praxis.

Greuel hüten, um vor Gott angenehm zu sein, und dabei seid ihr selbst zu einem Greuel geworden für Gott[27].

d) Tit 1, 10

Denn sie gehorchen ihm nicht d), sondern richten sich nach ihren eigenen Gesetzen und zwingen andere darunter. Darum sind sie unbrauchbar, unbewährt, **untüchtig** e).

e) II 3, 8!

Ein Paulus, der darauf achtet und dafür kämpft, daß er selbst nicht **unbrauchbar**[28] wird, nachdem er andern das Evangelium verkündet und sich zu Gott bekannt hat, der ruft jetzt auch mit aller Entschlossenheit seinen Sohn Titus auf, daß er selbst nicht unbrauchbar werde, dabei aber die Abtrünnigen zurückgewinne zur Gesundung im Glauben.

f) Mt 7, 16

„An ihren Früchten werdet ihr sie erkennen" f), — so schwer dieses Wort auch im einzelnen anzuwenden sein mag, so bleibt es doch der Maßstab zur Unterscheidung zwischen Irrlehre und gesunder Lehre. Die entscheidende Frage lautet: Wie sind die Werke? Stehen sie im Einklang mit dem Bekenntnis des Glaubens, wie es der gesunden Lehre des Evangeliums gemäß ist?

[27] Vgl. Ga 5, 12: möchten doch die, welche euch beunruhigen (mit Beschneidungsvorschriften), sich selbst verschneiden lassen.

[28] dasselbe Wort in 1 Ko 9, 27 wie in Tit 1, 16: untüchtig!

II. TEIL: DIE ERZIEHUNG DER GEMEINDE DURCH GNADE

Titus 2, 1—15

A. ERMAHNUNGEN ZU EINEM WÜRDIGEN WANDEL

Titus 2, 1—10

1. Die alten Männer und Frauen als Vorbilder

Titus 2, 1—3

1/2 Du aber rede, was der gesunden Lehre gemäß ist. * daß
alte Männer nüchtern sein sollen, ehrwürdig, besonnen, ge-
3 sund in Glauben, Liebe, Standhaftigkeit; * alte Frauen des-
gleichen in der Haltung würdevoll, nicht verleumderisch,
nicht dem Weingenuß verfallen, Lehrerinnen des Guten, die
zur Besonnenheit anregen.

Die Irrlehrer und ihre Kreise sollen nicht verleumdet und verächtlich gemacht werden. Das Ziel der prophetischen Überführung ist, „daß sie im Glauben gesund werden“ (1, 13). Dasselbe gilt für die Mahnungen an die Gemeinde überhaupt und im besonderen an die alten Männer in ihrer Mitte (2, 2). Anstatt den Glauben an Gott durch ihr Tun zu verleugnen, sollen sie ihn durch ihr Verhalten bekennen (2, 1—10). Die „Haustafeln“ in den Past sind nicht nach „Ständen“ (Mann—Frau, Eltern—Kinder, Herren—Knechte) unterteilt wie sonst bei Paulus a), sondern nach Verschiedenheit in Alter und Geschlecht. Beiden Aufzählungen gemeinsam ist die Betonung der Familie, was in Tit noch stärker zum Ausdruck kommt als in I. Der innerste Kern der Familie wie der Gemeinde besteht im liebenden Einvernehmen von Mann und Frau „im Herrn“ b). Was dieses Einssein im gegenseitigen Einverständnis praktisch bedeutet, wie es gefördert werden kann, wie den Entfremdungs- und Spaltungserscheinungen zwischen alt und jung, zwischen Männern und Frauen zu wehren ist, das zeigen die Verse 1—10 an. Danach folgt wieder ein Hymnus als Verkündigungsteil (2, 11—14). Vers 15 schließt dann den bisherigen Teil des Briefes (1, 10—2, 14) ab. Wieder folgt ein Ermahnungsteil, diesmal das Verhalten der Gemeinde gegenüber Gesellschaft und Obrigkeit betreffend (3, 1—2), dem nochmals ein Verkündigungsteil angeschlossen ist (3, 3—7). Die beiden

a) Eph 5, 22—6, 4; Kol 3, 18—21

b) Gal 3, 28

Verkündigungsabschnitte sind „wie Brückenpfeiler, die die ganze Reihe der Ermahnungen tragen“ (Brandt, 95).

Werden Mahn- und Verkündigungsabschnitte nicht deutlich auseinandergehalten, kommt der Ausleger in Versuchung, das, was als praktische Anwendung des Evangeliums auf eine ganz bestimmte Situation gemeint war, zu einem allgemeinen Gesetz zu erheben.

Lehre und Leben ist nicht dasselbe, doch gilt es, beides in den immer neuen praktischen Herausforderungen des Alltags zur Übereinstimmung zu bringen. Der vorangegangene Teil von Tit legte dar, wie und warum Lehre und Leben oft auseinanderfällt, 2, 1—10 gibt Anweisungen, wie beides zusammenkommt und gesund wächst.

1 **Du aber** c) **rede, was der gesunden Lehre** d) **gemäß ist** e): schließt an 1, 13 an und entfaltet den in 1, 9 genannten doppelten Auftrag: die Widersprechenden überführen (1, 10—16) und alle ermahnen (2, 1—10). Du aber rede in Vollmacht (2, 15) im Gegensatz zu den Schwätzern, die lehren, was man nicht soll (1, 10—11). Was der gesunden Lehre widerspricht, soll unterbunden, was ihr im Leben entspricht, gefördert werden. Menschen werden gesunden und reifen, wenn sie Gottes Willen erkennen und tun lernen; sie werden erkranken im Glauben, wenn sie in Unwissenheit von Gottes Weisungen handeln und ebenso dann, wenn sie den Willen Gottes zwar kennen, ihn aber nicht erfüllen f).

c) wie I 6, 11; II 3, 10. 14; 4, 5
d) wie 1, 9
e) I 2, 10
f) 1, 16; vgl. I 1, 10; II 4, 3; Tit 1, 9

2 (Rede also) **daß alte Männer** g) (der Vorsteher stammt aus dem Kreis der alten Männer und hat darum auch teil an ihren Schwächen h)) **nüchtern sein sollen**: wach sein, sich bescheiden, maßvoll, Gegensatz zu 1, 12, vgl. I 3, 2! **ehrwürdig:** I 3, 5.8.11; **besonnen**: 1, 8; I 3, 2. Alle drei Eigenschaften weisen auf ein Gemeinsames hin: die ruhige Gelassenheit des reifen Mannes, bei dem Wort und Verhalten, Überzeugung und Tat zur Übereinstimmung gekommen sind.

g) I 5, 1!
h) vgl. Tit 1, 7—8

Gesund i) **in Glaube, Liebe, Standhaftigkeit:** I 6, 11; II 3, 10! Alle drei Hirtenbriefe (Past) haben als Grundanliegen, daß die Gemeinden gesund, reif, mündig werden im Glauben. Darin sollen die alten Menschen als Vorbilder vorangehen. Die Triade von Glaube, Liebe, Hoffnung faßt den innersten Kern dessen zusammen, was das Evangelium bedeutet. Mit „Bürgerlichkeit“ hat das nichts zu tun, denn diese Glaubensreife ist im Geist gewirkte Frömmigkeit, und sie ist nicht ausgerichtet auf

i) 1, 9. 13; I 1, 10; 6, 3; II 1, 13; 4, 3

geschickte Anpassung an die Welt, sondern auf die Ehre Gottes[1].

Alte Frauen (presbytis) **desgleichen:** ihnen ist Ähnliches zu sagen wie den alten Männern, nur wird es entsprechend ihrem Frausein anders betont. 3

In der Haltung k) würdevoll: Die Haltung umfaßt das ganze Wesen, die Einheit der inneren Verfassung und der äußeren Erscheinung. Würdevoll (hieroprepes), eigentlich: dem Heiligen angemessen; Wohlenberg übersetzt: „Die alten Frauen desgleichen, in der Haltung, wie es solchen geziemt, die im heiligen Dienste stehen, züchtig, würdevoll, Gottes Heiligkeit widerstrahlen." Vielleicht liegt hier eine Anspielung auf Hanna vor l), deren ganzes Wesen auf Gott ausgerichtet war m); man könnte dann übersetzen „priesterlich", dann würde deutlich, daß hier wie überall in den Past noch immer das königliche Priestertum aller Gläubigen vorausgesetzt ist, denn hier wird ja nicht speziell von einem Witwendienst gesprochen, sondern von den alten Frauen überhaupt. Unter ihnen können aber ebenso wie unter den alten Männern einzelne einen Presbyterinnen-Dienst ausgeübt haben. Im Ansatz ist ein solcher Dienst durchaus da (wie u. a. auch der Schluß dieses Verses zeigt); zu seiner Entfaltung brauchte es aber wohl mehr Zeit, weil die gesellschaftlichen Vorurteile groß waren;

k) I 2, 9!
l) Lk 2, 36
m) I 5, 5!

nicht verleumderisch: wie I 3, 11; II 3, 8. Man könnte fragen, warum bei den alten Männern keine negativen Eigenschaften aufgezählt werden. Diese sind aber bereits in 1, 6—7 erwähnt worden! 2, 2 umfaßt alle alten Männer, während 1, 6—7 aus dem Kreis der Alten besonders die Ältesten und Vorsteher als Gemeindediener anspricht;

nicht dem Weingenuß verfallen: vgl. 1, 7 = kein Trinker; I 3, 8: an Diakone gerichtet! Auffallend ist, daß hier von Trunksucht der Frauen die Rede sein kann. In moralisch zerrütteten Kreisen verlieren selbst die Frauen die Nüchternheit und werden Sklaven von Genußmitteln aller Art; **verfallen:** wie Gal 4, 3; Rö 6, 18.22, den Naturmächten der Welt, der Sünde unterworfen sein, an sie versklavt sein;

Lehrerinnen des Guten (kalodidaskalos) kann auch bedeuten: gute Lehrerinnen in Wort und Beispiel; also eine Älteste,

[1] Vgl. die Fürbitte, die am Anfang eines Gottesdienstes gebetet wurde in Apost. Konstit. VII, 10: „Lasset uns gedenken der Unmündigen in der Kirche, daß der Herr sie in seiner Furcht vollende und sie zum vollen Mannesalter führe ... Lasset uns beten für die Eheleute und Eltern, daß der Herr sich über sie alle erbarme."

die lehrt! Auch Brandt (97) denkt hier an die Anspielung auf
n) II 4, 19! ein weibliches Presbyteriat. Priska n) könnte als eine solche Älteste angesehen werden. Man vergleiche auch die Ausführungen über den Witwendienst in der Gemeinde von Ephe-
o) I 5, 1—16! sus o);

die zur Besonnenheit anregen. Das Hauptziel ihrer Lehrtätigkeit ist Besonnenheit, nicht anders, wie auch Titus lehren
p) 2, 6—7 soll p). Das Objekt ihrer Unterweisung wird nicht genannt! Die Satzkonstruktion ist wie 2, 2.6.9: die alten Männer sollen züchtig sein; die alten Frauen seien ebenfalls solche, die als gute Lehrerinnen Zucht wirken[2]. Die Lehrtätigkeit der alten Frauen ist allgemein gefaßt und nicht etwa auf die Unterweisung junger Frauen beschränkt. Durch ihr Lehren und Verhalten sollen sie in der Gemeinde zur Besonnenheit anregen. Natürlich werden dadurch besonders die jungen Frauen beeindruckt sein, wenn sie in ihren älteren Schwestern ein Vorbild finden.

2. Das Verhalten der jungen Frauen.

Titus 2, 4—5

4 (Sage, daß) **die jungen Frauen ihre Männer lieben und ihre**
5 **Kinder lieben,* besonnen sind, keusch, häuslich, gütig, ihren Männern untergeordnet, damit das Wort nicht gelästert werde.**

4 **Ihre Männer lieben** (philandros): Titus soll sich in seiner Ermahnung auch an die jungen Frauen wenden, nicht anders
a) I 5, 2! als Timotheus a). Wenn ältere Frauen diesen Ermahnungsdienst tun können, so ist das sehr erfreulich, aber daraus ein Gesetz ableiten zu wollen, wonach nur ältere Frauen jüngere Schwestern unterweisen oder Frauen nur unter Frauen (und Kindern) lehren dürfen, ist nicht den ntl Schriften gemäß. Zudem ist die Mahnrede sowieso nicht als Gesetz zu verstehen: das zeigt sich gerade auch darin, daß für die Gemeinden auf Kreta die Frauen ermahnt werden, ihre Männer zu lieben,

[2] „Lehrerinnen guter, schöner Art, beides durch Wort und Beispiel. Das Objekt bleibt absichtlich unbenannt; denn ‚junge Frauen' ist als solches nicht anzusehen." (D. Wohlenberg in Th. Zahn, NT Kommentar 1911, S. 241) „Mit ‚junge Frauen' ist, wie bereits Hofmann gesehen hat, ein neuer Satz zu beginnen." (I. P. Lange, Bibelwerk 1894, 11.—16. S. 143)

während für die Gemeinde in Ephesus dieser gleiche Zuruf den Männern gilt b); dort war die Gegenliebe der Frauen vorausgesetzt, hier aber ist das nicht so selbstverständlich, denn die gesellschaftlichen Zustände sind anders c). Das Einverständnis zwischen Mann und Frau ist nur möglich, wenn ihre Liebe gegenseitig ist, und je nach den äußeren Umständen und Lebensabschnitten (den alten Frauen wird hier nichts gesagt in bezug auf ihr Verhalten gegenüber ihren Männern!) gilt es, bald den Mann, bald die Frau zur Liebe anzuhalten[3].

b) Eph 5, 25.

c) Tit 1, 11; 2, 3!

Ihre Kinder lieben (philoteknos): kinderliebend; auch das scheint auf den ersten Blick eine Selbstverständlichkeit zu sein, doch steht sie in Übereinstimmung zu dem, was bisher über die gesellschaftlichen Zustände auf Kreta und in der Gemeinde gesagt wurde. In I 2, 15 handelt es sich wohl um Mütter, die aus religiösen Gründen ihre Kinder vernachlässigten; hier in Tit 2, 4 scheint es, daß sie noch gar nicht zu wahrer Mutterliebe ihren Kindern gegenüber erwacht sind.

Besonnen: in V. 2 von den alten Männern erwartet, in V. 4 als Grundverhalten für die Lehrtätigkeit der alten Frauen erwähnt; 5

keusch (hagnos): ursprünglich auf kultische Reinheit bezogen, dann auf das sittliche Verhalten übertragen, hat aber noch immer religiösen Bezug, vgl. V. 3: ehrwürdig als heilige Frauen, die heilige Dienste tun. Hier ist im besonderen die sittliche Reinheit in der Ehe gemeint. Besonnen (sittsam) und keusch sein gehört zusammen; in I 2, 9 ist Keuschheit mit Schamhaftigkeit verbunden. Es fällt schwer, diese Wörter in dem hellen Klang und Sinn zu hören, den sie von Jesus her bekommen hatten: im Licht der Freude an der Befreiung der Geschlechter zum wahren Menschsein. Nicht Prüderie und Kälte, sondern Unbefangenheit und warme Herzlichkeit strahlt von diesen Worten aus d);

d) Mt 6, 22 vgl. Tit 1, 15 a

häuslich (oikourgous, von oikos = Haus): steht im Gegensatz zu denen, die ihr Haus der Zerrüttung durch Irrlehre überlassen e). Auch dieses Wort kann für unser Ohr nur schwer befreit werden von der engen und zwanghaften Spießbürgerlichkeit, mit der es gerade auch durch gesetzlich gebundene

e) 1, 11

[3] Ausleger wollen hier eine weitere Bestätigung sehen, daß die endzeitliche Ausrichtung abgeschwächt sei im Unterschied etwa zu 1 Ko 7, 29. Doch in 1 Ko 9, 5 sagt P, daß reisende Evangelisten ein Recht haben, ihre Ehefrauen mitzuführen, das war also mit der Endzeit durchaus zu vereinbaren. Die endzeitliche Ausrichtung ist auch in Tit gegeben: 2, 10 will im Licht von 2, 13 ausgelegt sein: als solche, die auf seine Erscheinung warten, liebet eure Männer!

und auf ihre (angeblich in der Bibel begründete) Vorherrschaft pochende Ehemänner umgeben worden ist. Ein Haus zu führen und zu gestalten wissen f), ist nicht ein langweiliges und geisttötendes Werk, sondern eine wahrhaft menschliche Aufgabe, wenn man nur nicht meint, den Frauen vorschreiben zu müssen, wie sie „häuslich" zu verstehen hätten, wenn man nur nicht daraus ein Gesetz ableitet, mit dem man die Frau ins Haus verbannt und alle außerhäuslichen Tätigkeiten verdächtigt oder verurteilt. Man müßte sich das „Lob der wackeren Hausfrau" in Sprüche 31, 10—31 einmal genauer ansehen, um zu merken, wie wenig das Selbstbewußtsein, die vielgestaltige Tätigkeit und die Verantwortung jener Hausherrin zu tun hat mit der engen und isolierten Lebensweise, in der heute viele Ehefrauen ihre einsamen Tage mit ein bis zwei Kindern in einer Kleinwohnung verbringen. Sie hatte noch das Tagewerk für ihre (!) Mägde zu bestimmen, und wenn sie einen Acker oder einen Weinberg kaufen wollte aus ihrem eigenen Geld, so schloß sie einen Handel ab! Mit reifer Überlegenheit lachte sie des kommenden Tages und überwachte alles Tun und Treiben in ihrem Hause;

f) I 5, 14; 3, 5. 15; II 2, 20

gütig zeigt an, worauf es vor allem ankommt, daß nämlich die Häuslichkeit der Frau einen freien Raum der Entfaltung habe, durch den ihre Güte allen zugute kommt, mit denen sie zu tun hat. Wo der Frau die eigene Gestaltung ihres Wirkungsraumes unmöglich gemacht oder künstlich beschnitten wird, da versauert das Gemüt, Depressionen und gekränktes Zurückstehen treten an die Stelle einer freudigen Grundhaltung, die Güte ausstrahlen kann;

ihren Männern untergeordnet: wie Eph 5, 21.22; Kol 3, 18; vgl. I 2, 12 und den speziellen Anhang dazu! Gemeint ist nicht eine sanfte Ergebenheit in alles, was der Mann will! Sie wird den Haushalt verwalten in Güte und in Übereinstimmung mit dem Willen ihres Mannes, nicht ohne ihn noch gegen ihn. Die Freiheit und Ebenbürtigkeit der Frau steht nicht im Widerspruch zu einer Unterordnung unter ihren Mann, sofern diese Unterordnung freiwillig und nicht nach den Vorstellungen männlicher Überlegenheitsphantasien und Herrschaftsgelüste geschehen kann. Überhaupt wird die Zuordnung von Mann und Frau zu verschiedenen Zeiten (auch innerhalb einer Ehe verschieden) und in veränderten gesellschaftlichen Verhältnissen jeweils eine andere Gestalt annehmen. Die Unterordnung ist nicht ein neues Gesetz, das im NT anstelle bisheriger Gesetze aufgerichtet würde. Das eine „Grundgesetz" ist die Liebe, und das heißt: Gegenseitigkeit in allem, auch in der Unterordnung. So wird die Zuordnung von Mann und Frau das eine Mal mehr patriarchalisch (Hauptverantwortung beim Manne), das andere Mal mehr partnerschaftlich (gegenseitige Verantwortung und Dienstbereitschaft je nach den Gaben, die jeder empfangen hat) geprägt sein. Das Neue, das durch Jesus in die Beziehung der Geschlechter kam, ist gerade nicht eine Bestätigung oder gar Verstärkung der Männervorherrschaft, sondern eine Wiederherstellung der ursprünglichen Gegenseitigkeit. Daß Mann und Frau nach gemeinsamer Beratung und Übereinkunft g) handeln, ist Ausdruck jener göttlichen Liebe, die in Jesus Menschengestalt angenommen hat.

g) 1 Ko 7, 5

Hat man einmal die herkömmliche falsche Vorstellung eines gesetzlichen und diskriminierenden Charakters dieser Ermahnung zur Unterordnung der Frau überwunden, dann könnte ein neues Verständnis für ihren wahren Sinn erwachen: die natürliche Überlegenheit der Frau in den vitalen Lebensbereichen, ihr selbstverständliches Mitten-im-Leben-Stehen könnte dort, wo sie durch Jesus die volle Befreiung von aller Bevormundung erfährt, leicht zur Überheblichkeit gegenüber dem Mann führen. Das könnte eine besondere Versuchung für die Frauen in den frühen Gemeinden gewesen sein.

Damit das Wort nicht gelästert werde h): Nicht nur die Unterordnung unter den Mann, sondern alles bisher Genannte miteinbezogen, gibt der Gemeinde und der Umwelt einen Anschauungsunterricht von der Befreiung durch das Evangelium im Leben derer, die Jesus nachfolgen.

h) I 6, 1; Tit 2, 8!

3. Titus als Vorbild der jungen Männer

Titus 2, 6—8

6 Desgleichen ermahne die jungen Männer, besonnen zu sein,
7 * indem du dich selbst in allem als Vorbild guter Werke darbietest, in der Lehre Unverfälschtheit, in würdigem Ernst,
8 * gesunde, unanfechtbare Rede, damit der Widersacher beschämt wird, weil er nichts Schlechtes von uns sagen kann.

Desgleichen ermahne die jungen Männer, besonnen zu sein: Erst jetzt folgt das Prädikat der ganzen Liste: ermahne a)! So

a) wie 1, 9; II 4, 2! Phlm 9. 10!

wird auch V. 2 gemeint sein: ermahne alte Männer. Jedesmal wenn das Wort „besonnen“ in den Past erscheint, ist es nötig, sich daran zu erinnern, daß das Wort zwar eine hellenistische Haupttugend nennt, der aber die Demut fehlt. Selbstbeherrschung ist das, was der Mann aus sich selbst macht! In den Past aber ist Selbstzucht immer Zucht des Heiligen Geistes,
b) II 1, 7! seine Gabe, seine Wirkung b). Wie aber wird die geschenkte Besonnenheit verwirklicht? Wer an der Wortgestalt festhält in
c) 1, 9; Kraft des Geistes c), wer die Gabe des Geistes zu immer neuer
II 1, 13. 14 Glut anfacht d), wer im Wort bleibt e), wer den Herrn anruft
d) II 1, 6
e) II 3, 14—17 in der Gemeinschaft mit anderen, wer die jugendlichen Lüste
f) II 2, 22 flieht und der Gerechtigkeit nachjagt f), wer sich in der Fröm-
g) I 4, 7 migkeit übt g), in dem bringt der Geist die Frucht eines zuchtvollen Lebens zur Reife. Den jungen Männern ist das gleiche zu sagen wie den jungen Frauen: seid besonnen! Wir merken immer wieder: Es lassen sich aus diesen Aufzählungen keine feststehenden Unterschiede der Geschlechter ableiten.

Die beiden folgenden Verse sind an Titus gerichtet. Da er selber als junger Mann anzusehen ist, gilt das ihm Gesagte auch seinen Altersgenossen.

7 **Indem du dich selbst als Vorbild guter Werke darbietest.** Ermahne durch dein Beispiel! In allen aufgezählten Eigenschaften, in allen Begegnungen mit Jungen und Alten, mit Männern und Frauen. **In allem** bist du vollständig und ganz gefordert. Ist das aber nicht eine Überforderung? Diese Mahnung darf nicht moralisch und gesetzlich mißverstanden werden. Vielmehr soll dem Zerrbild der Irrlehrer das Vorbild eines gesunden Lehrers entgegengestellt werden, denn die Macht schlechter Bilder kann nur überwunden werden durch mächtige bessere Bilder. Nicht kirchliche Machtpositionen werden aufgebaut, sondern ein Mensch wird hingestellt: **biete dich dar!** Gewähre allen die Möglichkeit, an dir zu sehen, was Gott
h) I 4, 12. 16 in einem Menschen wirkt h). Es kann nicht die Rede davon sein, daß Titus sich als Tugendbold mit einem Heiligenschein hinstellen soll! Für ihn gilt ebenso wie für alle seine Brüder: „Auch wir waren unverständig ... und dienten mancherlei Lüsten“ (3, 3). Die selbe alte Natur ist auch jetzt noch in Titus und wird immer dann zur Auswirkung kommen, wenn er nicht im Gehorsam und Glauben des neuen Lebens bleibt: die Gnade Gottes erzieht uns (Paulus und Titus inbegriffen), damit wir die Gottlosigkeit und die weltlichen Lüste verleugnen und das wirkliche Leben praktizieren (2, 12)!

In der Lehre Unverfälschtheit: Das Vorbild guter Werke er-
leuchte die Lehre, der Vorschrift gehe das Vorbild voran. In
der Art und Weise, wie er die Lehre darbietet und sich selbst,
sei er lauter, durchsichtig, in seinen Absichten rein i), ohne i) 2 Ko
Gewinn zu suchen. Die beste Auslegung gibt 2 Ko 4, 2 und 11, 2—4
zugleich die Bestätigung, daß hier derselbe Grundton der Er-
mahnung vorliegt: „Wir (als Diener des Herrn) haben den
heimlichen Dingen, deren man sich schämen muß, entsagt, in-
dem wir nicht in Arglist wandeln, noch das Wort Gottes ver-
fälschen, vielmehr uns vor Gott jedem Gewissen der Men-
schen empfehlen dadurch, daß wir die Wahrheit offenbaren."

In würdigem Ernst: wie I 3, 8.11. Der Dienst am Wort ver-
trägt keine frivolen Spielereien und keine Menschendienerei.
Verhalte dich entsprechend dem, was du vertrittst. Mache den
kostbaren Schatz nicht zu einer billigen Marktware in der
Art, wie du ihn und dich selbst darbietest.

Gesunde, unanfechtbare Rede (darbietend, von V. 7 her). 8
Die gesunde Lehre will auch gesund dargeboten sein. Weder
schöngeistige Unverbindlichkeit (Rhetorik) k) noch unverstän- k) 1 Ko 1, 17
dige Aufdringlichkeit, noch eine besonders gehobene fromme
Sprache[4] wird der wahren Schlichtheit des Evangeliums ge-
recht. Deine Rede, im Einzelgespräch und in der Verkündi-
gung wie in der Widerlegung der Irrlehrer, sei Ausdruck dei-
nes Lebens im Wort Gottes l). Suche nicht mit Worten Ein- l) II 3,14—17
druck zu machen, verkündige nüchtern und gesund-mensch-
lich, so wird die Wirkung nicht ausbleiben.

**Damit der Widersacher[5] beschämt wird, weil er nichts
Schlechtes von uns sagen kann:** Das können Widersprechende
und Kritiker in m) und außerhalb der Gemeinden sein. Der m) 1, 9; 3, 15;
jeweilige Schluß von 2, 5.8.10 meint jedesmal das gleiche: kei- II 2, 25
nen Anlaß zu Lästerung und herabsetzender Kritik geben.

Beschämt werden: Der ursprüngliche Sinn ist: den Rücken
kehren, dann: sich ändern, sich anders stellen, zuwenden;
schließlich: Furcht und Respekt haben, so in Hb 12, 9. Die-
jenigen, die beschämt sind, können gewonnen werden, sie kön-
nen vor Gott zur Einsicht und Umkehr von ihrem Tun ge- n) II 2,
langen n). 24—26! 1 Ko 14, 24—25; 1 Pt 3, 1—2

[4] Es gibt alte und neue „Kanaan-Sprachen", d. h. fromm tönende, aber nichtssagende Redensarten.

[5] *(enantias)* Widersacher; nur hier, aber in 1 Th 2, 15 (enantius): entgegen, feindlich sein.

4. Das Zeugnis der Sklaven

Titus 2, 9—10

9 Sklaven (ermahne), **ihren Herrn sich unterzuordnen, in al-**
10 lem sie zufriedenzustellen, nicht zu widersprechen, * nichts
zu veruntreuen, sondern alle gute Treue zu erweisen, damit
sie die Lehre Gottes, unseres Retters, in allem schmücken.

Zur Sklavenfrage: I 6, 1—2 und Brief an Philemon!

9 Im Unterschied zu Eph 6, 9 und Kol 4, 1 sind hier die Herren nicht auch einbezogen in die Mahnrede. Ob vielleicht noch keine solchen in den Gemeinden waren — im Unterschied zu Ephesus a)? Ob die Mahnung verschärft sei, wie einige Ausleger meinen, ist fraglich b). **In allem** kann den Sinn haben von ganz, ungeteilt, von Herzen, nicht nur dem Schein nach c). Die Kirchenväter betonten immer sorgfältig, daß der Gehorsam der Sklaven sich nur auf erlaubte Dinge beziehen dürfe;

a) vgl. I 6, 2. 17
b) vgl. Eph 6, 5; Kol 3, 23!
c) vgl. Kol 3, 22

zufriedenstellen (euarestos); wohlgefällig sein, mit Ausnahme von Hb 13, 21 nur bei P, und zwar auf Gott bezogen, dem etwas wohlgefällt: Rö 12, 1; 14, 18; 2 Ko 5, 4; Phil 4, 18. Erscheinen hier die kleinen Herren im Abglanz der Herrlichkeit Gottes, dem wohlzugefallen erstes Anliegen des Menschen sein soll? Man kann hier schwerlich einen Unterschied zu Eph 6, 7: „gutwillig dienen" sehen und wird deshalb die Frage verneinen;

nicht widersprechen (antilegein); schon in 1, 9 als Hauptwort: die Gegensprecher; Luther: „nicht widerbellend", gemeint ist das Widersprechen aus gereiztem Herzen. Die Not der Klassenunterschiede kommt in dieser Versuchung der Sklaven unterschwellig zum Ausdruck. Ähnliches gilt für die notvollen Spannungen zwischen den Geschlechtern, die nur in der Liebe getragen und überwunden werden können: liebt ein Mann seine Frau, wird er sie nicht zum Widerspruch reizen, liebt eine Frau ihren Mann (2, 4), wird sie nicht widersprechen und das letzte Wort haben müssen. Die Liebe ist der entscheidende Beweggrund und die Kraft zu wohlgefälligem Verhalten, auch im Verhältnis von Sklaven und Herren d). Wie verfehlt das gesetzliche Pochen auf Untertänigsein der Frau ist, zeigt gerade ein Vergleich mit den Sklaven hier, von denen erwartet wird, daß sie **sich ihren Herren unterordnen:** nicht zuletzt durch die verändernde Kraft des Evangeliums ist die Sklaverei und da-

d) I 6, 2! Eph 6, 9 a

mit die sklavische Unterordnung aufgehoben worden! Für die Frauen aber soll sie die dauernde Ordnung sein?

nichts veruntreuen (nur noch Apg 5, 2 f!), unterschlagen, 10
entwenden. Der Sklave Onesimus war unehrlich gewesen, und als er entdeckt wurde, ist er von seinem Herrn geflohen e).

e) Phlm 18

In allem gute Treue erweisen f). Die Treue sei gut! (pistis agathe.) **Gut** ist betont an den Schluß gesetzt, ist also nicht im abgeschwächten Sinn zu übersetzen. Es ist das Gute, wie es vor Gottes Augen gilt, es sind die guten Werke, zu denen er uns vorbereitet hat g);

f) wie I 1, 16 II 4, 14
g) Eph 2, 10 Kol 1, 10

damit sie die Lehre Gottes, unseres Retters, in allem schmücken h). Die Lehre Gottes: Genitiv der Urheberschaft; die Lehre stammt von Gott; er ist selbst der Verkündende, Unterweisende, Erziehende (V. 11). Sein Lehren will in allen, die ihm gehören, zur Schönheit wahren menschlichen Lebens führen. Die Treue des ganzen Menschen aus ganzem Herzen kennzeichnet den guten Knecht i). Ohne das Wirken des Retter-Gottes ist das Ganzwerden des Menschen nicht wirklich ein Heilwerden.

h) I 2, 9!
i) Mt 25, 21

„Die Lehre" ist das Grundwort für Anfang (V. 1), Mitte (V. 7) und Ende (V. 10) des praktisch ermahnenden Teils. Diese heilsame Lehre, die den Glauben gesund, nüchtern und in den Werken tätig erhält, wird im folgenden entfaltet. Im **Retter** gipfelt der Mahnruf und leitet über zum Lobpreis eben dieser erlösenden und erziehenden Gnade Gottes (2, 11—14).

B. JESUS IST DIE HEILBRINGENDE GNADE GOTTES (2. HYMNUS)

Titus 2, 11—15

11 **Denn: erschienen ist die Gnade Gottes, heilbringend allen**
12 **Menschen. * Sie erzieht uns dazu, daß wir der Gottlosigkeit**
und allen weltlichen Lüsten absagen und besonnen und
gerecht und gottselig leben in der gegenwärtigen Welt-
13 **zeit, * indem wir die beseligende Hoffnung, nämlich das**
Erscheinen der Herrlichkeit unseres großen Gottes und Ret-
14 **ters Jesus Christus erwarten,* der sich für uns dahinge-**
geben hat, um uns von aller Ungerechtigkeit zu erlösen
und für sich selbst ein Volk zum Eigentum zu reinigen,
15 (das) **eifrig** (tätig ist) **in guten Werken. * Dies rede und**

ermahne und überführe mit aller Entschlossenheit; niemand soll dich dabei mißachten.

Der vorliegende Hymnus preist Gottes Gnade, die erschienen ist in der Vergangenheit (V. 11), die die Jünger Jesu erzieht in der Gegenwart (V. 12), deren volle Offenbarung erwartet wird in der Zukunft (V. 13), deren Grund und Kraft die Liebe des Erlösers ist, der sein Volk reinigt und entfaltet zum Leben in heiligem Eifer (V. 14).

11 **Erschienen:** steht ganz am Anfang, das Plötzliche, Unerwartete, Überraschende betonend. Das Verb (epiphanein) in der passiven Form im NT nur hier und 3, 4[6]; das Hauptwort (epiphaneia) Erscheinung ist typisch für die Past, doch zeigt seine frühe Verwendung in 2 Th 2, 8[7], daß das im Kaiserkult und für hellenistische Gottheiten sehr gebräuchliche Wort sicher nicht einseitig von dorther bestimmt ist, zumal der Zusammenhang mit dem AT mindestens ebenso beachtet werden muß a).

a) I 6, 14; II 1, 10, 4, 1. 8!

Die Gnade Gottes (charis): Gnade ist das Herzwort des Apostels, durch Gnade ist er errettet, durch Gnade ist er geworden, was er ist, durch Gnade geschieht sein Wirken b). Gnade ist unverdiente Gabe Gottes, Ausdruck seines Erbarmens, seines Wohlwollens, seiner Gunst und Huld c). Gott läßt sich nicht herab wie die großtuerischen Majestäten dieser Weltzeit, denen es beliebt, zu gewissen Anlässen dem Volk oder einzelnen eine Gunst zu erweisen d). Gottes Herablassung geschieht nicht aus „Eigennutz", sondern ganz und gar aus Liebe, die überströmt zu barmherziger Tat: in Jesus ist Gottes Gnade sichtbare und für die Menschen faßbare Wirklichkeit geworden. Durch Jesus wissen wir, daß Gottes gnädige Herablassung den Menschen nicht erniedrigt, denn Gott erniedrigt sich selbst, um den Menschen aus seiner schuldhaften Niedrigkeit zu erhöhen. Der Hymnus ist durchdrungen von Staunen und Jubel[8] darüber, daß in Jesus die heilbringende Gottesgnade wie eine Sonne aufgegangen ist über der von Todesschatten umdüsterten Welt e);

b) I 1, 14; 1 Ko 15, 10; 2 Ko 6, 1—2.
c) Eph 2, 8; Rö 3, 24
d) Lk 22, 25; Jo 18, 39
e) I 3, 16! Jo 1, 14. 16. 17.

[6] Sonst verwendet P ein anderes Verb: *phaneroun;* I 3, 16! In II 1, 10 zusammen mit *epiphaneia!;* Tit 1, 3; Rö 3, 21; 16, 26; 1 Ko 4, 5; 2 Ko 14; Kol 1, 26; 3, 4

[7] *epiphaneia* und *parusia*, zwei verschiedene Worte für dasselbe Geschehen: „Die Erscheinung seiner Wiederkunft."

[8] Ein Lied von Gerhard Tersteegen bringt diesen Jubel zum Ausdruck: 1. Jauchzet, ihr Himmel, frohlocket, ihr Engel, in Chören. / Singet dem Herren, dem Heiland der Menschen, zu ehren. Sehet doch da: / Gott will so freundlich und nah / zu den Verlornen sich keh-

heilbringend (soterios); als Adj. nur hier im NT[9]; wie salutaris, lat. sagt aus, wie die Gnade wirkt: mit rettender Mächtigkeit, heilsmächtig. Gnade ist nicht schwächliche Nachgiebigkeit, nicht kraftlose Gunsterweisung, sondern göttliche Liebeskraft;

für alle Menschen: der Retter hat sich für alle hingegeben, Gottes Gnade will, daß alle zum Heil gelangen; das universale Angebot des Heils ist hier uneingeschränkt ausgedrückt wie überall bei Paulus f). Erlösung haben alle nötig, sie ist aber auch allen zugänglich: Männern wie Frauen, Alten wie Jungen, Sklaven wie Herrn, Juden wie Griechen.

f) I 2, 4. 6!! Rö 8, 32; 2 Ko 5, 14

Die Glaubenden sollen immer vor Augen haben, daß Gottes Gnade allen gilt und alle erreichen will. Und zwar soll das geschehen durch das Lebenszeugnis der Gemeinde Jesu. In ihrer Mitte will Gottes Gnade so real aufleuchten, indem sie vergibt, heilt, zurechtbringt und zur vollen Menschlichkeit erzieht nach dem Bilde Jesu, daß alle Welt erkennen kann, wie diese Gnade sich in denen verwirklicht, die sich ihr öffnen.

Zwischen den Versen 11 und 12 besteht eine ungeheure Spannung, die durch menschliches Verstehen oder Empfinden nicht beseitigt werden kann g). Die Gnade ist da **für alle Menschen,** und sie **erzieht uns.** „Uns", das sind alle, die den Heilsruf annehmen und sich von Jesus zum Eigentumsvolk reinigen lassen. Für alle — für uns! Erst im Blick auf diese Unterscheidung wird die prophetische Dringlichkeit aller vorangegangenen und nachfolgenden Ermahnungen deutlich. Gott will ein Eigentumsvolk, das eifrig mitwirkt am Heil der Welt, das durch den Retter angefangen hat, als er die Sünde der Welt auslöschte in seiner sühnenden Liebe h). Auch hier sehen wir den direktesten Bezug zum AT! Gott will seine Gnade aller Welt zukommen lassen durch sein Volk, das er erlöst hat und erzieht i).

g) Mk 10, 26. 27; Mt 19, 25—27

h) Jo 1, 29
i) vgl Ps 67, 2—3; 98,2—3 mit Tit 2, 14! Apg 13, 47; Lk 2, 30—32!

12 **Sie erzieht uns** (paideuein, part. präs.); erziehen, züchtigen, strafen, zurechtweisen, unterweisen; das Hauptwort paideia ist enthalten in „Pädagogik". Die Betonung des Satzes liegt

ren. 3. Sehet dies Wunder, wie tief sich der Höchste hier beuget. / Sehet die Liebe, die ganz nun als Liebe sich zeiget. / Gott wird ein Kind, träget und tilget die Sünd. / Alles anbetet und schweiget. / 4. Gott ist im Fleisch. Wer kann dies Geheimnis verstehen? / Hier ist die Pforte des Lebens nun offen zu sehen. / Gehet hinein, eins mit dem Kinde zu sein, die ihr zum Vater wollt gehen.

[9] Als Hauptwort verwendet an bezeichnenden Stellen, welche eine Parallele zu diesem Hymnus darstellen: Lk 3, 5 (Apg 28, 28); Lk 2, 30; Apg 13, 47; Jes 49, 6.

auf diesem Verb[10]. Es wurde behauptet, daß dieses Wort in den Past seine Bedeutung verändert habe, es sei nur noch unterweisend, nicht mehr zurechtweisend, züchtigend, strafend verstanden, wie sonst im NT. Doch I 1, 20 hat eindeutig den Sinn von Strafe, Züchtigung, ebenso II 2, 25. In II 3, 16 ist „Erziehung zur Gerechtigkeit" zusammenfassende Beschreibung eines ganzheitlichen Geschehens, das Überführung (von Sünde) und Wiederherstellung (in der Umkehr) umfaßt[11]. Auch Titus soll mit Strenge und Entschlossenheit überführen, erziehen k). Erziehung hat zwei Seiten: ermahnen und ermuntern, überführen und hinführen, züchtigen und ziehen, vormachen und mitgehen, führen und freigeben. Beide Seiten sind in Tit 2, 1—10 und 2, 11—14 miteinander verbunden. Auch die Gnade ist nicht ohne Zucht, aber sie ist von anderer Art, ja, sie steht im Gegensatz zum harten Zuchtmeister des Gesetzes, denn „ihr seid nicht unter Gesetz, sondern unter Gnade[12] l)".

k) 1, 9. 13; 2, 15; 1, 16 vgl. Hb 12, 5—11

l) Rö 6, 14

Sie erzieht uns, daß wir ... absagen: Das erste Ziel der Gnadenerziehung ist, daß wir **verleugnen** lernen! Das ist keine bloß formale oder weichliche, sondern eine folgerichtige und entschiedene Unterweisung. Verleugnen heißt entsagen, absagen, nein sagen können. Die Zeitform des Verbes (part. aor.) könnte wörtlich übertragen werden mit: nachdem wir in der Vergangenheit entschlossen mit der Sünde gebrochen haben

[10] „*paideuein* umfaßt beides: das Verbot und das Gebot, den Widerspruch Gottes gegen das, was wir sind, und sein begabendes Wirken, das in uns schafft, was er will. Darum entsteht aus der göttlichen Gnade unser Verleugnen, durch das wir dem absagen, was wir sind. In uns ist die Mißachtung Gottes, die *asebeia,* und dieser widersteht Gottes Gnade, weil sich Gottes Zorn gegen sie kehrt, Rö 1, 18; und in uns sind die der Menschheit eigenen Begierden, die den Verstand verwirren, die Leidenschaften erwecken, die Gemeinschaft zerstören und die Ungerechtigkeiten wirken. Auch ihnen widersteht Gottes Gnade in allen Menschen; denn sie fallen ebenso wie die Gottlosigkeit unter Gottes Zorn" (Schlatter, 195).

[11] Gleicherweise sind auch in Eph 6, 4 beide Aspekte der Erziehung zusammengestellt: der strafende, überführende und der zurechtbringende, ermunternde. „Ihr Väter, reizt eure Kinder nicht zum Zorn, sondern zieht sie auf in der Zucht *(paideia)* und Ermahnung *(nouthesia,* hat gegenüber *paideia* einen milderen Klang) des Herrn."

[12] Ein Vergleich mit 1 Ko 11, 28—32 ergibt noch eine andere Sicht auf unseren Text: in der Gemeinde sind viele krank und schwach, ja sogar gestorben, weil sie ohne Vorbereitung, ohne Prüfung, ohne Selbstgericht und Umkehr zum Herrenmahl kamen und dort ihre Brüder aus Hartherzigkeit benachteiligten. Gott hat züchtigend eingegriffen, damit sie jetzt schon überführt, gerichtet und wiederhergestellt werden. Tit 2, 1—10, ja alle vorangegangene, zum Teil scharfe Vermahnung könnte dann auch als vorbereitende Gemeindeseelsorge vor dem Herrenmahl angesehen werden. „Als Tischgenossen des Erhöhten seufzen wir nicht unter dem Zuchtmeister des Gesetzes *(paidagogos* Gal 3, 24 f), sondern stehen im pneumatischen göttlichen Unterricht. Der Herr des Mahles arbeite an den Seinen" (Holtz, 225).

und jetzt mit dieser Absage weiterfahren; die bereits erfolgte Absage bestätigen durch das gegenwärtige Verhalten. Das Gesetz verleitet den Menschen dazu, daß er vorschnell, aus Angst vor der Strafe, nein sagt, ohne wirklich im Herzen von der Notwendigkeit dieses Neins überzeugt zu sein. Die Gnade hat Kraft, wirklich von der Sünde zu überführen. Die Langmut Gottes kann zu wahrer Einsicht und Umkehr führen, weil im Licht der Liebe deutlich wird, daß Sünde nie lohnt, nie die erhoffte Bereicherung bringt, andrerseits unter dem Einfluß der Gnade das Nein nicht nur als notwendig, sondern als zu meinem Besten dienend erkannt und ermöglicht wird. Es ist nichts weniger als ein Wunder der Gnade, wenn ein Mensch von ganzem Herzen nein sagen kann.

Die Gottlosigkeit (asebeia) steht im Gegensatz zur wahren Gottesverehrung, zur Gottseligkeit, Frömmigkeit (eusebeia), die im gleichen Vers erwähnt ist. Das Wort weist auf die Vergangenheit hin, auf ein Leben ohne und gegen Gott. Wäre der Gottlosigkeit[13] ein für allemal und endgültig entsagt, so bedürfte es nicht der Ermahnung, so wären die apostolischen Briefe nicht nötig, so müßte die Gnade Gottes nicht züchtigen und erziehen. So gewiß ein Bruch mit der Vergangenheit zu geschehen hat, so gewiß ist auch, daß die Trennungslinie zwischen Gottlosigkeit und Gottseligkeit, nicht nur zwischen Vergangenheit und Gegenwart, zwischen Gemeinde und Gesellschaft, zwischen Christ und Welt verläuft, sie geht auch mitten durch das eigene Herz, denn jedes eigenmächtige und eigensüchtige Handeln und Begehren ist gott-los (1, 16!). Die Gnade unterweist, mahnt und kräftigt, daß wir der Gottlosigkeit des eigenen Herzens immer neu entsagen. Wie tief diese Gottentfremdung sitzt, kann man an der weltlichen Gier erkennen, die immer aus einem Mangel an Gotteslust (Gottseligkeit) aufbricht.

Die weltlichen Lüste: „weltlich", nur noch in Hb 9, 1, dort im Sinn von „irdisch"; hier kann das Wort sehr stark Bedeutung haben im Sinn von „teuflischen Begierden". Der verführerische Glanz und Sog von gottgelöster und ungezügelter Sinnlichkeit war für die Gemeinden der Frühzeit nichts Fremdes. Wieder gilt es, gut zu hören und zu unterscheiden: die Freude an Gottes Schöpfung und Geschöpfen, der Dank für Speise, Trank, Geschlechtlichkeit m) darf nicht verwechselt werden mit m) I 4, 3—4!

[13] Vgl. Rö 1, 18: Gottlosigkeit und Ungerechtigkeit der Menschen, welche die Wahrheit in Ungerechtigkeit aufhalten; derselbe Zusammenhang in Tit 1, 1; 2, 14. 12; 3, 7.

n) Eph 5, 18 süchtiger Gier, welche den Menschen zerrüttet n). Alles, was die Begierden erregt und den Menschen von sich selbst fortreißt, steht im Widerspruch zu einem besonnenen Leben in Gerechtigkeit und soll deshalb mit Entschlossenheit abgewie-
o) II 2, 22 sen, verleugnet werden. „Fliehe die (jugendlichen) Lüste o)!" Wie kann dies in Wahrheit geschehen, wenn nicht durch Gnade? Wie sollte das begierliche Herz von sich aus dazu gelangen, die Begierden nicht zu begehren? Die Spielarten von Süchtigkeit sind schier unbegrenzt, von den gröbsten und offensichtlichsten bis zu den feinsten und verborgensten Formen[14]. Wo keine weltlichen Lüste verleugnet werden, da ist die Gnade zur billigen Gnade geworden, da ist man aus ihrer Schule davongelaufen. Viele Evangelisations- und Missionsmethoden erweisen sich als unbiblisch, wenn sie nur vom Glauben an den Sünder-Heiland, nicht aber auch von der Absage an die Sünde reden. Allerdings lauert auch hier wieder die Gefahr gesetzlicher Treiberei. Die beiden Wege, die dem rein menschlichen Bemühen um Überwindung der weltlichen Lüste offenstehen, führen nicht zum Ziel:

1) Man verleugnet nicht die Lüste, sondern leugnet, daß es sie überhaupt gibt. Man erklärt sie als Ausdruck der Lebenslust, als Wille zum Leben, als berechtigten Trieb oder natürliches Bedürfnis.

2) Man versucht die Lüste einzudämmen, ihre schlimmsten Auswüchse zu beseitigen. Der Mensch tritt den Kampf gegen sich selbst. Religiöse Menschen werden zusätzlich Gebet und Besinnung, Beicht- und Bußübungen einspannen. Doch die Lüste werden nur ihre Gestalt wechseln und an unerwarteter Stelle zu unerwünschter Zeit durch Hintertüren und Hintergedanken wieder hereinkommen. Das Ende des asketischen Weges ist der Mensch, der das Gute, das er will, nicht tut, und
p) Rö 7, 7. 8. 19 das Böse, das er haßt, ausführt[15] p).

Unter dem Einfluß der erziehenden Gottesgnade werden die

[14] Man denke etwa an die überraschende Beobachtung von J. G. Hamann: „Wissensdurst ist unstreitig einer der stärksten, grauenhaftesten und gefräßigsten Triebe im Menschen", sofern er zur Gier entartet ist. Die Gnade aber „will uns bewegen, unsere Gottlosigkeit und unsere vergängliche, irdische Gier wie einen wüsten Traum hinter uns zu lassen" (Zink).

[15] „Es ist die ganze Kluft zwischen christlicher und außerchristlicher Ethik, die sich hier auftut. Dort ist die Triebkraft der Sittlichkeit die Forderung des Gesetzes oder der Vernunft oder des Gewissens, die den Menschen vor ein unerfüllbares „du sollst" stellt; das Christentum kennt ein neues Motiv der Ethik, das die Kraft zur Erfüllung schenkt: die Dankbarkeit des begnadeten Gotteskindes für Gottes Vergeben, in der sich die erziehende Gnade Gottes als Heiligungskraft auswirkt" (J. Jeremias, 60).

weltlichen Lüste nicht abgeleugnet, sondern verleugnet, weil der Retter von ihnen befreit und das Herz vom gesetzwidrigen Wesen reinigt (V. 14). Wie oft darf man kommen und Vergebung empfangen und wieder neu beginnen? Gottes Gnade ist grenzenlos wie seine Vergebung. Die Grenze verläuft in uns, nicht in ihm. Nicht an der Gnade liegt es, wenn in uns die Angst hochkommt. Wenn das Herz sich nicht ermahnen und nicht zu wahrer Umkehr führen läßt, wird es in den alten Geleisen weiterfahren, und die ursprüngliche Absage — war es denn überhaupt eine echte Absage? — bleibt ohne Erneuerung und Vertiefung. Unter einem frommen Mantel macht sich dann das alte Wesen breit. Ohne gegenseitige brüderliche Ermahnung werden die Grenzen schneller erreicht, als man leichthin annimmt: Lippenbekenntnis und tatsächliche Lebenspraxis fallen auseinander, widersprechen sich q).

q) II 3, 5 Tit 1, 16

„Jeder ‚Fortschritt' im Christenleben ist eine Rückkehr zur Gnade und eine Bitte darum, daß sie ihr Werk tut" (Brandt, 100). Die Gnade wird nie nein zu uns sagen, aber sie wird uns unerbittlich dazu führen, daß **wir** nein sagen zu unserer Gottlosigkeit und den daraus entspringenden Begierden. Das Ziel des ganzen Abschnittes ist: Heiliges Leben in der Gegenwart! Wer verleugnet, wird nicht ums Leben kommen. Erst er wird dem vollen Leben begegnen, er wird **besonnen und gerecht und gottselig leben in der jetzigen Weltzeit.**

Besonnen: ist wie „Lehre" ganz verwoben mit dem vorangegangenen Abschnitt[16]. Besonnenheit ist das Ziel r) der Gnadenerziehung: die klare Nüchternheit und Wachheit, die aus der Absage an die geheimen Lüste und aus der empfangenen Vergebung entsteht. In der Besonnenheit kann der verschwommene Selbstbetrug nicht andauern. Ganz gegenwärtiges Wachsein für das jetzige Leben, ganz erfüllt mit Erwartung (V. 14), das ist nicht Endprodukt der Selbsterziehung, sondern Wirkung der Gnade, die erst besonnene Selbstverantwortung ermöglicht und allem ein anderes Ziel gibt.

r) vgl. 2, 4!

Gerecht: Der Sinn des Wortes darf nicht vom Zusammenhang des Briefes gelöst werden. Diejenigen, die gerecht gesprochen worden sind, werden durch Gnade zu Gerechten (zu einem gerechten Leben) erzogen s). 1 Th 2, 10 zeigt, worauf „gerecht" bezogen ist, wie es verstanden sein will: „Ihr seid Zeugen und auch Gott (selbst), wie heilig und gerecht und untadelig wir uns euch Glaubenden gegenüber verhalten haben"

s) vgl. Tit 3, 5—7!

[16] Lehre: 2, 1. (5). 7. 10; besonnen: 2, 2. 3. 4. 6.

t) I 6, 11! t). Heiliges Leben ist etwas anderes als bürgerliche Pflicht und Schuldigkeit! Die furchtbare Ungerechtigkeit in der Welt hat ihre Wurzel in den weltlichen Lüsten, die aus der Gottlosigkeit ihre Triebkraft gewinnen. Der Ungerechtigkeit kann nicht gesteuert werden, wenn nicht radikal, bis zu den Wurzeln, die zerstörerischen Begierden angegangen und abgelegt werden in Kraft der heilbringenden Gnade.

Gottselig[17]: Die mit Gerechtigkeit gepaarte und in nüchterner Wachheit gegenüber eigenen und fremden Begierden gelebte Frömmigkeit ist eine Kraft besonderer Art. Sie tritt nicht kraftstrotzend auf, ihre Wirkung ist unaufdringlich, fast wie selbstverständlich, und doch erweckt sie Widerstand, sie kann nicht übersehen, nicht übergangen werden. Diese Frömmigkeit
u) II 3, 12! ist „in Christus" u). Darin liegt ihr Grund und ihre Wirkung. Das Ziel der Gnadenerziehung ist eine Frömmigkeit, die ganz auf Gott gerichtet, mitten in dieser Welt lebt und wirkt, aber gar nicht in dem Sinn, daß sie ihre „Weltlichkeit" dadurch beweisen will, daß sie möglichst so sein will (oder möglichst nicht so!) wie alle andern auch. Nicht Anerkennung oder Ablehnung ist für diese Frömmigkeit bestimmendes Motiv, sondern die ständig wirksame Gnade Gottes.

v) I 6, 17; II 4, 10! **In der jetzigen Weltzeit** v): Entscheidend ist hier, daß die Gnade für ein Leben in dieser Welt erzieht und gleichzeitig das liebend-erwartende Gespanntsein auf die kommende Welt wach hält. Die Past haben nicht eine Schwenkung vollzogen, um sich hier weltlich einzurichten; ihre „Weltlichkeit" bleibt
x) I 4, 8; 6, 14 II 1, 12; 2, 10. 4, 1. von der kommenden Welt bestimmt x)[18].

Die Übersetzung von Wilckens bringt diese Grundspannung gut zum Ausdruck: „Sie erzieht uns dazu, der Gottlosigkeit und allen weltlichen Begierden abzusagen und zuchtvoll, gerecht und fromm zu leben, solange diese Weltzeit währt, denn unsere Erwartung richtet sich auf die erhoffte und seligmachende Erscheinung ..."

13 **Indem wir die beseligende Hoffnung, nämlich das Erscheinen der Herrlichkeit unseres großen Gottes und Retters Jesus Christus erwarten:** part. präs. wie „erziehend"; ein fortdauernder Zustand, der die eschatologische Haltung, das endzeitliche

[17] zu Gottseligkeit vgl. Einleitungsfragen, S. 23—25 in Wt. Stb. 1 Tim
[18] Gnade und Hoffnung auf die Herrlichkeit sind hier genau so aufeinander bezogen wie in Rö 5, 2; überhaupt besteht eine enge Beziehung zwischen Rö 5, 1—10 und Tit 2, 11—14: Wir haben Zutritt erlangt zu dieser Gnade (Tit 2, 14, Vergangenheit), wir stehen in dieser Gnade (2, 12, Gegenwart), wir rühmen uns der Hoffnung auf die Herrlichkeit (2, 13, Zukunft).

Ausgerichtetsein ausdrückt[19]. Verleugnen, leben, erwarten, diese drei Verben bestimmen den Abschnitt, sie umfassen Vergangenheit, Gegenwart und Zukunft, ja, sie drücken eine Steigerung aus vom Absagen zum Zusagen und zur Erwartung; ebenso: besonnen, gerecht, gottselig. Wer in Begierde trunken ist, wird nicht warten, denn er ist nicht wach, er schläft y). Ernüchtert vom Schlaf der Vergangenheit, erweckt von der beseligenden Erwartung des Kommenden, kann ein Jünger des Herrn Jesus wirklich „geistesgegenwärtig" leben und sein Licht brennend erhalten: „Eure Lenden seien gegürtet und eure Lichter brennend. Und i h r (im Unterschied zu den anderen, die schlafen), ihr solltet den Menschen gleichen, die [mit Sehnsucht] ihren Herrn erwarten"[20].

y) 1 Th 5, 6—7

Die beseligende Hoffnung, nämlich das Erscheinen: selig wie in I 1, 11; 6, 15. Nur der Hoffende ist ein Wartender, er lebt in der Zeit zwischen dem Erscheinen der Gnade in Niedrigkeit (V. 11) und der Erscheinung in Herrlichkeit (V. 13). Weil die Gnade vergebend und erziehend durch das Leben führt, darum erwächst aus ihrem Wirken eine Hoffnung, die beflügelt und beseligt. **Die Erscheinung** des Herrn in Herrlichkeit ist Inbegriff und Höhepunkt der eschatologischen Erwartung, die den Beter bewegt zu sagen: Dein Reich komme ... dein ist die Herrlichkeit. Gottes heiliger Liebeswille wird im Erscheinen des Erlösers seine volle Erfüllung für die ganze Schöpfung finden.

Unser großer Gott und Retter Jesus Christus: Gott, der in der Unscheinbarkeit des Menschen Jesus gekommen war, ist jetzt schon denen, die sein Erscheinen liebgewinnen z), als der Erhöhte gegenwärtig in Geist und Wort und Mahl[21]. Weil sie schon von seiner Nähe berührt und bewegt sind, darum erwarten sie sein Offenbarwerden in Herrlichkeit. Nicht aus dem Gefühl der Leere und des Elends schaffen sie sich einen Trost im Jenseits, nicht als Ausgleich für ihre Not und Bedrängnis erträumen sie sich eine herrliche Wunschwelt, nicht auf einen gewöhnlichen Menschen haben sie ihre Vergottungs-

z) II 4, 8!

[19] Vgl. das Lied von Zinzendorf: Jesu geh voran auf der Lebensbahn. In jeder Strophe ist gegenwärtiges und zukünftiges Leben aufeinander bezogen; darin ist das Besondere der ntl Seelsorge widergespiegelt: Richte unsern Sinn auf das *Ende* hin ... ordne unsern Gang, Jesu, *lebenslang.*

[20] Lk 12, 35. 36; dasselbe Verb wie hier und Apg 24, 15; vgl. II 4, 1. 8! Auf das Reich Gottes warten: Lk 23, 51; 2, 25. 38; Mk 15, 43.

[21] Das Herrenmahl ist Hoffnungsmahl „bis er kommt": 1 Ko 11, 26; 16, 22; vgl. Mk 14, 25; Mt 26, 29.

phantasien vereinigt nach dem Muster des Kaiserkultes. Weil sie seine erlösende, reinigende und darum seligmachende Liebe jetzt schon täglich in neuer Begnadung erfahren, darum erwarten sie die volle Erfüllung dessen, was bereits begonnen hat; ihre Hoffnung ist nicht Ersatz für etwas nicht Vorhandenes, sondern Gewißheit des schon Beschenkten.

Und was ist zur behaupteten „Vergottung des Menschen Jesus" zu sagen? Wie ist **großer Gott und Retter** auszulegen? Liegt hier eine Beiordnung vor: die große (Majestät und Macht) Gottes und das Heil des Retters Jesus Christus? Danach würde die Größe Gottes in der Erscheinung des Messias ganz offenbar werden[22].

Doch der Text legt nahe, hier nur eine einzige Person zu sehen, nämlich Jesus, den in Herrlichkeit erscheinenden Messias. Ein entscheidendes Gewicht hat der Aufbau des Briefes: jedes Kapitel nennt je zweimal den Retter, und zwar einmal auf Gott und einmal auf den Messias bezogen: Gott (1, 3); der Messias (1, 4); Gott (2, 10); der Messias (2, 13!); Gott (3, 4); der Messias (3, 6).

Der Artikel **unser** Gott wird nur einmal angeführt[23], ein Ausdruck des Vertrauens und der persönlichen Zugehörigkeit; er ist der erhöhte Herr, dessen Gottheit in der Parusie offenbar werden wird. In 2 Pt 1, 16 ist das Wort „Größe" (Majestät) unzweifelhaft auf „unsern Herrn Jesus, den Messias" bezogen. In der Profanliteratur werden die beiden Titel „Gott und Erlöser" auch nicht für zwei Personen, sondern für den gleichen weltlichen Herrscher verwendet[24].

Die Herrlichkeit, in welcher der Messias erscheint, ist seine eigene göttliche Wirklichkeit, er wird sich „auf den Thron seiner Herrlichkeit setzen a)". Die göttliche Doxa (Herrlichkeit) wird nicht nur **durch** ihn, sondern **an** ihm offenbar b), „damit alle den Sohn ehren, wie sie den Vater ehren c)".

a) Mt 25, 31
b) 2 Ko 4, 4—6
c) Jo 5, 23

Sind dann also die ntl Schriften Zeugnisse einer „wissenssoziologisch" nachweisbaren „Vergottung des Stifters" durch seine Nachfolger, dessen Lehre und damit auch sich selbst sie

[22] So begründen diejenigen Ausleger, welche annehmen, Jesus werde nirgends im NT Gott genannt, „groß" sei allein auf Gott bezogen.

[23] Doch selbst wo ein Artikel wiederholt wird, kann er auf eine einzige Person bezogen sein, wie in Offb 1, 9; 2 Pt 1, 11.

[24] Ptolemäus wird ausdrücklich als „großer Gott, Mächtiger und Erlöser" bezeichnet. *(tou megalou theou euergetou kai soteros)*, zit. bei Simpson, 108. Hier handelt es sich wirklich um Vergottung eines Menschen, und ein Vergleich mit Jesus macht den Unterschied deutlich.

göttlich verklären[25]? Mit dem Bekenntnis, Jesus sei wahrer Mensch und wahrer Gott, will der Glaube ausdrücken, daß Jesus in Tun und Empfinden, in Erkennen und Wollen ganz menschlich, im letzten aber von einer Selbstgewißheit durchdrungen war, die nicht aus dem Menschlichen stammt, sondern absolut und göttlich ist. Jesus stellt sich in seinem Anspruch nicht nur neben, sondern über Moses d). Jesus ist mit einem Anspruch und Selbstbewußtsein aufgetreten, das menschliches Maß übersteigt. Gleichzeitig ist Jesus als echter Mensch in der Selbsterfahrung gewachsen e), wie auch die Jünger in ihrer Glaubenserkenntnis wachsen konnten und mußten. Das wahre Menschsein und das unableitbare Selbstbewußtsein Jesu wird in den Evangelien gerade **nicht** verwischt. Jesus ist nicht eine menschlich-göttliche Zwittergestalt!

d) Mt 5, 21—48

e) Hbr 5, 7—9 Lk 1,80; 2, 40

Darum treffen die Einwände und die verschiedenen Vergottungstheorien daneben. Nach den Evangelien besteht kein Zweifel über die volle Menschlichkeit Jesu, seines Denkens, Fühlens, seiner Vorstellungswelt. Doch seine Selbstidentität ist anders und einmalig, sie ist göttlicher Natur.

Sowohl die Apostel wie auch Jesus wußten, was Vergottung durch Menschen bedeutet! Die Apostel entzogen sich dem Vergötzungstrieb der Menschen, weil sie eben keine Götter waren f). Jesus ließ sich nicht zum göttlichen Brotkönig machen, noch stellte er seine Herkunft durch Wunder unter Beweis, noch ließ er sich herbei, dem Versucher seinen Ursprung aus Gott („wenn du Gottes Sohn bist") zu demonstrieren, gerade weil er es in seinem göttlichen Selbstbewußtsein nicht nötig hatte g).

f) Apg 14, 8—18

g) Mt 4, 1—11; 11, 27

Die Gottheit des Erlösers wird offenbar werden bei seiner Erscheinung in Herrlichkeit. Diese Hoffnung drängt nicht aus Trieb und Traum in eine unwirkliche Ersatzwelt, sondern sie macht wach und fähig für ein volles Leben in der gegenwärtigen Weltzeit.

Der sich für uns dahingegeben hat, um uns von aller Unge- 14
rechtigkeit zu erlösen und für sich selbst ein Volk zum Eigentum zu reinigen, eifrig in guten Werken.

Für uns dahingegeben: (hyper hemon); hyper hat hier ein-

[25] So Max Scheler in: Die Wissensformen und die Gesellschaft, 1926; Adolf Holl, Jesus in schlechter Gesellschaft, 1971. Zum Thema siehe: R. Schwager, Vergottung Jesu? in: Orientierung, Zürich, 36. Jg. S. 160—164.

deutig[26] den Sinn von „anstelle von“ wie I 2, 6; gemeint ist damit der Opfercharakter des Kreuztodes. Am Kreuz starb Jesus als unser Stellvertreter, dort wurde er an unserer Stelle (für uns) zum Fluch, damit wir vom Fluch des Gesetzes losgekauft werden h).

h) Ga 3, 13; 2 Ko 5, 15; Jo 11, 50

Erlösen von aller Ungerechtigkeit ist atl Zitat: Ps 130, 8 (LXX); erlösen heißt wörtlich: loskaufen; vgl. I 2, 6! Mk 10, 45: Jesus gibt sein Leben als Lösegeld[27]. Der Kreuzestod des Messias ist ein Sühnetod ganz im atl Sinn eines Sühnopfers. Die Betonung des blutigen Kreuzestodes im NT richtet sich gegen jede Form von Gnosis, die die Erlösung zu einem allgemeinen Prinzip machen will. Der Messias wird Israel erlösen (loskaufen durch sein Opfer i) von allen seinen Sünden[28].

i) Jes 53, 10

k) Rö 14, 7—9

Ein Volk zum Eigentum k): auch dieser Ausdruck ist ganz aus der atl Welt zu verstehen. Gott hat sich Israel erwählt zum Eigentum, damit durch dieses Volk allen Völkern die erlösende Gnade Gottes kundgemacht werde l). Das NT beansprucht den Titel „Volk des Eigentums“ zwar für die Gemeinde der Jesusjünger, aber nicht derart, daß dem Volk Israel sein Erwähltsein abgesprochen wird, vielmehr ist das Volk des neuen Bundes eingegliedert in das „Stammvolk“ des alten m).

l) 2 Mo 19, 5; 23, 22; 5 Mo 7, 6; 14, 2; 26, 18; Mal 3, 17; 1 Pt 2, 9; Eph 1, 14; Apg 20, 28
m) Tit 1, 10!!

Reinigen: die Reinigung folgt der Befreiung n), und ist hier Hinweis auf die Heiligung o). „Da wir also diese Verheißungen haben, ihr Geliebten, so wollen wir uns von jeder Befleckung an Fleisch und Geist reinigen und unsere Heiligung vollenden in der Furcht Gottes.“ Dieses Wort aus 2 Ko 7, 1 ist die beste Auslegung zur Stelle. Die Verheißung und Erwartung seiner Wiederkunft ist nicht Ersatz und führt nicht zu einem trägen Sich-gehen-Lassen, sondern ernüchtert und befreit zur Heiligung p). Das Ziel der Reinigung wird in einer neuen Frische und Fähigkeit für das Gute sichtbar:

n) Hes 37, 23; 36, 25
o) wie Eph 5, 25. 26
p) 1 Jo 3, 1—2

Eifrig in guten Werken[29]: Paulus sagt von sich, daß er einst in den Traditionen der Vorväter eifrig (zelotes) gewesen

[26] *hyper*, in Phlm 13: Ich (Paulus) wollte den Sklaven bei mir behalten, damit er mir *an deiner Statt diene;* ebenso V. 7: nimm den Sklaven auf an meiner Stelle = wie mich. So nimmt Gott uns an in Jesus, dem Erlöser; ebenso LXX: Jes 43, 3 hyper = an deiner Statt.

[27] lytron, hier in Tit 2, 14 das Verb lytroomai; in Rö 3, 24; 1 Ko 1, 30 der Retter Jesus ist uns gemacht zum Loskauf, zur Befreiung *(apolytrosis)*.

[28] *apo* = von, aus, heraus; betont das volle Herauslösen aus der Verstrickung in Ungerechtigkeit *(anomia); nomos* ist das Gesetz: loskaufen, auslösen aus allem gesetzwidrigen Wesen; vgl. Rö 6, 19; 2 Ko 6, 14; Hes 37, 23; 2 Mo 19, 5.

[29] Vgl. in Wt. Stb. 1 Tim, S. 218, Anhang 3: Gute Werke.

sei q); jetzt aber hat er einen neuen Eifer gefunden r). Die Gnade erzieht zu einem neuen Geschmack, zu einer neuen Willigkeit und Lust für gute Werke. Aus dem Bewußtsein der Zugehörigkeit zum Retter und seinem Volk erwächst eine neue Hingegebenheit: Nicht mehr sich selbst sklavisch verfallen sein s) und darum nicht mehr sich selbst leben müssen t), das ist wahre Erlösung und Befreiung zum Leben.

q) Ga 1, 14
r) 2 Ko 11, 2
s) 1 Ko 6, 19
t) 2 Ko 7, 9—11

Der Hymnus endet, indem er zum Anfang zurückführt: Gott läßt seine Gnade aufleuchten über Menschen, die, von ihm losgelöst und durch weltliche Lüste getrieben, unfruchtbare Werke hervorbrachten. Er erlöst sie von ihrem Treiben und reinigt sie zum Eifer in guten Werken, während sie offen bleiben in Hoffnung und Erwartung auf die Erfüllung aller Verheißungen durch „unseren großen Gott und Retter Jesus Christus".

Dies rede und ermahne und überführe mit aller Entschlossenheit; niemand soll dich dabei (deiner Jugend wegen) **mißachten.** Der Vers verbindet den ganzen bisherigen Teil des Briefes. **Dies rede:** greift 2, 1 wieder auf und vereinigt 1, 10—2, 14 zu einer Einheit. Nicht nur die seelsorgerliche Ermahnung, sondern auch der hymnische Verkündigungsteil, der die heilige und heiligende Gegenwart des erhöhten Herrn in der Mitte seines Bundesvolkes preist, ist als prophetisch bevollmächtigtes Reden zu verstehen. 15

Ermahne: in 1, 9 zuerst genannt, erinnert an den eigentlichen Mahnabschnitt 2, 1—10, vgl. II 4, 2! Phlm 9. 10!

Überführe: ebenfalls in 1, 9. In 1, 13: überführe mit Strenge, hier: überführe mit Entschiedenheit. Titus soll nicht schwach oder zaghaft sein, nicht zögern, sondern klar und deutlich reden und handeln. Seine Entschiedenheit u) aber stammt nicht aus eigenem Antrieb, denn daraus entsteht nur Härte und rigoroses Vorgehen; sie erhält ihre Kraft und Geduld vielmehr aus dem Auftrag Gottes.

u) I 1, 1; Tit 1, 3!

Niemand soll dich mißachten: das Verb erscheint nur hier und hat den Sinn von „außer acht lassen". Titus soll nicht an den Zuhörern vorbeireden, sondern zusehen, daß er nicht nur gehört, sondern daß auf ihn gehört wird. Titus und Timotheus können ihre Autorität weder aus dem Amt noch aus der Alterserfahrung ableiten. Wenn sie selbst auf Gott hören und ihm gehorchen, wird man auch auf sie hören v). Alle Bevollmächtigung stammt von Gott und muß sich im Gehorsam des Bevollmächtigten und in der Einheit von Wort und Leben als innere Autorität erweisen. Diese Gedanken leiten über zu 3, 1.

v) I 4, 12—16!

III. TEIL: PRAKTISCHE AUSWIRKUNGEN DER GEMEINSCHAFT IM GLAUBEN

Titus 3, 1—11

A. DAS VERHÄLTNIS ZU STAAT UND GESELLSCHAFT

Titus 3, 1—2

1 **Erinnere sie daran, daß sie sich den Obrigkeiten und Macht-**
habern unterordnen, ihnen gehorchen und zu jedem guten
2 **Werk bereit sind. * Sie sollen niemand verketzern und**
nicht streitsüchtig sein, sondern allen Menschen nachgiebig
und voll Sanftmut begegnen.

Von guten Werken war in 2, 14 die Rede, auf sie hin zielte der ganze Verkündigungsteil von 2, 11—14. In 3, 1 steht die Bereitschaft zum Guten deutlich im Zusammenhang mit der Umwelt der Gemeinde, mit ihrer Verantwortlichkeit für Stadt und Land, für das Wohl der Insel Kreta.

1 **Obrigkeiten und Machthaber:** Die in Rö 13, 1—7 zum Ausdruck kommende Einstellung hat sich in den Past nicht verändert. Man kann weder aus Rö 13, 1—7 noch aus I 2, 2 und Tit 3, 1 eine theologisch begründete Staatslehre ablesen[1], noch auch nur im geringsten eine Rechtfertigung für das Unrecht, das eine Regierung begeht a), noch eine falsche Anpassung der Gemeinde an die Welt, um etwa der Auseinandersetzung oder der Verfolgung zu entgehen, die aus der Treue zum Evangelium erwächst.

a) 2, 9—10!

Unterordnen: wie 2, 5. 9; sich unterordnen ist nicht feige Nachgiebigkeit, Schwäche oder Trieb der Herde, die beherrscht werden will, denn nur der Freie, letztlich nur der Liebende kann sich unterordnen und dadurch auch einordnen ins Ganze b).

b) vgl. Jo 13; 1 Ko 3, 23; 15, 28 Lk 2, 51; 1 Pt 5, 5

Gehorchen: den Gesetzen und Anweisungen der zivilen Behörden nachkommen; vgl. Rö 13, 6: in guten Treuen Steuern zahlen. **Die Obrigkeiten und Machthaber**[2] sind nur ermächtigt zum Guten und um dem Bösen zu wehren. Gebet für die

[1] Die Hauptabsicht aller Texte ist auf das politische Verhalten der Christen als Friedensstifter gerichtet und nicht auf eine theologische Begründung der politischen Mächte.

[2] Wörtlich: Gewalten (archai), in Rö 13, 1 f nicht erwähnt; kann den Sinn von dämonischer Gewalt annehmen wie 1 Ko 15, 24; Kol 1, 16; 2, 15. 20; vgl. dazu Jo 19, 10—11; 18, 36; Mt 26, 52—53; Lk 22, 53.

Obrigkeit c) und Gehorsam ihren Anweisungen gegenüber be- c) I 2, 1—2!
deutet nicht, verwerfliche Taten der Regierung passiv hinzunehmen oder gar zu segnen. Wer für die Behörden betet, stellt sie unter Gottes Herrschaft und Gerichtsbarkeit[3].

Zu jedem guten Werk bereit: der Eifer der Gemeinde in guten Werken (2, 14) wirke sich für das Wohl des ganzen Volkes aus! Das ist die entscheidende Grundforderung einer ntl Sozialethik, die für jede Epoche und jedes Land neu ausgelegt und aktualisiert werden will. Die Gemeinde betet für die Wohlfahrt und den Frieden aller und setzt sich dafür ein in Wort und Tat.

Niemand verketzern d): Wer Jesus nachfolgt, wird nieman- 2
den überheblich und abschätzig verurteilen oder ihm Üb- d) I 1, 20
les nachreden. Von dieser Ermahnung aus ist 1, 12 auszulegen. Sollte Paulus die Kreter schmähen und im gleichen Brief jede Lästerung für die Glieder der Gemeinde ausschließen?

Nicht streitsüchtig: nur noch in I 3, 3, dort für den Vorsteher, von dem nicht etwas Außerordentliches erwartet wird, vielmehr soll an ihm sichtbar werden, was für alle gilt.

Nachgiebig: entgegenkommend, freundlich; wahre Freundlichkeit ist sehr kostbar.

Voll Sanftmut e): wörtlich „alle Sanftmut erweisen"; wie e) 1 Pt 3, 15
I 3, 3! Holtz übersetzt: „Sanftmut ohne Grenzen gegen alle Phil 4, 5
Menschen ... beweisen." Wenn Titus und Timotheus die Wi-
derspenstigen mit Sanftmut zurechtweisen f) und das Böse f) II 2, 24 a
(Widerstand, Verachtung, Verleumdung, Verfolgung) ebenso
mit Sanftmut erdulden g), werden sie für die Gemeinden zu g) II 2, 24 b;
anspornenden Vorbildern, damit alle das gleiche Verhalten 4, 2. 5
lernen können[4]. Sanftmut ist nicht ein Zeichen von Schwäche, sondern der wahren Kraft. Die Sanftmütigen, nicht die
Gewalttätigen, werden die Erde in Besitz nehmen h). Sanft- h) Mt 5, 4;
mut setzt Ehrfurcht vor jedem Menschen voraus. Der Sanft- vgl. 11, 29; 21, 5;
mütige weiß um die Verflochtenheit aller mit allen in Sünde 2 Ko 10, 1;
und Schuld und im Angebot der Vergebung. Ein Schuldiger 1 Pt 3, 4. 15
kann nur im Geist der Sanftmut zurechtgebracht werden, denn der Sanftmütige weiß, daß die Schuld des andern seiner

[3] Von einem bedingungslosen Gehorsam den Behörden gegenüber ist in der Bibel nirgends die Rede. Beispiele zivilen Ungehorsams: Hbr 11, 23—27; Dan 3, 17—18; prophetische Kritik gegenüber Machthabern: Mt 14, 1—12, Jer 26, 7—15. 21—24; 32, 2—3; 36, 27—32; 37, 11—21.

[4] Aus der Clementinischen Liturgie: „Weiter rufen wir dich an für die, welche uns hassen und verfolgen um deines Namens willen, für die, welche draußen sind und irren, damit du sie zum Guten bekehrst und sie besänftigst."

i) Ga 6, 1; vgl. II 2, 25

eigenen nicht fremd ist i). Bedingungslose und grenzenlose Sanftmut gegenüber allen! Eine solche Lebenshaltung hat ungeheure revolutionäre Kraft[5]!

B. LEBEN AUS DER BARMHERZIGKEIT GOTTES (3. HYMNUS)

Titus 3, 3—7

3 Denn auch wir waren einst unverständig, ungehorsam, irre-
gehend, versklavt an mannigfache Begierden und Vergnü-
gungen, lebten in Bosheit und Neid dahin, verhaßt und ein-
4 ander hassend. * Als aber die Güte und Menschenliebe Got-
5 tes, unseres Retters, erschien, * rettete er uns, nicht auf-
grund von Werken, die wir in Gerechtigkeit getan hätten,
sondern nach seiner Barmherzigkeit durch das Bad der Wie-
dergeburt und die Erneuerung des Heiligen Geistes, * den
6 er reichlich über uns ausgegossen hat durch Jesus, den Mes-
7 sias, * damit wir, durch seine Gnade gerechtfertigt, der Hoff-
nung nach Erben des ewigen Lebens würden.

a) vgl. 2, 11—14

b) vgl. Lk 7, 40—50; 2 Mo 22, 21

Wieder schließt ein hymnischer Verkündigungsteil eng an das Vorangegangene an a). Vers 3 begründet, warum die Gemeinde nicht verleumderisch und streitsüchtig, sondern freundlich und sanftmütig gegen alle sein soll: Sie stammt aus dem gleichen Volk und hat in den gleichen Begierden ihren Lebensinhalt gesucht b).

1. Die Vergangenheit der Gemeinde

Titus 3, 3

c) vgl. Rö 6, 21 f; 1 Ko 6, 9—11; Kol 3, 7 f; Eph 2, 1—10; 1 Pt 2, 10

Den 7 Tugenden (V. 1 und 2) werden nun 7 Laster (V. 3) gegenübergestellt. Darin liegt mehr als ein schematischer Vergleich von einst und jetzt c); die Aufzählung will auffordern zur Prüfung und Scheidung, sie ist gleichzeitig Mahnung nach

[5] Vgl. Vater Bodelschwingh: „Laß die barmherzige Auffassung aller Dinge deine Lebensaufgabe sein."

innen für die Gemeinde und missionarische Verkündigung nach außen.

Denn auch wir waren einst so wie die Menschen, in deren 3
Mitte wir leben, mit denen wir täglich verkehren und von deren Verhalten wir beeinflußt werden.

Unverständig: töricht, närrisch, ohne Einsicht in die eigene Verworrenheit oder Verkommenheit. Das Betörende und Unheimliche an jeder Sünde ist, daß sie das Empfinden für die Sündhaftigkeit der Sünde betäubt. Der Unverstand, der verfinsterte Sinn ist Kennzeichen der Entfremdung von Gott d). Auch die einmal Erleuchteten und aus ihrem Unverstand Befreiten können wieder vom alten Wesen umnebelt und bezaubert werden, dann oft in neuen und religiösen, scheinbar harmloseren Formen e).

d) Rö 1, 21—22

e) Ga 3, 1

Ungehorsam: Gegensatz zu 3, 1; vgl. 1, 16: der Ungehorsam der Irrlehrer und ihrer Nachfolger in den Gemeinden. Wer nicht mehr weiß, wofür er lebt, kann sich auch in keine wahre Beziehung einlassen, weder im engsten Kreis von Ehe und Familie, noch in den größeren Zusammenhängen von Volk, Gesellschaft und Staat. 2, 1—10 und 3, 1—3 deuten „anarchieähnliche Zustände auf Kreta" an.

Irregehend: vgl. II 3, 13: verführt und einander verführend, verhaßt und einander hassend. Der Mensch läßt sich durch die Lüste betören, Gewissen und Verstand werden umdunkelt, der Mahnung wird kein Gehör mehr geschenkt, das Böse kann in harmloser Dosierung bis zur vollständigen Vergiftung des einzelnen und der gesellschaftlichen Beziehungen fortschreiten f).

Versklavt an mannigfache Begierden g) und Vergnügungen: „Das Rennen um das Vergnügen[6]" läßt die Saat des Wortes Gottes nicht aufwachsen, sondern bringt sie zum Ersticken h).

Lebten in Bosheit und Neid dahin: Bosheit ist zu verstehen als aktive Schlechtigkeit, das Böse begehren und Böses antun. Selbstverständlich ist die ganze Aufzählung nicht wie das Resultat einer Volksbefragung zu verstehen, sondern wieder als prophetische Mahnrede, die das Exemplarische herausstellt. Nicht alle Menschen, zu keiner Zeit, leben in gleicher Weise und in gleichem Grade oder überhaupt „in Bosheit und Neid dahin".

f) Hb 3, 10; Ps 95, 10; 119, 67; Hio 12, 16; Hb 5, 2; 1 Jo 4, 6; 2 Pt 2, 18 Jud 11

g) II 3, 6; II 2, 22

h) Jak 4, 1. 3; 2 Pt 2, 13; II 3, 4

[6] Lk 8, 14, dasselbe Wort wie hier! *(hedone)* Vergnügen; davon ist Hedonismus abgeleitet: Was gibt das Leben an Vergnügen her? Bengel bemerkt, daß die Begierden „nicht bloß im Reize des Gaumens und des Leibes überhaupt, sondern auch zum Beispiel in Verwünschungen, Lästerungen etc." zu sehen seien.

Neid bedeutet eigentlich, gegen jemand sehen, ihn mit bösen Augen sehen im Blick auf das, was er ist und hat. Neid i) ist ebenso sehr eine gesellschaftlich verheerende Triebkraft wie Begierde und Haß.

i) I 6, 4; Rö 1, 29; Ga 5, 21; Phil 1. 15; Mt 27, 18; Mk 15, 10; Jak 4, 5; 1 Pt 2, 1; Spr 14, 30

Dahinleben: unser Leben zubringen, nur noch in I 2, 2: ruhig und still leben. Dieses Ziel ist alles andere als bürgerliche Behaglichkeit, wenn man den Hintergrund bedenkt, von dem es sich abhebt!

k) Rö 1, 29

Verhaßt und einander hassend k): die Aufzählung hat ihren Tiefpunkt erreicht. Aus der Verstrickung in Unverstand, Ungehorsam, Verführung, Begierde und Neid ist ein Haß aller gegen alle geworden[7]. Dieser Haß kann als Aggression, brutales Verhalten oder Herzenshärte und Gleichgültigkeit unter einer dünnen Schicht gesellschaftlicher Anständigkeit verborgen sein. Wie schnell er vulkanartig auch schon bei kleinsten Anlässen aufbrechen kann, ist schon im Straßenverkehr zu erkennen.

Dem Tiefpunkt des Menschenhasses steht im folgenden Vers der Höhepunkt der Menschenliebe Gottes gegenüber. Die Philanthropie (Menschenliebe) Gottes überwindet die Misanthropie (Menschenverachtung) der Menschen.

2. Das Werk der Wiedergeburt im Geist

Titus 3, 4—7

Die Gnade, die in 2, 11—14 das Erziehungsgeschehen innerhalb der Gemeinde betont, erscheint jetzt (3, 4—7) als Menschenliebe Gottes, die das Verhalten der Gemeinde gegenüber der Welt begründet: weil Gott in Jesus seine Güte und Barmherzigkeit allen zeigt, können die Jünger Jesu, aus der Gnade der Vergebung lebend, allen Menschen Güte und Sanftmut entgegenbringen l).

l) Eph 4, 32

4 **Unser Retter:** hier auf Gott, in V. 6 auf Jesus bezogen.

m) Eph 2, 7; Rö 3, 12; 11, 22; 2 Ko 6, 6
n) Ga 5, 22

Güte (chrestotes): im NT ausschließlich bei P m); sie ist eine Frucht des Geistes n); Güte hier steht im Gegensatz zu Haß (V. 3). In die Welt des Hasses tritt Jesus, die verkörperte Güte Gottes. Weil die Jünger Jesu seine Güte erfahren, können

[7] W: „Auch wir sind einmal unverständig und ungehorsam in die Irre gegangen, gefügige Diener unserer vielen Süchte und Vergnügungen, haben in Bosheit und Neid unsere Tage zugebracht und, selber verhaßt, im Haß gelebt.“

sie freundlich und sanftmütig werden (V. 2) gegen alle Menschen.

Die Menschenliebe Gottes (philanthropia): Luther übersetzt: „Freundlichkeit und Leutseligkeit Gottes“; nur hier auf Gott bezogen, die beiden andern Male im NT von Menschen ausgesagt: „Die Barbaren erwiesen uns ungewöhnliche Menschenfreundlichkeit“ o). Diesem Wortsinn entspricht das lat. humanitas. Menschlichkeit und Mitmenschlichkeit sind große Worte in der heutigen Diskussion um die Gesellschaftsordnung. Wie wirklich und wirksam kann die Menschlichkeit werden, wenn sie nicht von der Menschenliebe Gottes ausgeht? Philanthropie ist ein Schlüsselwort griechischer Morallehre. Daß es von Paulus übernommen und auf Jesus gedeutet wird, überrascht ebensowenig wie die Übernahme eines anderen Grundwortes aus der griechischen Philosophie durch das Johannesevangelium: logos. Der Logos wurde Fleisch; die Philanthropie Gottes nahm Menschengestalt an in Jesus. Er hat Erbarmen mit dem Volk p), er heilt die Kranken und geht den Verirrten nach, er gibt sein Leben für die Verlorenen q).

o) Apg 27, 3; 28, 2 vgl. II 3, 4; Tit 2, 4!

p) Mt 9, 35—36

q) Jo 10, 10. 11. 15; Mt 4, 23—25; 8, 16—17

Nicht aufgrund von Werken, die wir in Gerechtigkeit ge- 5
tan hätten, sondern nach seiner Barmherzigkeit. Werke r) sind nicht Grund für das Heil, sondern Folge der Rettung. Von der Gnade ist hier nicht wörtlich die Rede, aber der Zusammenhang zu 2, 11—14 bleibt bestehen. Barmherzigkeit und Gnade sind wie in Eph 2, 4 aufeinander bezogen. Weil Gott Erbarmen hat, darum ist er gnädig[8]. Der Mensch hat keine eigene Gerechtigkeit aufzuweisen, d. h. er ist nicht fähig, sich selbst vor Gott zu rechtfertigen, obwohl der Drang zur Selbstrechtfertigung ungeheuer stark ist. Man denke dabei nicht nur an äußere „verdienstliche“ Werke, sondern auch an die Bemühungen, in sich selbst einen richtigen Zustand, eine fromme Gemütsverfassung oder ein geheiligtes Bewußtsein herzustellen.

r) 2, 14; 3, 1!

Der Wechsel von bösen zu guten Werken ist nicht Folge eigener Anstrengung, sondern Frucht göttlicher Barmherzigkeit: **Gott hat uns gerettet nach seiner Barmherzigkeit.** Paulus bekennt in I 1, 13: „Mir ist Barmherzigkeit zuteil geworden.“ Menschliche Barmherzigkeit reicht nicht aus, um das angesammelte Maß an Verirrung, Bosheit und Haß zu überwinden. Die göttliche Barmherzigkeit allein ist stärker als des Men-

[8] Vgl. 2 Mo 34, 6: Gott der Herr, barmherzig und gnädig, langsam zum Zorn und groß an Güte und Wahrheit; Ps 78, 38; 112, 4: barmherzig und gnädig und gerecht; 116, 5; Jak 5, 11: Der Herr ist voll innigen Mitgefühls und barmherzig.

schen Verlorenheit. **„Er hat uns gerettet"**, das den ganzen Abschnitt regierende Verb steht in der Zeitform des Aorist und unterstreicht dadurch das in der Vergangenheit ein für allemal Geschehene.

Durch das Bad der Wiedergeburt und die Erneuerung des Heiligen Geistes. „Das Bad der Wiedergeburt" ist ein Bild der Taufe; „die Erneuerung des Heiligen Geistes" beschreibt das Leben der Heiligung aus der erziehenden Gnade.

Das Bad: (loutron) Wasserbad, Schwemme, eigentlich Waschung in aktiver Bedeutung; so in LXX, Holi 4, 2: Schafe kommen aus der Schwemme herauf, frisch gewaschen, nachdem sie geschoren worden sind. Der Täufling steigt ins Wasser, taucht unter in den Tod und kommt zu neuem Leben gerufen wieder heraus. Der Herr heiligt und reinigt die Gemeinde durch die Waschung im Ort s). Erst das Wort Gottes gibt die Kraft der Reinigung.

s) Eph 5, 26

Wiedergeburt (palingenesia); dasselbe Hauptwort nur noch in Mt 19, 28: „in der Wiedergeburt[9]" bezeichnet dort die Neugeburt alles Geschaffenen, also ein Geschehen von kosmischen Ausmaßen[10]. Die in der Taufe sichtbar bezeugte Wiedergeburt des Glaubenden ist immer verbunden mit der Auferstehung, die in Jesus begonnen hat t). Und im Auferstandenen hat die Wiedergeburt der ganzen Schöpfung, das neue Leben aus der Todesverfallenheit begonnen u)[11]. Mit der Wiedergeburt jedes einzelnen soll bezeugt werden, daß Gott alles Geschaffene aus der Verfallenheit an Sünde und Tod herausretten will. Paulus bringt in 2 Ko 5, 17 zwar nicht das Wort, wohl aber die Wirklichkeit der Wiedergeburt als Neuschöpfung zum Ausdruck: „Ist jemand in Christus, so ist er eine Neuschöpfung"[12]. Und diese Neuschöpfung wird fortwäh-

t) Eph 5, 14

u) Kol 1, 18 c

[9] Wiedergeburt *(palingenesia)* hat verschiedenartigste Bedeutung in der Antike; mit ihr bezeichnet man die Wiederkehr der Jahreszeiten, besonders des Frühlings nach dem Tod allen Lebens im Winter; die politische Erneuerung oder Wiederbelebung eines Volkes (vgl. Renaissance!), die Seelenwanderung und das Erwachen in einem neuen Leben, so bei Pythagoras; das Wiederaufleben einer Krankheit in der Medizin; in der Stoa: die Erneuerung des Kosmos nach dem Weltenbrand; in den religiösen Sekten und Gemeinschaften: Reinigungs- und Einweihungsbäder, die den Kandidaten vorbereiten für die neue Geburt.

[10] Vgl. dazu Mt 24, 8 „der Anfang der Wehen", auch hier ein Geburtsvorgang von universaler Größe.

[11] Vgl. Rö 8, 19—22: „Die ganze Schöpfung ist bis jetzt voll Klageseufzer und harrt mit Schmerzen einer neuen Geburt entgegen." (A)

[12] Vgl. Eph 2, 10. 15; 4, 24; Ga 6, 15; Kol 2, 13 und bei Johannes die zentrale Stelle in Jo 3, 3—7; sowie 1 Jo 2, 29; 3, 9; 4, 7; 5, 1. 4. 18; 1 Pt 1, 23.

rend in vollere Wirklichkeit ausgestaltet durch die **Erneuerung des Heiligen Geistes.** Viel ist um Sinn und Wirkung der Wassertaufe gestritten worden. Gerade die Past haben hier eine klare Antwort zu geben. Wer bekennt, in der Taufe wiedergeboren, d. h. von Gott erkannt und zu neuem Leben angenommen zu sein, der stehe ab von der Ungerechtigkeit, der zeige durch ein Leben in Liebe, daß er neu geboren wurde v), sonst verleugnet er nicht nur sein Bekenntnis zur Taufe, sondern zu Gott überhaupt w). Letztlich geht es nicht um die Streitfrage, ob Kinder- oder Erwachsenentaufe, sondern um die Glaubenstaufe. Wo aber ist der Glaube an unserer Stelle? Ist hier der Anfang eines Irrweges zu sehen, der dann zur Lehre von der Taufwiedergeburt führte, wonach die Wassertaufe in sich selbst die Kraft hat, neues Leben zu wirken? Keinesfalls, denn der Glaube wird als selbstverständlich vorausgesetzt, wie deutlich aus dem Zusammenhang hervorgeht; in V. 8 ist von denen die Rede, die gläubig geworden sind! Auch Eph 5, 26 spricht vom Bad der Taufe (dasselbe Wort wie Tit 3, 5) ohne direkten Bezug auf den Glauben, wohl aber wird dort gesagt, daß die Waschung im Wort geschieht. Das Wort Gottes gehört mit dem Glauben zusammen. Die Waschung der Wiedergeburt ist Wirkung des Heiligen Geistes. Hierin unterscheidet sich die biblische Taufe von den Waschungen und Taufpraktiken der verschiedenen Mysterienkulte; sie alle sind Werke, die in Gerechtigkeit Menschen getan haben (V. 5), um Reinigung für sich oder andere zu erwirken. Von der Jesusgemeinde aber gilt: „Ihr habt euch (in der Taufe) abwaschen lassen, ja, ihr seid geheiligt worden, ja, ihr seid gerecht gesprochen worden durch den Namen des Herrn Jesus und durch den Geist unseres Gottes“ x). Auch hier ist der Glaube nicht direkt erwähnt, aber er ist enthalten im Namen des Herrn Jesus, denn dieser Name ist Rufname, damit er angerufen werde im Glauben: „Wer den Namen des Herrn anruft, der wird errettet werden“ y).

v) II 2, 19
w) Tit 1, 16
x) 1 Ko 6, 11
y) Rö 10,9—13

Darum geht es nicht an, in den Past ein sakramentales Taufverständnis sehen zu wollen im Unterschied und Gegensatz zu 1 Ko 6, 11. Für beide Stellen ist entscheidend, was im Heiligen Geist durch den auferstandenen Herrn geschieht, und beide Male ist der Glaube mit einbezogen. Man könnte sogar sagen, daß Tit den Glauben besonders hervorhebt, denn 3, 8a kann auch übersetzt werden mit glaubwürdig, allen Glaubens wert, zu glauben ist das Wort, nämlich das soeben angeführte

Wort von Gottes Erbarmen, der allein aus Gnade neues Leben schenkt. Das im Glauben zu empfangende Heil ist allen frei zugänglich und wird allen ohne eigene Werke ein für allemal geschenkt. Darum bedarf die Taufe im Gegensatz zu den meisten Religionen und Mysterienkulten keiner Wiederholung, keiner besonderen Weihen und Waschungen, keiner Riten und Regeln, denn die Erneuerung, die in der Wiedergeburt begonnen hat, geschieht nicht äußerlich, sondern im Herzen, gewirkt durch den Heiligen Geist.

Der Sinn des biblisch zwar unbegründeten Ausdrucks „Sakrament" liegt in der Erkenntnis, daß alles, was die Erlösung des Menschen betrifft, nicht in menschlichen Maßstäben, Denkformen, Empfindungen und Willensentschlüssen aufgeht, eben weil das Heil allein von Gott kommt und nicht religiös getarnte Selbsterlösung ist. Die Past haben dafür einen klaren Ausdruck, den sie mit den anderen Briefen des Apostels teilen: das Geheimnis des Glaubens z), das Geheimnis der Gottseligkeit a). Das ntl Verständnis von „Geheimnis" ist eindeutig gegen die Mysterienreligionen gerichtet: „Wenn ich in alle Mysterien und in alle Gnosis eingeweiht bin, aber nicht Liebe habe, ist es mir nichts nütze." (1 Ko 13, 2).

z) I 3, 9. 16
a) Rö 11, 25; 16, 25; 1 Ko 2, 7; 4, 1; 14, 2; 15, 51; Eph 1, 9; 3, 3. 4. 9; 5, 32; 6, 19; Kol 1, 26. 27; 2, 2; 4, 3; 2 Th 2, 7

Erneuerung des Heiligen Geistes: Der Genitiv zeigt die Urheberschaft an; der Geist ist der Urheber der Wiedergeburt und der Erneuerung. Die Erneuerung folgt der Neuschaffung. Das Neugewordene wird erneuert. Der in der Taufe Neugewordene soll „in Neuheit des Lebens wandeln" b). Durch die Barmherzigkeit Gottes, die Jesus als unsern Retter hingegeben hat, wird nun der Neugewordene instand gesetzt, auch seinen eigenen Leib hinzugeben, nicht um sein Heil zu erwirken, sondern um Gott aus Dankbarkeit für das geschenkte Heil zu dienen c). Und Gottes Gnade erzieht ihn dazu, die Gottlosigkeit und die weltlichen Lüste zu verleugnen, sich also nicht nach diesem Zeitlauf zu richten d), sondern besonnen, gerecht und gottselig zu leben (umgewandelt werden durch die Erneuerung[13] seines Sinnes).

b) Rö 6, 4
c) Rö 12, 1
d) Rö 12, 2

Jesus ist der neue Mensch. In dieses Bild soll der Gläubige umgestaltet werden e).

e) Eph 4, 23; Kol 3, 20; 2 Ko 4, 16

Wie geschieht das im Alltag? Mit großer Eindringlichkeit weisen die Past auf die Praxis, das Verleugnen, die guten Werke hin. Das könnte leicht erneut in die Zwänge menschlicher Anstrengung und Selbstvervollkommnung führen, wenn nicht der

[13] „Erneuerung", dasselbe Wort in Rö 12, 2 wie in Tit 3, 5!

Heilige Geist ständig das Werk der Neuwerdung vorantriebe, der Gottesgeist, **den er reichlich über uns ausgegossen hat
durch Jesus Christus, unsern Retter.** Weil der Geist in uner- 6
schöpflicher Fülle den nur zu schnell erschöpften Menschen gegeben ist, darum kann die Erneuerung ständig geschehen
und Neues hervorbringen. Gott bietet alles reichlich f) dar. f) wie I 6, 17
Wer dieses reiche Schenken Gottes im Heiligen Geist erfährt, in dem wird der Bann gebrochen, der ihn süchtig nach Ge-
nuß werden ließ. Wo das Wort des Herrn reichlich g) in der g) Kol 3, 16
Gemeinde ausgebreitet, gelehrt und befolgt wird, da ist auch der Geist reichlich am Werk[14].

Die Wiedergeburt ist ihrem Wesen nach Geistestaufe[15]: Eingefügtwerden in den Christusleib (Ko 12, 13), zum Glied seiner Gemeinde gemacht werden.

Durch den Messias Jesus, unsern Retter: vgl. V. 4, Gott,
der Retter. Die Ausgießung des Geistes auf die Gemeinde be- h) I 3, 16! vgl. Jo 7, 37—39; 4, 14.
stätigt die vollbrachte Sendung des Erlösers in Kreuzestod, Auferweckung und Erhöhung h)[16].

**Damit wir, durch seine Gnade gerechtfertigt, der Hoffnung 7
nach Erben** i) **des ewigen Lebens würden.** Er rettete uns (V. 5), damit wir Erben würden. Der Heilige Geist verbürgt das Erbe des ewigen Lebens k). Das ist eine Hoffnung, die nicht zusammenbricht, weil sie allein in Gottes Verheißung gründet l). i) Rö 8, 17; Ga 3, 29; 4, 7 k) Eph 1, 11—14 l) Rö 5, 5

Gerechtfertigt: die Hoffnung ewigen Lebens beruht nicht auf der gerechten Lebensführung, sondern auf dem rechtfertigenden Gott[17].

Durch seine Gnade: gemeint ist die Gnade des Herrn Jesus: Er gab sich dahin in die Armut des Todes am Kreuze, damit wir reiche Erben würden m). Und nun erzieht Gott die Gerechtgesprochenen zu gerecht Lebenden n). „Erst durch die Ausgießung des Heiligen Geistes kommt es zu einem heiligen Verhalten, das dem heiligen Verhältnis (Rechtfertigung) entspricht" (Wohlenberg, 206). m) 2 Ko 8, 9 n) Tit 2, 12; I 6, 11

In 2, 13 ist die „selige Hoffnung" auf die Wiederkunft des Retters, auf sein Erscheinen in Herrlichkeit, gerichtet; in 3, 7 ist die Hoffnung durch den Heiligen Geist über die Gemeinde

[14] Zu beachten ist die Zeitform: er hat über uns ausgegossen, wie 1 Ko 12, 13; Rö 5, 5!

[15] Taufe und Ausgießung des Heiligen Geistes gehört zusammen: Mt 3, 16; Apg 2, 17. 38; 10, 44f.

[16] Wasser ist in Jo 7 wie in Tit 3, 5 und Rö 5, 5 ein Bibelwort für den Heiligen Geist (vgl. Jes 44, 3).

[17] So auch in Ga 3, 11. 26. 27. 29; Taufe, Gerechtigkeit und Rechtfertigung gehören im NT immer zusammen.

o) vgl. Rö 5, 1—5

und in eines jeden Herz reichlich ausgegossen o). Den moralisch schwachen und im Glauben armen Gemeinden auf Kreta soll Titus die Quelle aller Erneuerung für Gemeinde und Volk zeigen: Gott ist reich an Barmherzigkeit und neuschaffender Gnade!

C. NOCHMALIGE MAHNUNGEN

Titus 3, 8—11

1. Glauben und Werke gehören zusammen

Titus 3, 8

8 **Zuverlässig ist das Wort; und ich will, daß du dies mit Nachdruck vertrittst, damit die, welche zum Glauben an Gott gekommen sind, darauf bedacht sind, in guten Werken voranzugehen. Dies ist gut und den Menschen nützlich.**

a) I 1, 15; 3, 1; 4, 9; II 2, 11!
b) I 2, 8; 5, 14

Zuverlässig ist das Wort a) ist hier als bekräftigendes Amen zu 3, 3—7 zu verstehen.

Und ich will: b) die beiden Bekenntnis- oder Verkündigungsteile stehen in der Wirform: Paulus, Titus und alle Mitarbeiter sind mit allen Gliedern der Gemeinde einbezogen. Jetzt tritt der Apostel seinem Mitarbeiter wieder ermahnend gegenüber: **vertrete mit Nachdruck,** was ich dir sage. In I 1, 7 sind es die Irrlehrer, die mit Nachdruck vertreten, was sie nicht verstehen. Titus aber soll dafür einstehen, was ihm der Heilige Geist von der Gnade Gottes deutlich gemacht hat, also alles in 2, 1—3, 7 Vorgebrachte.

Damit die, welche zum Glauben an Gott gekommen sind[18]**, darauf bedacht sind, in guten Werken voranzugehen: vorangehen** — hier das gleiche Verb wie in I 3, 4—5! Das ist für den Zusammenhang der Past sehr wichtig. Das Vorstehen ist nicht ausschließliche Aufgabe oder ein abgesondertes und übergeordnetes Amt eines (einzigen) Gemeindeleiters, sondern alle, die gläubig werden, sollen auf gute Werke bedacht sein und dadurch einer dem andern wegweisend vorangehen. Der Vorsteher geht voran im eigenen Haus wie in der Gemeinde, auf diese Weise steht er vor. Die im Glauben gefestigten Glieder der Gemeinde können den andern vorangehen und vorstehen

[18] Part. perf. bringt die Bestimmtheit des Glaubens an Gott zum Ausdruck.

im Guten, so lernen alle am praktischen Beispiel von Vorbildern, wie das aussieht im Alltag, wenn man auf gute Werke bedacht ist.

Das ist gut und den Menschen nützlich, nämlich in guten Werken Eifer zu zeigen und mit Phantasie der Liebe Initiative zu ergreifen c). Das Wort „Menschen" steht betont am Schluß des ganzen Abschnittes, der beginnt mit der Menschenfeindschaft der Menschen (V. 3) und der Menschenfreundlichkeit Gottes (V. 4). Gottes heiliger Liebeswille ist ausgerichtet auf die Menschen!

c) I 4, 8; II 3, 16

2. Warnung vor Streit und Irrlehre

Titus 3, 9—11

9 **Aber von den törichten Streitfragen** a) **und Geschlechtsre-**
gistern b) **und dem Zank** c) **halte dich fern,** d) **denn sie sind**
10 **unnütz und nichtig. * Einen sektiererischen Menschen wei-**
se ab, nachdem du ihn ein- oder zweimal zurechtgewiesen
11 **hast, * weil du weißt, daß ein solcher abgewichen und**
durch sich selbst verurteilt ist.

a) II 2, 23! b) I 1, 4; II 2, 23! c) I 6, 4! d) II 2, 16!

Die Aufgabe an der Welt ist in Frage gestellt, wenn die Gemeinde nur mit sich selbst beschäftigt und in den eigenen Reihen zerstritten ist. Anstatt gute Werke zu betreiben, die allen nützlich sind, streiten sie mit Worten, die nutzlos und 9
fern aller Wirklichkeit sind. Ihr Treiben ist ein „leeres Getöse". Offenbar haben sich nicht nur einzelne Irrlehrer, sondern ganze, ihnen hörige Kreise in solche nutzlose Diskussionen verstrickt. Welches sind entsprechend nutzlose und hitzige Wortgefechte, die heute die Gemüter bewegen? Jede Gemeinde oder Gruppe von Gläubigen möge darauf persönliche Antworten suchen.

Sektiererisch (hairetikos); davon stammt unser Wort Häreti- 10
ker, Ketzer, Sektierer; das zugrunde liegende Hauptwort hat den Sinn von Schule, ein Kreis von Menschen; dann negativ Partei, Sekte e). Die Jesusjünger werden von den Juden eine Sekte genannt, und Paulus lehnt diese Beziehung ab f). Er verwendet das Wort nur im negativen Sinn für Gruppierungen und Spaltungen in der Gemeinde g). Wer willkürlich und eigenmächtig aus dem Ganzen der Wahrheit für sich

e) Apg 5, 17; 15, 5; 26, 5 f) Apg 24, 5. 14; 28, 22 g) 1 Ko 11, 19, Ga 5, 20 etwas Besonderes auswählt und „Jünger hinter sich her" zieht, der ist ein Sektierer, und eine derart abgespaltene Gruppe oder Gemeinde ist eine Sekte h).

h) Apg 20, 29; 1 Ko 3, 3—4

Die Zurechtweisung[19] soll nicht nur einmal geschehen, sondern Titus versuche alles, um einen vom Weg Abgewichenen zu gewinnen i). Erst wenn mehrmalige Bemühungen nicht fruchten, werde einer abgewiesen k). Von Ausstoßung aus der Gemeinde ist nicht die Rede. Die Past zeigen ein noch frühes Stadium der Ketzerbekämpfung. Noch sind keine Gegenkirchen errichtet, die Parteiungen verlaufen noch innerhalb der Gemeinden, ihr Überhandnehmen muß aber mit Nachdruck eingedämmt werden, damit es nicht zu einem endgültigen Schisma (Spaltung) komme[20].

i) Mt 18, 15—17
k) I 4, 7; 5, 11; II 2, 23

11 Wer Parteiungen stiftet, der ist **verdreht, verwirrt**[21] und gerät dadurch in Sünde.

Verurteilt (autokatakritos): eine sehr ungewöhnliche Wortzusammensetzung: „er hat seine Verurteilung durch sich selbst in sich" (Schlatter). Das Selbsturteil, das den Verständigen bestimmen sollte, wird beim Verdrehten zur Selbstverurteilung. Warum stehen die Verse 9—11 hier, und wie sind sie mit 1, 10—16 verbunden? Sind hier die gleichen Irrlehrer gemeint? Der Hauptteil 2, 1—3, 8 hat die Begründung dafür gegeben, wie notwendig die gute Lehre mit den guten Werken zusammengehört. Gott in der Lehre bekennen und im Werk verleugnen ist ein unhaltbarer Zustand. Gottes Gnade will retten und reinigen zu guten Werken, seine Menschenfreundlichkeit gilt Sündern und Unverständigen, darum auch denen, die sich gläubig nennen, aber ihre eigenen Wege gehen in Leben und Lehre. Ihnen als den Wankelmütigen, Verwirrten oder Abgefallenen soll Titus das Wort vom Erbarmen Gottes ausrichten, um sie zurückzugewinnen.

[19] *(nouthesia)* nur bei P im NT, wie in 1 Ko 10, 11; Eph 6, 4.

[20] Vgl. 1 Ko 11, 18—19, wo P unterscheidet zwischen Parteiungen (Häresien), „die sein müssen, damit die Bewährten offenbar werden", und Spaltungen (Schismen), die nicht sein sollen. Erst unter Justinus und Irenäus erhält Häresie den kirchentrennenden und von der Kirche ausschließenden Sinn.

[21] Dieses Wort nur hier, sonst bei P ein anderer Ausdruck in 1 Ko 5, 5. 11; Ga 6, 1.

Der Briefschluß

Titus 3, 12—15

1. Einzelne Aufträge

Titus 3, 12—14

12 **Sobald ich Artemas oder Tychikus zu dir sende, komme
eiligst zu mir nach Nikopolis, denn ich habe beschlossen,**
13 **dort den Winter zu verbringen. * Zenas, den Gesetzes-
kundigen, und Apollos rüste sorgfältig zur Weiterreise aus,**
14 **damit es ihnen an nichts fehle. * Auch unsere Leute sollen
lernen, in guten Werken vorauszugehen für die notwendigen Bedürfnisse, damit sie nicht ohne Frucht seien.**

12

Artemas ist im NT nirgends, **Tychikus** öfter erwähnt: auf der dritten Missionsreise begleitet er den Apostel nach Troas. Er stammt wie Trophimus aus Asia a), wahrscheinlich aus Ephesus, wohin „der geliebte Bruder und Diener im Herrn" im Auftrag des Apostels reist b). Der gefangene Apostel sandte diesen treuen Mitarbeiter nach Ephesus, wahrscheinlich um dort Timotheus zu vertreten, ebenso wie er jetzt den Kreta verlassenden Titus ersetzen soll. Noch steht nicht fest, wer von den beiden, Artemas oder Tychikus, frei sein wird für die Reise nach Kreta.

a) Apg 20, 4

b) Eph 6, 21; Kol 4, 7

Nikopolis: mehrere Städte tragen diesen Namen. Die meisten Ausleger nehmen an, daß es sich um die Hafenstadt an der Adriaküste handelt, in Epirus. Paulus ist nicht in Gefangenschaft. Er kann frei entscheiden, wann er reisen und wo er den Winter verbringen will. Aber er wünscht, seinen Mitarbeiter dringend zu sehen, ihn verlangt überall auf seinen Reisen und bei Aufenthalten nach Austausch, Information, Bruderschaft c). Paulus hat oft, wie auch jetzt, Pläne gefaßt, von denen er nicht wußte, ob und wie sie ausführbar waren. „Ich werde zu euch kommen, wenn ich Mazedonien durchzogen habe; denn durch Mazedonien ziehe ich. Vielleicht (!) aber

c) 1 Th 2, 17

werde ich auch bei euch bleiben oder auch überwintern, auf
d) 1 Ko 16, 5—7 daß ihr mich geleitet, wohin irgend ich reise ..." d).

Die nüchterne Art, in der diese Pläne mitgeteilt werden, fällt wohltuend auf im Gegensatz zu manchen heutigen Briefen und Nachrichten aus Kirche und Mission.

Offenbar war der Winter ein großer Unsicherheitsfaktor und ein Einschnitt in der Reisetätigkeit nicht nur des Apostels,
e) II 4, 21 sondern auch seiner Mitarbeiter e). Der Winter konnte aber
f) 1 Ko 16, 6! auch zum nötigen Verweilen zwischen den Reisen beitragen f).

13 **Zenas** ist wie Artemas sonst nirgends im NT genannt. Aus der Berufsbezeichnung Gesetzeskundiger allein ist nicht auszumachen, ob es sich um einen ehemaligen jüdischen Schrift-
g) Mt 22, 35; Lk 10, 25; 7, 30 gelehrten g) oder um einen Juristen im Dienst des römischen Staates handelt. War er ein Judenchrist, konnte er in den speziellen Fragen und Streitereien auf Kreta behilflich sein. Offenbar sind Zenas und Apollos durchreisende Evangelisten. Wahrscheinlich überbringen sie den Brief des Apostels an Titus.

Apollos stammt aus Alexandrien[22]. Er war ein gebildeter
h) Apg 18, 24 Mann, der in Ephesus das Evangelium verkündet hatte h). Priska und Aquila hörten seine Verkündigung und merkten, wo Lücken waren. Sie nahmen ihn zu sich und legten ihm das
i) Apg 18, 26 Evangelium genauer aus i). Da er einen großen Einfluß hatte, war es wichtig, daß er dem heilsamen Wort gemäß lehrte. Darauf konnte er mit einem Empfehlungsschreiben versehen durch
k) Apg 18, 27—28 Achaja reisen und den Gemeinden eine große Hilfe sein k). Apollos war sehr selbständig; obwohl der Apostel ihm stark zuredete, ließ er sich nicht bewegen, nach Korinth zu gehen. Er fand die Zeit nicht für gelegen. Erst wenn es ihm paßte,
l) 1 Ko 16, 12 wollte er gehen l). Als in Korinth eine Apollospartei im Ent-
m) 1 Ko 1, 12; 3, 6 f stehen begriffen war, stellte sich Paulus ganz an seine Seite m), denn er wußte, daß auch um seinen eigenen Namen sich un-
n) 1 Ko 1, 13—16 reife Eiferer scharten n). Beide Diener des Herrn waren von Gottes Gnade abhängig. Sie hatten verschiedene Gaben, aber gerade dadurch ergänzten sie sich. Als Gottes Mitarbeiter sollten die Gemeinden sie ansehen und sich über die sich ergän-
o) 1 Ko 3, 5. 6. 22 zenden Gaben freuen und Gott dafür loben o).

Offenbar ist der Apostel noch immer mit Apollos in Verbin-

[22] Die Stadt wurde 332 v. Chr. durch Alexander den Großen gegründet und entfaltete sich zu einem Universitätszentrum mit großer Bibliothek. Nicht nur Apollos, sondern auch Lukas, Theophilus, Philemon waren als gebildete Griechen Jünger des Herrn Jesus geworden.

dung, und dieser war, obwohl selbständig, doch (oder gerade deshalb!) geübt und froh, mit einem zweiten Mitarbeiter zusammen reisen zu können. Und beide waren dankbar, wenn sie bei ihrem Zwischenhalt auf Kreta die Fürsorge der Gemeinde[23] erfuhren, veranlaßt durch Paulus und vorbereitet durch Titus.

Auch unsere Leute sollen lernen, in guten Werken voranzugehen. Bestand eine Lauheit unter den Gemeinden auf Kreta, während andere Kreise gebefreudig waren? Wer sind die andern, von denen sich „unsere Leute" unterscheiden? Waren es durchreisende Wanderrabbiner, die von den Ihrigen immer bestens versorgt wurden, oder waren es die Irrlehrer, die von ihren Kreisen viel Gewinn einsteckten p)? Das eine steht fest: „vorangehen in guten Werken" wiederholt V. 8 und unterstreicht an einem sehr konkreten Beispiel, was das praktisch bedeuten kann. So haben die Philipper auch für Paulus gesorgt q), so sollen sie allgemein Gastfreundschaft üben und sich der Bedürfnisse der Heiligen annehmen r). Die reisenden Evangelisten brauchen saubere und ordentliche Kleidung, sie haben Geld und Lebensmittel nötig für die Weiterreise, und sie bedürfen besonders der Gemeinschaft. Der Glaube bleibt **ohne Frucht,** wenn er nicht Werke hervorbringt. **Lernen** kann man das nur, wenn die Gelegenheiten erkannt und ergriffen werden. Eine solche ist jetzt gegeben durch den Besuch von Zenas und Apollos. In jedem Bedürftigen und in jedem Gast will der Herr selbst uns begegnen und uns segnen, damit wir seine Menschenfreundlichkeit erfahren und weitergeben. 14

p) Tit 1, 11

q) Phil 4, 16. 19

r) Rö 12, 13

2. Grüße und Segenswunsch

Titus 3, 15—16

Es grüßen euch alle, die bei mir sind s). Paulus ist nicht allein; wer aber seine Begleiter sind, schreibt er nicht; in Rom wird nur noch Lukas bei ihm sein t). 15

Grüße die, welche im Glauben uns lieben. Der Glaube will durch die Liebe wirksam werden. Die Liebe empfängt ihre

s) wie Rö 16, 21—23 1 Ko 16, 19 f

t) II 4, 11

[23] Zur Hilfeleistung für reisende Evangelisten und Mitarbeiter vgl. auch Rö 15, 24; 2 Ko 1, 16.

Kraft aus dem Glauben. Der wahre Glaube verbindet Menschen miteinander in Liebe. Sie alle werden gegrüßt.

16 **Die Gnade sei mit euch allen!** Vgl. dazu die ausführliche Form in 2 Th 3, 18: Die Gnade (unseres Herrn Jesus Christus) sei mit euch allen. — Vielleicht kann hier die Abkürzung genügen, weil der Brief so eingehend die Gnade des Herrn dargestellt hat, zuletzt in 3, 7 u). Grüße, hin und her gesandt, sind nicht bloße Höflichkeiten. Sie werden bewußt überbracht und empfangen, sie sind Zeichen der Verbundenheit, Boten des Segens. Der Apostel begleitet seine Briefe immer mit einem Segenswunsch. Gottes Gnade hat in Jesus Fleisch und Blut angenommen. Diesen Jesus geben wir weiter in unserem Leben: ein Gruß der Gnade Gottes an alle, denen wir begegnen.

u) vgl. I 6, 21; II 4, 22!

Der Brief des Paulus an Philemon

erklärt von

Hans Bürki

R. Brockhaus Verlag Wuppertal

EINLEITUNGSFRAGEN

1. Der Brief an Philemon ist der kleinste und letzte (der Brief an die Römer ist der längste und erste) in der Sammlung der 13 Paulusbriefe, die wir im NT haben. Philemon ist ein wohlhabender Bürger von Kolossä (so kann aus den fast gleichlautenden Grußlisten von Phlm 23—24 und Kol 4, 7—14, besonders auch V. 9 geschlossen werden). Er ist durch den Apostel zu Jesus gekommen (V. 19). Die Beziehung zwischen Paulus und Philemon ist herzlich vertraut und partnerschaftlich. Paulus nennt ihn seinen Bruder, Geliebten, Mitarbeiter und Genossen (1. 17).

2. Onesimus ist ein Sklave, der seinem Besitzer Philemon entlaufen ist und bei Paulus nicht nur Zuflucht, sondern das neue Leben in Jesus gefunden hat (V. 10). Für diesen Sklaven, der nun ein „geliebter Bruder" (V. 16) geworden ist, verwendet sich der Apostel bei Philemon, damit dieser ihn nicht bestrafe, sondern so herzlich aufnehme, als wäre es Paulus selbst (V. 17).

3. Der Brief ist zwar an eine Einzelperson gerichtet und sehr persönlich gehalten, und doch ist er nicht ein reines Privatschreiben. Paulus erwähnt einerseits Timotheus als Mitabsender (V. 1) und nennt unter den Adressaten außer Philemon auch Apphia, Archippus und die Gemeinde im Hause des Sklavenbesitzers. Auch der Gruß am Schluß weist über ein ganz persönliches Schreiben hinaus, darin den Past ähnlich. Nach dem Gruß (1—3) leitet Paulus (wie meistens in seinen Briefen) über zu Danksagung und Fürbitte, darin er den Hauptteil des Briefes (8—20) inhaltlich schon andeutet. Der Hauptabschnitt ist in 4 Teilen aufgebaut: Erinnerung an eine gute Tat des Philemon (8—9); Darstellung der veränderten Situation von Onesimus (10—12); Rückblick und neue Deutung des Geschehens (13—16); Bitte an Philemon, aufs neue eine gute Tat zu vollbringen (17—20). Der Brief schließt mit einem zuversichtlichen Ausblick in die Zukunft (21—22) sowie den Gruß- und Segenswünschen (23—25).

4. Obwohl die paulinische Urheberschaft des Briefes nicht nur in der Frühkirche, sondern bis in die Gegenwart hinein unbestritten war (mit Ausnahme von F. C. Baur, der im Philemonbrief eine romanhaft eingekleidete Stellungnahme zur Sklavenfrage aus der nachapostolischen Zeit sah), fand er nur wenig Beachtung und führte zu wenig praktisch sichtbaren Auswirkungen (vgl. Anhang 1: Zur Sklavenfrage).

Paulus ist im Gefängnis (1. 9. 13. 22), wahrscheinlich in Rom; eine kürzere Haft in Ephesus ist allerdings auch nicht ausgeschlossen, wo ihn der entwichene Sklave leichter erreicht haben könnte. Paulus berichtet von verschiedenen Gefangenschaften schon zur Zeit des zweiten Korintherbriefes (2 Ko 11, 23) und daß er in Ephesus habe Schweres durchstehen müssen (1 Ko 15, 32). Stammt der Brief aus einer Haftzeit in Ephesus, so kann für seine Abfassungszeit das Jahr 53 angenommen werden; wurde er aber in der ersten römischen Gefangenschaft geschrieben, dann sind 5 oder 6 Jahre mehr verstrichen (vgl. II 4, 17: Rachen des Löwen und 1 Ko 15, 32: mit wilden Tieren gekämpft: überhaupt die Erwägungen über die verschiedenen Gefangenschaften: II 4, 16—17).

Der Briefkopf

Philemon 1—7

1 **Paulus, ein Gefangener** (um) **des Messias Jesus** (willen), **und**
Timotheus, der Bruder, an Philemon, den Geliebten und
2 **unseren Mitarbeiter * und Apphia, die Schwester, und Ar-**
chippus, unsern Mitstreiter, und die Gemeinde in deinem
3 **Haus. * Gnade sei mit euch und Friede von Gott und dem**
4 **Herrn Jesus Christus. * Ich danke meinem Gott allezeit,**
5 **wenn ich deiner gedenke in meinen Gebeten, * weil ich von**
deiner Liebe und von deinem Glauben höre, den du zum
6 **Herrn Jesus und allen Heiligen gegenüber hast, * damit dein**
Teilhaben im Glauben wirksam werde in Erkenntnis alles
7 **Guten, das in uns ist, auf Christus hin. * Denn ich hatte viele**
Freude und Trost an deiner Liebe, weil die Herzen der Hei-
ligen durch dich, Bruder, erquickt worden sind.

1. Absender

Philemon 1a

Paulus ist in zweifacher Hinsicht ein **Gefangener:** Jesus, der Herr, hat ihn für sich in Beschlag genommen a), und um dieses Herrn willen ist er von den Feinden des Evangeliums verleumdet und gefangen gesetzt worden b). Fünfmal erwähnt er im Brief seine jetzige Gefangenschaft c). Den üblichen Titel Apostel läßt er weg, weil er nicht von vornherein seine besondere Autorität herausheben will e). Auch **Timotheus,** der mit ihm ist, stellt er schlicht als **Bruder** vor f). Hingegen fährt Paulus nicht fort, im Wir-Stil zu schreiben g), sondern geht von V. 4 in die Ich-Form über und nennt allein seinen Namen ausdrücklich mehrmals im Brief h). 1

a) 2 Ko 2, 14
b) II 1,8; 2, 9!
c) 1. 9. 10. 13. 23
e) doch vgl. 21!
f) wie 2 Ko 1, 1
g) vgl. 1 Th 1, 1 f
h) 4. 9. 19

2. Empfänger

Philemon 1b—2

i) Rö 1, 7; Phil 2, 14; 4, 1; 1 Ko 10, 14
k) 1 Th 3, 2; Phil 2, 25; 4, 3; Rö 16, 3. 9. 21; 2 Ko 8, 23

Trotzdem ist es nicht ohne Sinn, wenn Timotheus als Absender mitgenannt ist, denn damit deutet Paulus an, daß er nicht als Privatmann handelt — sein Brief entstand unter Zeugenschaft (aus dem Mund von zwei oder drei Zeugen) —, und er wendet sich auch nicht nur an ein isoliertes Individuum, sondern **an Philemon, den Geliebten** i), **und unseren Mitarbeiter** k). Die Liebe des Herrn Jesus verbindet sie miteinander und macht sie zur Zusammenarbeit am Evangelium fähig. Beide Worte betonen die gegenseitige Verbundenheit. Apphia, die Schwester, ist Philemons Frau, wie aus der unmittelbaren Nachbarschaft der beiden Namen geschlossen werden kann. Interessant ist, daß sie als „Schwester" erscheint, also ihre Zugehörigkeit zur Gemeinde betont ist[1]. Die Verhandlung über den entlaufenen Sklaven ist weder eine reine Männersache, noch betrifft sie nur das Ehepaar, denn in ihrem Hause versammelt sich die Gemeinde, und wie die beiden über den Sklaven entscheiden werden, das ist für alle in ihrem Hauskreis — und darüber hinaus — von Bedeutung.

l) Phil 2, 25
m) Kol 1, 7

2 **Archippus, unser Mitstreiter,** ist in Kol 4, 17 erwähnt, was die Annahme unterstützt, daß Philemon in Kolossä wohnt. Doch weder die Mahnung in Kol an ihn, er solle seinen Dienstauftrag erfüllen, noch der Umstand, daß er jetzt ausdrücklich neben Philemon und Apphia mit Namen genannt und als Mitstreiter l) gekennzeichnet wird, zwingt dazu, ihn auch als Leiter der Gemeinde zu sehen. Vielleicht waren Philemon, Epaphras m) und Archippus zusammen oder einander ablösend (nach Kol 4, 2 war Epaphras zur Zeit des Briefes nicht in Kolossä) leitende Diener der Gemeinde.

n) Tit 1, 6; I 3, 4—5! Kol 4, 15; Apg 11, 14; 16, 15
o) Kol 4, 15. 16

Und die Gemeinde in deinem Haus n). Jetzt wird vollends deutlich, daß der Brief zwar an Philemon gerichtet ist, daß aber sein Inhalt die ganze Gemeinde betrifft. Philemon wird den Brief im Herzen bewegen, mit seiner Frau darüber sprechen, ihn einem nahen Freund und Mitarbeiter vorlegen und ihn schließlich der ganzen Gemeinde, in der vielleicht noch andere Sklaven anwesend sein mögen, vorlesen o).

[1] Einige Handschriften haben, wohl an die Anrede des Mannes angleichend: geliebte Schwester; unsere Schwester und Geliebte. Für P ist es nicht ungewöhnlich, eine Frau „geliebte Schwester" zu nennen (Rö 16, 12); vgl. auch 1 Ko 9, 5: „eine Schwester als Ehefrau".

3. Segenswunsch

Philemon 3

Aus der Gnade Gottes leben sie alle, Herren und Knechte, und die Kraft des göttlichen Friedens kann sie in der gegenseitigen Liebe verbunden halten. Wenn sie diesen Brief lesen und der Widerstreit der Gedanken in ihnen Unruhe stiftet, dann soll der **Friede Gottes** sie bewahren und die wahre Wohlfahrt für alle ermöglichen p).

p) I 1, 2 b; II 2, 2 b; Tit 1, 4 b!

4. Danksagung und Fürbitte

Philemon, 4—7

4 **Ich danke meinem Gott** ist Ausdruck des Vertrauens in den Psalmen q). Paulus ist wie Jesus in der Gebetsschule der Psalmen herangewachsen r). In den Briefen des Altertums war es üblich, einander zu versprechen: ich denke an dich. Paulus denkt an seine Mitarbeiter, indem er für sie dankt und betet s), und er rechnet ebenso selbstverständlich damit, daß die Gemeinden auch für ihn beten t).

5 **Der Glaube an den Herrn Jesus** u) ist Grundlegung für die Liebe, denn an ihn glauben heißt an seine Liebe glauben, die er den Menschen erwiesen hat durch sein Sterben am Kreuz für sie v).

Paulus hat von der Liebe des Philemon **gehört** w), er hat ihn also längere Zeit nicht persönlich gesehen, vielleicht sogar seit dessen Bekehrung x) zu Jesus nicht mehr. Zur Zeit des Briefes an die Kolosser steht fest, daß Paulus noch nicht selber in Kolossä gewesen ist y).

Aber seine Mitarbeiter haben ihm berichtet, wie Philemon im Glauben an den Herrn Jesus und in **der Liebe zu allen Heiligen** z) gewachsen ist. Er hat die Herzen der Heiligen[2] erfrischt (V. 7) durch seine Liebestaten, und gerade jetzt wird er Gelegenheit haben, seine Liebe erneut zu bewähren in einer Angelegenheit, die ihm persönlich nicht sehr angenehm gewesen sein wird.

q) Ps 3, 8; 5, 8; 18, 2. 6; 21, 2; 22, 1. 14, 31, 14; 38, 15; 59, 10; 89, 26
r) Mk 14, 26; vgl. II 1, 3; Phil I, 3; 4, 9; 2 Ko 12, 21
s) II 1, 3—6!
t) 22; Eph 6, 19
u) Rö 10, 9; 1 Th 1, 8
v) Rö 5, 7—8 1 Jo 5, 1—5
w) Eph 1, 15; Rö 1, 8
x) 19
y) Kol 1, 4; 2, 1
z) 2 Th 1, 3; Kol 1, 4; Eph 1, 15; 2 Ko 2, 8

[2] „Die Heiligen" ist eine häufige Selbstbezeichnung der Jünger Jesu, während das Wort Christ im NT nur dreimal vorkommt, davon zweimal durch Menschen gebraucht, die außerhalb der Gemeinde sind: Apg 11, 26; 26, 28; 1 Pt 4, 16. Heilige: Rö 1, 7; 8, 27; 12, 13; 16, 2. 15; 1 Ko 1, 2; 2 Ko 1, 1; Eph 1, 1; Phil 1, 1; Kol 1, 12. 26; I 5, 10; Phlm 7.

6 Paulus läßt seinem Dank die Bitte zu Gott folgen a), daß
a) wie Phil 1, 9; Philemons **Teilhaben am Glauben wirksam werde.** Der Glaube
Kol 1, 3. 9 an Jesus macht sie zu Genossen[3], wenn dieser Glaube in der
b) Ga 5, 6! Liebe immer wieder neu wirksam b) und tatkräftig wird.

In Erkenntnis alles Guten, das in uns ist, auf Christus hin.
Im Anfang steht nicht die Tat, sondern das Erkennen des
c) Rö 12, 2 Willens Gottes. Dieser Wille ist das Gute c). Gott will unser
d) Rö 8, 28 Bestes d); hat er das Gute angefangen in uns, so wird er es
e) Phil 1, 6 auch zur Vollendung bringen e). In den alltäglichen Vorkomm-
nissen erkennt der Glaube das Gute (V. 14!), das jetzt zu tun
ist, und das in der Liebe zubereitete Herz verschließt sich
f) 1 Jo 3, 17—18 nicht, sondern öffnet sich dem Bruder in Tat und Wahrheit f).
Alles Gute, **das in uns ist,** das sind die Werke, die Gott für
uns und für die er uns zubereitet hat, damit wir sie im rechten
g) Eph 2, 10 Augenblick erkennen und verwirklichen g), nicht zum Zweck
unserer Erlösung, sondern **auf Christus hin,** d. h. für ihn und
zu seiner Ehre. Das gibt den Werken einen neuen Ursprung
h) 1 Th 5, 15; und ein anderes Ziel h).

Ga 6, 6. 10; In der koinonia (Teilhaben und Gemeinschaft) des Glaubens
Rö 2, 10; 5, 7; kann einer dem andern zur **Freude** und zum **Trost**[4] werden,
12, 2. 9. 21; wenn die Gemeinschaft nicht nur in Wort und Gefühl sich er-
13, 3; 14, 16 schöpft, sondern zu wirklichem Beistand und zur Liebestat
7 führt. Solche Liebestaten hat Philemon den Heiligen oft erwie-
i) vgl. 5! sen i) und sie dadurch samt dem Apostel **erquickt**[5]. Die Zunei-
gung der Liebe vermag eine derart tiefe Bestätigung und Stär-
kung zu geben, daß sie den menschlichen Geist ruhig macht, in-
dem sie ihn von der Mühe der nutzlosen Selbstrechtfertigung
befreit. Durch Betätigung der Liebe werden die Herzen zur Ru-
he gebracht von ihren toten Werken. Es ist etwas Wunderba-
res, daß ein Mensch des andern Herz trösten und erfrischen
k) 7. 12. 20! kann. Das Herz k) ist starker Empfindungen des Erbarmens
und der Tröstung fähig, wenn es durch die Liebe offen und

[3] *(koinonia)* vgl. 17: *koinonos,* der Teilhaber, der Gefährte, der Genosse. 1 Ko 10, 16. 17. 18. 20.

[4] *(paraklesis)* Zuspruch, Trost, Ermahnung; auch in der Ermahnung ist die tröstliche Aufmunterung immer mitenthalten; 2 Ko 7, 4. 7. 13.

[5] *(anapauo)* ausruhen, erquicken, sich erholen; vgl. Mt 11, 28 dasselbe Verb und 11, 29 das entsprechende Hauptwort: Ruhe; Mk 6, 31; 1 Ko 16, 18: mein Geist ist beruhigt durch eure Zuneigung, die den Mangel ausfüllt. 2 Ko 7, 13: der Geist des Titus ist beruhigt worden; 1 Pt 4, 14: der Geist ruht auf euch; Offb 14, 13: ruhen von den Mühsalen.

mitfühlend geworden ist. Der ganze Mensch nach Leib[6] und Seele ist in Bewegung geraten. Auch Paulus ist in diesem Augenblick bewegt, das zeigt sich daran, daß er das Wort **Bruder** ganz an den Schluß setzt und dadurch betont herausstellt[7].

Der Apostel hatte Freude und Trost nötig, und im dankbaren Gedenken an die Liebe des Philemons findet er nun Ruhe und Erquickung; so viel können Brüder im Glauben füreinander bedeuten um Jesu willen. Schon in den Auseinandersetzungen und Nöten mit der korinthischen Gemeinde hatte Paulus erfahren, was es für ihn war, als Brüder die mangelnde Zuneigung der Korinther ersetzten und durch deren liebende Vermittlung eine Versöhnung zustande kam: „sie haben meinen Geist und den eurigen beruhigt[8]."

So bittet jetzt Paulus: Wie du mein Herz erquickt hast, Bruder, so erfrische es wieder, Bruder[9]. Der Hauptteil des Briefes ist zu Beginn und am Schluß eingebettet in das Verlangen des Herzens nach Erquickung und in den ganz persönlichen Anruf von Freund zu Freund. Und dabei geht es um die Wohltat für einen anderen! Das Gute, das diesem anderen geschieht, wird ihn, den Apostel, erfrischen.

[6] Das Wort für „Herz" bedeutet hier eigentlich „Eingeweide", wie Phil 1, 8; 2, 1; Kol 3, 12; 1 Jo 3, 17; 2 Ko 6, 11—13; 7, 15. Lk 1, 78: von Gott ausgesagt, nämlich die mitleidsvolle Barmherzigkeit Gottes; er hat sich von Herzen erbarmt. Diese leiblichen Ausdrücke für seelische Regungen finden in der psychosomatischen Medizin eine ganz neue Beachtung.

[7] (adelphe) Bruder! „nachgestellter, liebevolle Rührung atmender Vokativ".

[8] „Was ich von euch entbehren mußte, haben sie mir aufgewogen und so zur Entspannung beigetragen für mich und für euch." (W)

[9] 7 und 20 haben beide das Wort „Bruder" und das Verb „erquicken".

Der Brieftext: Fürsprache für Onesimus

Philemon 8—22

1. Bitte statt Befehl — um der Liebe willen

Philemon 8—9

8 **Daher, wiewohl ich in Christus vollen Freimut habe, dir zu**
9 **gebieten, was geschehen soll, * bitte ich doch lieber um der**
Liebe willen als ein solcher, wie (ich) **Paulus** (bin), **ein alter**
Mann, jetzt aber auch ein Gefangener (um) **des Messias Jesus** (willen).

8 Mit **daher** setzt das eigentliche Anliegen des Briefes ein, das in den ersten Sätzen bisher vorbereitet worden ist[10]. Und trotzdem verschiebt der Apostel seine Bitte noch zweimal! Bevor er die Bitte bringt, sagt er, daß er eigentlich berechtigt sei, Philemon eine apostolisch bindende Weisung zu geben. Doch will er nicht auf sein Recht und seine Stellung pochen a) in der unausgesprochenen Erwartung, Philemon werde das ebenfalls nicht tun, wenn es um den Sklaven geht, dessen Namen der Apostel erst am Ende von V. 10 aussprechen wird. Und noch einmal — am Ende des Hauptteils — wird Paulus die Frage des Rechts vorbringen und fast scherzhaft zurückweisen: Philemon hat ein Recht auf den Sklaven Onesimus, aber Paulus hat ebenso ein Recht anzumelden gegenüber Philemon, doch will er von diesem Recht nicht Gebrauch machen und lieber nochmals die rechtlichen Forderungen in einen Wunsch der Liebe umwandeln b).

a) 1 Ko 9, 15. 18; 4, 21

b) 18—20

Daher, wiewohl ich in Christus vollen Freimut habe (parresia): Freimut ist eine Offenheit und Weite des Herzens, die aus der Freiheit kommt und immer mit Freude verbunden ist; man kann daher auch übersetzen: Freudigkeit, Zuversicht, Unbefangenheit, Kühnheit. Paulus tritt freimütig auf vor Gott und den Menschen c). Diese furchtlose Zuversicht der Liebe

c) 2 Ko 3, 12; 7, 4; Eph 3, 12; Phil 1, 20; I 3, 13!

[10] In den Versen 1—7 sind sämtliche Themen des Briefes schon angeführt: Herz, Liebe, Guttat, brüderliche Verbundenheit, Erquickung.

ist eine Wirkung des Geistes, sie ist Freimut im Herrn und
durch ihn[11]. Wer im Herzen eng ist, der ist bedrückt und hat
eine peinigende Angst, die das Gegenstück ist zur parresia, der
furchtlosen Unbefangenheit, die aus der Liebe kommt d). d) 1 Jo 4,
Paulus ist frei, sowohl zu gebieten wie auch zu bitten. Als 17. 18
Apostel hat er die Vollmacht, bindende Weisung zu geben, da-
mit Philemon tut, was geschehen soll, wörtlich: **was sich ge-
bührt**[12], nämlich wie sich ein gläubiger Hausherr seinem ent- 9
laufenen Sklaven gegenüber zu verhalten hat. Aber er ge-
braucht seine Freiheit nicht dazu, sein Apostelrecht durchzu-
setzen e), sondern er tritt als bittender Bruder auf, der sich e) Ga 5, 13!
unter den stellt, der ihm die Bitte erfüllen oder verweigern
kann: **ich bitte** dich[13]. Er bittet **um der Liebe willen,** damit ist
nicht die Liebe gemeint, welche die beiden Männer zueinander
haben, sondern die Liebe Gottes, die in Jesus ihnen geschenkt
wurde und von der sie beide leben. Paulus schreibt gerade
nicht: Ich bitte dich um deiner Liebe willen, denn dadurch
würde er nur einen Druck auf den Briefempfänger ausüben,
und gerade das will er vermeiden! Ja, sich selbst in seiner
Niedrigkeit und Schwachheit stellt er als **gefangenen alten
Mann** dar. Paulus wird zu jener Zeit zwischen 50 und 60 Jahre
alt gewesen sein[14]. Er bittet um der großen Liebe Gottes wil-
len, damit die Liebe vor dem Recht gehe, weil sowohl die bei-
den Briefpartner wie auch der Sklave von der gleichen Liebe
leben.

2. Darstellung der veränderten Situation

Philemon 10—12

10 **Ich bitte dich für mein**[15] **Kind f), das ich in** (den) **Fesseln** f) vgl. I 1, 2;
11 **gezeugt habe; Onesimus, * der dir einst unnütz war, jetzt** II 1, 2;
12 **aber sowohl dir als mir nützlich ist. * Ich sende ihn dir** Tit 1, 4!
zurück, ihn, das heißt mein Herz.

[11] Freimütige sind Menschen mit offenem Gesicht: 2 Ko 3, 17. 18; vgl. Eph 3, 5; Apg 4, 13. 29. 31! 1 Jo 2, 28; 3, 21; 5, 14
[12] *(aneko)* geziemen; in Tit 1, 11; 2, 1. 3; I 2, 10 *(prepei)*: Wie es den Heiligen geziemt.
[13] 9. 10. *(parakalein)* hat immer den Unterton von Bitte und Vertrauen, auch dort, wo ermahnen (trösten!) stehen kann: I 1, 3; 2, 1; 5, 1; 6, 2; II 4, 2; Tit 1, 9; 2, 6. 15!
[14] Wt. Stb. 1 Tim (E 29), S. 36.
[15] „mein" ist im Grie vorangestellt und dadurch besonders betont.

Paulus bittet nicht für sich selbst und für seinen Vorteil, sondern für einen andern, der hilflos und wehrlos ist. Und er bittet nicht um ihn, daß er ihn bekomme für sich, sondern **für** ihn, d. h. er tritt für ihn ein (12.17).

Entflohene Sklaven konnten Zuflucht finden an heiligen Stätten, wo sie vor ihren Verfolgern sicher waren. Wie nun dieser Sklave zu Paulus fand und ihn im Gefängnis aufsuchen konnte, wissen wir nicht. Durch den Apostel hat er zu Jesus gefunden, durch das Evangelium ist er zu neuem Leben gezeugt und wiedergeboren worden g). Vielleicht erhoffte der Sklave, als er noch nicht sein Herz für Jesus geöffnet hatte, eine Befreiung, die weniger war, als sie das Evangelium zu geben hat. Vielleicht hat er, weil er von der Umkehr seines Herrn gehört hatte, die Freiheit gefordert und ist vielleicht, als er sie nicht bekam, ausgezogen, ähnlich dem jüngeren Sohn im Gleichnis h). Als der Zurückkehrende wurde er erst wirklich zum Sohn: **„Ihn sende ich dir zurück, das heißt mein Herz."**

g) 1 Ko 4, 15. 17; Ga 4, 19; 1 Pt 1, 23

h) Lk 15, 11 f

Wie Paulus das Wort „Bruder" besonders liebevoll an den Schluß seiner einleitenden Sätze stellt, so erwähnt er jetzt den Namen des Sklaven ganz am Schluß seiner Bitte. Ist nicht auch Philemon selbst durch Paulus zu Jesus gekommen, also ein Sohn des Glaubens und darum Bruder, genau wie Onesimus? Hat Paulus nicht beiden Männern das neue Leben in Jesus vermittelt, sind sie nicht dadurch gegenseitig Brüder geworden? Sollte nun Philemon etwa wie der ältere Bruder im Gleichnis handeln und mißgünstig auf seinen jüngeren Bruder herabsehen und ihn von sich weisen?

Paulus versteht es, solche Fragen unausgesprochen zu lassen, und doch sind sie zwischen den Zeilen zu lesen, man lese und vergleiche nur aufmerksam die Verse 7.16.20 mit 10.

11 „Der nichtsnutzige Sklave" war eine verbreitete Redensart i), die widerspiegelt, wie sich im sozialen Bereich das Verhältnis Herr—Sklave negativ ausgewirkt hat. Da der Sklave ausgenutzt wurde, suchte er selbst, wo es nur anging, auch den Herrn auszunützen und sich so viel wie nur möglich von der Arbeit zu drücken. Das neue Leben zeigt sich nun darin, daß der „nichtsnutzige Sklave" zu einem nützlichen Menschen wird inmitten der alten Verhältnisse. Doch die neue Nützlichkeit verändert die alten Verhältnisse von innen heraus durch eine neue Einstellung zur Arbeit und zum Leben überhaupt. Die vorher unnützen Knechte werden nicht nur zu „gewöhnlichen

i) Mt 25, 30

Knechten“[16], die tun, was man von ihnen erwartet, sondern
sie tun mehr, als sie müssen! Derart ist nun die Nützlichkeit
des Onesimus. Er ist vom „Nichtsnutz“ nicht nur zum nütz-
lichen Knecht geworden, sondern er ist mehr als nützlich ge-
worden k), genauso wie auch Philemon mehr tun wird, als nö- k) vgl. 16!
tig oder geboten ist l): Er wird den Sklaven als Bruder emp- l) 21
fangen in Liebe und ihm die Freiheit schenken, jener aber
wird aus freier Liebe bei seinem Herrn oder bei Paulus blei-
ben[17] und als Freier dienen wollen m). Jetzt schon ist seine m) 1 Ko 9, 19
über das gewöhnliche Maß hinausgehende Nützlichkeit daran
erkennbar, daß er für Paulus und für Philemon kostbar und
nützlich geworden ist. Die Nützlichkeit der Liebe und der
wahren Gottesverehrung n) ist der Gewinn, den echte Mensch- n) I 4, 8!
lichkeit bringt, für sich selbst und für den andern. Diese Nütz-
lichkeit ist allerdings ständig dem Mißverständnis und dem
Mißbrauch ausgesetzt, daß man sie verwechselt und verdreht
zur Ausnutzung und zum Benützen, wie man Haustiere und
Hausgegenstände benützt.

Das Recht verlangt, daß ein entlaufener Sklave zurückge- 12
sandt o) wird. Paulus erfüllt das Gesetz. Den Sklaven zurück- o) Apg 25, 21
senden ist eine rechtlich geforderte Handlung sowohl nach Lk 23,7.11.15
römischem wie auch nach jüdischem Recht. Zugleich aber
verbindet er das Recht: **Ich sende ihn dir zurück** mit der Liebe,
durch die er das Gesetz überbietet: **das heißt mein eigenes
Herz** p). Hier findet die Liebe ihre zarteste Sprache: ich bitte p) vgl. 7. 20
dich für mein Kind, ich sende dir zurück mein Herz. Hier
spürt man das Herz eines Mannes schlagen, der zu inniger
Liebe und Teilnahme befreit worden ist q). Der schwache und q) vgl. Phil 1,
alte Mann im Gefängnis setzt sich aus Liebe für einen ent- 8; 4, 1,
laufenen Sklaven ein, er macht sich eins mit ihm und seiner II 1, 4
Zukunft[18].

Luther hat den ausschlaggebenden Beweggrund dieser Herz-
lichkeit klar gespürt und ausgesprochen, wenn er schreibt:
„Wir sind alle seine Onesimi, so wir's glauben.“ Wie Jesus
sich bei Gott für uns verwendet, ja, an unsere Stelle tritt („ihn,

[16] So übersetzt die Jerusalemer Bibel, was zu einem sinngemäßeren Verständnis sehr hilfreich ist.

[17] 2 Mo 21, 5—6; auch in den Mysterienkulten wurde ein Sklave frei, wenn er die Weihen empfangen hatte; er blieb dann als freier Mann bei seinem bisherigen Herrn. Ein geliebter Bruder werden ist viel mehr als die „Gleichberechtigung“ aller Menschen.

[18] Von Plinius dem Jüngeren ist ein Brief erhalten, in welchem er sich bei Sabinianus für den Sklaven Libertus verwendet. Der Unterschied zwischen stoischer Milde und brüderlicher Herzlichkeit kommt beim Vergleichen der beiden Briefe deutlich zum Ausdruck.

das heißt: mein eigenes Herz"), so tritt Paulus bei Philemon für Onesimus ein. Es ist die stellvertretende Liebe des Herrn Jesus, die hier im Herzen eines Menschen zu praktischer Auswirkung gelangt.

3. Rückblick und neue Deutung des Geschehens

Philemon 13—16

13 Ich wollte ihn bei mir behalten, damit er mir stellvertre-
tend für dich diene in den Fesseln für das Evangelium.
14 * Aber ohne dein Einverständnis mochte ich nichts tun,
damit deine Wohltat nicht wie aus Zwang, sondern frei-
15 willig geschehe. * Denn vielleicht ist er deshalb auf kurze
Zeit (von dir) **getrennt gewesen, damit du ihn auf ewig**
16 wieder erhältst, * nicht mehr als Sklaven, sondern als
einen, der viel mehr als ein Sklave, der ein geliebter Bruder ist, besonders für mich, um so mehr aber für dich, sowohl im Fleisch als auch im Herrn.

13 **Den ich bei mir behalten wollte:** „ich" ist in diesem Satz mit Nachdruck betont. Paulus hatte den Wunsch und die bestimmte Absicht gehabt, den liebgewordenen und nützlichen Bruder zu behalten, aber er entschloß sich dann doch, darauf zu verzichten. Er wollte weder seine Wünsche durchsetzen noch auf sein Recht pochen (und Philemon möge es ihm gleichtun!), obwohl er als Apostel auf diese Weise einen Gehilfen hätte haben können, der ihm das Leben etwas erleichtert[19].

a) Tit 2, 14; I 2, 6!

Stellvertretend a) **für dich:** Ich sende dir Onesimus als meinen Stellvertreter (12: mein Herz), doch hätte ich ein Recht, ihn zu behalten als deinen Stellvertreter (13). Ja, die Umstände sprechen sehr deutlich zugunsten des Apostels, denn er befindet sich **in Fesseln** um des Evangeliums willen und ist dadurch besonders bedürftig: wenn je, dann sollte er jetzt einen Diakon zur Stärkung an seiner Seite haben.

14 **Aber ohne dein Einverständnis mochte ich nichts tun.** Paulus rechnet also mit Philemons Zustimmung, doch wieder ohne es ausdrücklich zu sagen. Er will nicht in erster Linie seine Zustimmung, deren er voll Vertrauen gewiß ist (21), sondern

[19] Apg 13, 5; Phil 2, 25. 30: Epaphras hat sich stellvertretend für die Gemeinde mit seinem Leben für den gefangenen Apostel eingesetzt.

seinen freiwilligen Entschluß: „Nicht daß ich die Gabe suche, sondern ich suche die Frucht, die einen Überschuß in eurer Rechnung erzeugt" b). Die **Wohltat** (6.14), die sowohl Onesimus wie auch Paulus zugute kommen wird, hat nur dann eine befreiende Wirkung und erzeugt nur dann einen Überschuß auf Philemons Rechnung, wenn sie aus freiem Entschluß entstanden ist c), denn erst dann ist sie wirklich aus Liebe getan. Das Gesetz kann zu einer Tat zwingen und den Ungehorsam bestrafen. Die Liebe läßt sich nicht erzwingen, doch handelt es sich auch nicht darum, nur passiv auf sie zu warten wie auf ein Gefühl, das sich einstellen kann oder nicht. Liebe bewirkt Initiative des ganzen Menschen, freien Entschluß aus offenem Herzen.

b) Phil 4, 17!

c) 1 Pt 5, 2; 1 Ko 9, 17 2 Ko 9, 7

15 **Denn vielleicht** d) **ist er deshalb auf kurze Zeit**[20] (von dir) **getrennt gewesen, damit du ihn auf ewig wieder erhältst.** Nochmals gibt Paulus dem Ganzen eine überraschende Wendung, kühn und doch behutsam („vielleicht!") stellt er die Frage, ob nicht hinter der Flucht des Sklaven noch eine andere Wirklichkeit erkennbar wird. Um darauf eine Antwort erhalten zu können, bedarf es einer veränderten Sicht der Flucht, denn erst das andere Sehen kann zu anderem Urteil und Entschluß führen.

d) wie Rö 5, 7

Von „Flucht" ist bei Paulus überhaupt nicht die Rede, obwohl es rechtlich gesehen und dem äußeren Augenschein nach zweifelsohne eine Flucht gewesen war. Mit welchen Worten ein Geschehen beschrieben wird, ist nicht unwesentlich. Der Apostel bezeichnet das aktive Ausrücken als ein passives Geschehen, das beiden widerfahren ist: ihr seid voneinander getrennt worden[21].

Die passivische Form deutet — wieder ohne daß es mit Worten ausgesprochen wäre — auf eine göttliche Seite im ganzen Geschehen hin. Und das ist nicht nur eine unbestimmte Vermutung; denn so viel steht ebenso unbezweifelbar fest, daß die Flucht für diesen Sklaven zum Anstoß für seine ewige Errettung und gleichzeitig für Paulus zu einem trost- und hilfreichen Geschenk geworden ist. Sollte nun Philemon der einzig Benachteiligte bleiben? Nein, sein Sklave ist ihm für kurze Zeit verlorengegangen, damit er ihn als einen mit neuem Leben

[20] Wörtlich: auf eine Stunde, eine kurze Frist bezeichnend, wie Ga 2, 5; 2 Ko 7, 8.
[21] Er ist „dir für kurze Zeit abhanden gekommen" (W).

beschenkten Bruder **auf ewig wieder erhalte**[22]. Philemon hat mehr gewonnen, als er verlor. Der Sklave wird nicht einfach zurückerstattet (wie eine geraubte Ware), der Verlust wird nicht nur ersetzt (18), sondern Philemon gewinnt mehr als nur einen Sklaven, nämlich einen vollwertigen Menschen und geliebten Bruder: er gewinnt für diese und für die zukünftige Welt[23].

16 **Nicht mehr als Sklaven, sondern als einen, der viel mehr als ein Sklave, der ein geliebter Bruder ist, besonders für mich, um so mehr aber für dich, sowohl im Fleisch wie im Herrn.**

Hier erst sind wir in der Herzmitte des Briefes angelangt. Die äußeren Umstände mögen die gleichen geblieben sein (vorläufig), vom Recht her gesehen wird ein gefangener Sklave seinem Herrn wieder zurückgeschickt mit dem Hinweis auf mildernde Umstände und der Bitte um schonende Behandlung[24]. Mit den Augen der Liebe gesehen aber geschieht hier das Wunder der wahren Menschwerdung, die alle Mitbeteiligten in neuer Weise miteinander verbindet und weit über alle rechtlichen Forderungen hinausführt. Onesimus, der einstige Nichtsnutz, kommt jetzt nicht einfach als guter und nützlicher Sklave brav zurück, sondern als einer, der **mehr ist als Sklave,** nämlich als **geliebter Bruder** wird er Philemon geschenkt. Das Geschenk der Liebe übertrifft jede Forderung des Gesetzes, weil es aus der Freiheit kommt, zur Freiheit führt und in ihr erhält.

Auch die Stoiker vertraten die Gleichheit aller Menschen, aber sie war begründet darin, daß sie alle aus demselben Samen stammen und dieselbe Luft atmen, was etwas ganz anderes ist als die Begründung der Brüderlichkeit in der Liebe Gottes, mit der alle geliebt werden. Diese Liebe verbindet zu einer bisher nicht gekannten neuen Gemeinschaft, die **im Herrn** ihre Begründung hat und **im Fleisch** ihren umfassenden menschlichen Ausdruck findet. In dieser koinonia (Liebesge-

[22] *(apechein)* wieder erhalten, bedeutet eigentlich: eine Quittung ausstellen, stammt also aus der rechtlichen Sprachwelt; vgl. Phil 4, 18.

[23] Ein freigesprochener Sklave konnte nachher freiwillig und für immer bei seinem Herrn bleiben (5 Mo 15, 17). Hier aber geht es nicht um einen Sklaven auf Lebzeit = ewig, sondern um ein neues Verhältnis. Der Sklave ist keine Sache mehr, sondern ein ebenbürtiger Mensch und ein geliebter Bruder. I 4, 7.

[24] Dieser Seite des Geschehens wird durch den Ausdruck als Sklave, als Bruder Rechnung getragen. Man könnte im modernen Sprachgebrauch von einer veränderten Rolle sprechen, und doch ist es mehr, sehr viel mehr als nur eine neue Rolle! Vgl. auch die Weise des Argumentierens in Rö 5, 15—21: viel mehr.

meinschaft) gibt es keine Benachteiligten mehr, denn die Liebe verhilft allen zum Vorzug: **besonders für mich, um so mehr aber für dich** und erst recht zum zeitlichen und ewigen Vorzug für Onesimus. Ja, dieser Vorzug der Liebe umfaßt Zeit und Ewigkeit (auf kurze Zeit — auf ewig), das irdisch-menschliche und das aus Gott geschenkte ewige Leben **(sowohl im Fleisch als auch im Herrn).** Dieser Ausdruck[25] ist von zentraler Bedeutung, obwohl er nur dieses eine Mal vorkommt. **Fleisch** kennzeichnet den menschlichen, weltlich-sozialen Bereich. Die **im Herrn** geschenkte Bruderschaft wird sich auch in den menschlichen, beruflichen, sozialen und gesellschaftlichen Beziehungen auswirken.

Obwohl Onesimus in der bestehenden Gesellschaftsordnung rechtlich noch immer als Ware angesehen wird, versteht er sich selbst jetzt anders, seit Jesus in sein Leben getreten ist und seit er die Liebe von Menschen erfahren hat, die ihm als ihresgleichen, eben als einem geliebten Bruder, begegnen und ihn in ihr Herz aufgenommen haben, wie Paulus es tat. Doch dabei wird und kann es nicht bleiben, wie es auch Paulus nicht dabei bewenden ließ. Er verwendet sich für den weggelaufenen Sklaven in einer Art und Weise, die bei aller Zurückhaltung und Zartheit im Ton des Briefes doch unmißverständlich heraushören läßt, daß die Anerkennung des vollen Menschseins und die Erfahrung der Bruderschaft schließlich zur ganzen Befreiung nicht nur im Herrn, sondern auch im weltlich-sozialen Bereich führen muß, d. h. zur rechtlichen Aufhebung der rechtlich verankerten Sklaverei.

Dieser rechtlichen Aufhebung wollte die Liebe vorangehen, zuerst im zwischenmenschlichen Bereich und im Kleinen (davon ist der Brief an Philemon ein Zeugnis), dann mehr und mehr durch das ansteckende Beispiel in den Gemeinden, die als Salz der Erde und Licht der Welt berufen sind, Vorboten und Angeld der Herrschaft Gottes zu sein. Und schließlich konnte die Liebe die Änderung des Rechts im Großen herbeiführen. Schmerzlich bleibt, daß dieser Prozeß so lange gedauert hat, nicht weil geschichtliche Notwendigkeiten dazu zwangen, sondern wegen der Herzenshärtigkeit derer, die sich durch die Jahrhunderte wohl zur Liebe Gottes bekannten, doch ohne ihr vollen Bewegungsraum im Bereich der weltlich-sozialen Ordnungen zu verschaffen.

Doch auch die rechtliche Befreiung der Sklaven im weltwei-

[25] Siehe dazu Anhang 1: Zur Sklavenfrage, besonders Punkt 6.

ten Maßstab ist noch immer erst vorläufige Befreiung des Menschen zur Menschlichkeit e). Neue und oft schlimmere, weil verborgenere Formen der menschlichen Versklavung, des Arbeitszwangs und der Arbeitsausbeutung lösen einander ab. Gerade deshalb ist jede kleinste und vorläufige Hilfe zum „Mehr-als-Sklave-Sein" gut und „den Menschen nützlich" f).

e) vgl. 1 Ko 7, 23

f) Tit 3, 8

4. Bitte an Philemon um eine neue Wohltat

Philemon 17—20

17 **Wenn du nun an mir einen Gefährten hast, so nimm ihn**
18 **auf wie mich** (selbst)! * **Wenn er dir aber einen Schaden**
zugefügt hat oder etwas schuldig ist, das setze mir auf die
19 **Rechnung * — ich, Paulus, schreibe es mit eigener Hand:**
Ich werde es bezahlen — um dir nicht zu sagen, daß du
20 **dich selbst mir schuldig bist. * Ja, Bruder, ich möchte von**
dir gerne Nutzen haben im Herrn. Erquicke mein Herz in
Christus!

17 Eigentlich erst jetzt erhält die in V. 10 vorgebrachte Bitte einen klaren Inhalt. Paulus schickt nicht nur den Sklaven zurück, als wäre er sein eigenes Herz, sondern — und das ist das Schwierigste — Philemon soll den Onesimus so aufnehmen, wie wenn er Paulus selbst in diesem Sklaven empfangen würde. Dabei beruft sich Paulus auf ihr gemeinsames Teilhaben am Glauben. Wenn du dich als **Gefährten**[26] in diesem Glauben bewähren willst, so tue, wozu der Herr dich leitet: Nimm den entlaufenen Sklaven auf als deinen geliebten Bruder.

18 Wieder wechselt Paulus von der Ebene der Glaubensgemeinschaft, in welcher die Liebe immer den ersten Schritt tut, über zur Ebene des Rechts. Der Apostel erklärt sich bereit, den rechtlich zu beanspruchenden Schadenersatz für Onesimus zu leisten. Es ist wohl vorstellbar, aber nicht unbedingt vorauszusetzen, daß der Sklave für seine Flucht Geld oder Gut entwendet hat. Doch allein schon der Arbeitsausfall ist ein Verlust für seinen Herrn, rechtlich gesehen. Paulus läßt offen, auf welche Weise der Besitzer zu Schaden gekommen sein mag,

[26] *koinonoi* sind Freunde, Partner, die gemeinsame Ziele haben oder als Genossen am gleichen Geschäft beteiligt sind; vgl. 2 Ko 8, 23; Lk 5, 10.

das ist Rücksichtnahme beiden gegenüber. Frieden stiften kann nur, wer sich selbst zwischen die Parteien stellt und sich mit beiden Seiten eins macht, auf das Risiko hin, von beiden Seiten abgewiesen und verdächtigt zu werden. Um wieviel schwerer ist es, zwei so ganz ungleiche Partner wie einen Herrn und seinen Sklaven als geliebte Brüder zusammenzubringen!

Im menschlich-rechtlichen Bereich war dies überhaupt unmöglich. Entflohene Sklaven wurden hart und oft grausam bestraft. In Rom brannte man ihnen mit einem glühenden Eisen ein Zeichen auf die Stirn. So war ein solcher Sklave für immer gebrandmarkt: das ist ein Entlaufener! Zum abschreckenden Beispiel wurden wieder eingefangene Sklaven auch in eiserne Ringe geschmiedet oder den wilden Tieren in der Arena vorgeworfen oder gekreuzigt.

Rechtlich gesehen konnte Paulus nur anbieten, daß er für 19
die entstandene Schuld aufkomme. Mit eigener Hand setzt er seine Unterschrift unter eine Schulderklärung, wie sie zwischen Geschäftspartnern üblich war. Und dieser kleine Zwischensatz erlaubt einen Einblick in die Schreibtätigkeit des Apostels. Seine Briefe hat er meistens einem Sekretär diktiert und dann selber unterschrieben oder eben auch mitten im Diktat eigenhändig einiges eingefügt g). Eine leise Ironie liegt über diesem Satz. Philemon wird verstehen — wieder ohne daß es Paulus wörtlich schreibt —, daß der Apostel keinen irdischen Besitz hat, aus dem er eine Vergütung überweisen könnte, er, der jetzt mittel- und machtlos im Gefängnis sitzt h). Und die nachfolgende, wieder ganz überraschende Wendung[27] hat fast einen scherzhaften Unterton: **um dir nicht zu sagen** i), **daß du dich selbst mir schuldig bist.** Philemon steht in der Schuld des Apostels, er schuldet ihm nicht nur etwas, sondern sich selbst, zwar nicht im rechtlichen Sinn (wie sich Onesimus als Ware seinem Besitzer schuldet), sondern in der Liebe, der gegenüber sie beide Schuldner sind. Genau wie Onesimus hat auch Philemon durch den Apostel die Liebe Gottes in Jesus kennengelernt, darum verdankt er sich, menschlich gesprochen, ebenso dem Apostel. Die gläubig Gewordenen sind schuldig, diejenigen mit ihrem Besitz zu unterhalten, die ihnen das Wort verkündet haben k). Und darüber

g) Ga 6, 11! 1 Ko 16, 21; 2 Th 3, 17; Kol 4, 18

h) 2 Ko 6, 10

i) wie 1 Ko 9

k) Ga 6, 6; 1 Ko 9, 11 f I 5, 17—18!

[27] Vgl. die vielen überraschenden Wendungen in 5. 6: Ich höre dankbar von deiner Liebe, und ich bitte, daß sie mehr wirksam werde. 8. 9: ich könnte dir befehlen — aber ich bitte dich. 10. 12: ich bitte dich für Onesimus — das heißt für mein eigenes Herz. 13. 17: ich wollte ihn behalten — aber ich sende ihn dir. 15: zeitliche Trennung — ewiger Gewinn. 11. 16: unnützer Sklave — nützlicher und geliebter Bruder.

l) Rö 13, 8; 15, 27! hinaus stehen sie als Brüder in einer gegenseitigen Schuldverpflichtung: Sie sind „schuldig, einander zu lieben“ l).

20 In höchster Eindringlichkeit gelangt der Hauptteil des Briefes zum Abschluß: **Ja** m), **Bruder** n), **ich möchte**[28] **von dir Nutzen haben im Herrn.** Frage nicht, ob der Sklave dir geschadet hat und wie nützlich er dir ist, sondern vielmehr, ob und wie du **mir** nützlich[29] sein kannst.

m) Phil 4, 3
n) wie V. 16

Alles, was du ihm Gutes tun wirst, wird mir zugute kommen. „Ich möchte deiner froh werden im Herrn“, wenn ich erfahre, wie deine Liebe über alles Bitten hinaus gehandelt hat. **Erquicke** o) **mein Herz** p) **in Christus!** Ein Bruder kann das Herz des andern erfrischen, wenn er der Liebe Raum gibt, von der beide leben. Die Verse 7 und 20 sagen dasselbe aus, die Wiederholung (nach allem Gesagten) unterstreicht und betont, wie dringlich es ist, daß Philemon jetzt die Gelegenheit ergreift, um seine Liebe zu bewähren. Er wird es tun, dessen ist Paulus gewiß.

o) wie V. 7
p) wie 7. 12. 20

5. Zuversichtlicher Ausblick in die Zukunft

Philemon 21—22

21 Im Vertrauen auf deinen Gehorsam schreibe ich dir, weil
22 ich weiß, daß du sogar mehr tun wirst, als ich sage. * Zugleich aber bereite mir auch gastliche Aufnahme; denn ich hoffe, euch durch eure Gebete (wieder) **geschenkt zu werden.**

21 In Vers 8 schreibt Paulus, daß er nicht mit apostolischer Autorität auftreten und gebieten will, was Philemon zu tun habe, und trotzdem erwartet er Gehorsam. Ohne das Einverständnis seines Partners wollte er nicht handeln, und doch setzt er gerade dieses Einverständnis voraus. Liegt da ein geheimer Widerspruch vor, widerspricht sich Paulus selbst?

[28] Ein seltener Optativ (Wunschform) im NT.

[29] *(oninemi)* Nutzen haben; obwohl der Ausdruck bei Ignatius sechsmal vorkommt, ist nicht von der Hand zu weisen, daß *oninemi* mit *Onesimus* in Beziehung steht. Der Ausdruck kommt im NT nur hier vor und könnte sehr wohl gewählt worden sein zur Formung eines Wortspiels: *oninemi — Onesimus.* Wie der Nichtsnutz Onesimus zum Nutzen geworden ist für dich, so möchte ich auch in dir einen Onesimus haben, der mir zum Nutzen *(oninemi)* ist. Aber auch abgesehen von einem möglichen Wortspiel ist der Anklang an V. 11 ganz unverkennbar: unnütz—nützlich.

Nein, denn der Apostel erzwingt weder das Einverständnis noch den Gehorsam, aber er traut dem Partner zu und seinem Gott, daß die freiwillige Antwort wirklich gegeben werden wird. Seine Bitte ist zwar wirklich Bitte des liebenden und vertrauenden Bruders, aber sie ist nicht unverbindlich, nicht rein privater Natur, denn es geht nicht um ihn selbst oder um ihn allein, sondern um einen Bruder (16), um das Gute (6.14), um die Liebe überhaupt (9). Und dieses wie alles wirklich Wesentliche und Menschliche kann letztlich nicht befohlen, sondern nur erbeten werden. Gott selbst macht sich ja zum Bittenden, wo es um das zeitliche und ewige Heil des Menschen geht. So ernst und eindringlich sein Wort durch seine Diener zu Herzen gehen mag, er bleibt der Bittende: „Gott läßt durch uns seinen Mahnruf ergehen, wir bitten an Christi
Statt: Laßt euch versöhnen mit Gott“ o). o) 2 Ko 5, 20

Darum kann Paulus sagen: **Im Vertrauen**[30] **auf deinen Gehorsam schreibe ich dir.** Wie Paulus zwar mahnend, aber doch bittend, eindringlich und doch nicht drohend auftritt, läßt sich daran erkennen, daß er an keiner Stelle im einzelnen ausführt oder auch nur andeutet, was nun Philemon eigentlich zu tun habe, obwohl es für den Apostel außer Frage steht, was sein Freund tun soll und tun wird: **Ich weiß (!), daß du sogar mehr tun wirst, als ich dir sage.** Aber worin dieses „mehr“ besteht, bleibt unausgesprochen.

Zusammen mit dem, was der Briefempfänger für den 22
Apostel tun wird, wie er nämlich seine Bitte betreffs des Skla-
ven über die Maßen erfüllen wird p), so soll er auch für die p) vgl. 2 Ko
gastliche Aufnahme des Paulus Vorkehrungen treffen. Noch 8, 1—5!
einmal ist hier Unausgesprochenes angedeutet: wie du dem Eph 3, 20
Bruder Onesimus gastliche Aufnahme bereiten wirst, so tue
es mir. Mit dem Hinweis auf sein Gebet hat er den Brief be-
gonnen; mit der selbstverständlichen Erwartung, daß die
Hausgemeinde q) für ihn, für seine Befreiung aus dem Ge- q) Rö 15, 30;
fängnis r) und für sein Kommen betet, schließt er. Wie Phile- 2 Ko 1, 11
mon und Onesimus ihm von Gott geschenkt wurden, so wird Phil 1, 19;
Gott — **durch** ihre **Gebete** — auch ihn, den Apostel und Bru- 1 Th 5, 25;
der, zu einem Geschenk des Segens für die Gemeinde 2 Ko 1, 11;
machen s). r) Apg 12, 5. 11—17! s) Rö 15, 29

[30] Das Vertrauen gründet im gemeinsamen Glauben. Glaube und Gehorsam gehören zusammen (Rö 1, 5; 16, 26). Gehorsam nach dem NT meint gerade nicht sklavisch blinden und erzwungenen, sondern mündigen, freiwilligen, von Herzen und aus eigenem Entschluß kommenden Gehorsam (Rö 6, 17; Phil 2, 8. 12; Phlm 14. 21). Dem bekannten Wort „Mein Lohn ist, daß ich darf“ (W. Löhe) könnte man zuordnen: „Mein Glück ist, daß ich will.“

Der Briefschluß

Grüße und Segenswunsch

Philemon 23—25

23 Es grüßen dich, * mein Mitgefangener in Christus Jesus, *
24 Markus, Aristarchus, Demas, Lukas, meine Mitarbeiter. *
25 Die Gnade des Herrn Jesus Christus sei mit eurem Geiste!

Durch **Epaphras** war eine Gemeinde in Kolossä entstanden, jetzt aber ist er **Mitgefangener** des Apostels **in Christus Jesus**[31]. Über die näheren Umstände, die zu seiner Gefangenschaft geführt haben, wissen wir so wenig wie über die in Hb 13, 23 erwähnte Freilassung von Timotheus. Immerhin machen diese kurzen Notizen ersichtlich, daß nicht nur Paulus das Los der Gefangenschaft kannte, sondern auch andere Mitarbeiter am Evangelium. Die frohe Botschaft von der Liebe Gottes wurde nicht ohne Widerstand gehört und angenommen.

t) Apg 12, 12. 25; 13, 18; 15, 37. 39 vgl. II 4, 11!
u) Apg 20, 4
v) Apg 27, 2
w) Kol 4, 14
x) II 4, 11 f!

Markus ist der Vetter von Barnabas t); Aristarchus stammt aus Mazedonien; er begleitete den Apostel nach Jerusalem u) und später nach Rom v). Demas ist noch Mitarbeiter des Apostels Paulus ebenso wie zur Zeit der Abfassung des Kolosserbriefes w), später allerdings wird er sich von Paulus abwenden und ihn verlassen x).

Alle diese Mitarbeiter sind für Philemon und die Gemeinde in seinem Haus keine Unbekannten. Die Erwähnung ihrer Namen und die Übersendung ihrer Grüße festigt das Band des Glaubens und der Liebe zwischen ihnen allen.

y) Ga 6, 18; Phil 4, 23

Zugleich mit der Weitergabe der Grüße erbittet Paulus den Segen für die Empfänger y). In der **Gnade des Herrn Jesus Christus** sind sie alle angenommen worden. Mit dem Zuspruch dieser Gnade begann der kurze und doch so inhaltsreiche Brief (3), und so endet er auch: **Die Gnade sei mit euch!**

[31] Einzelne Ausleger übersetzen: „Mitgefangener in Christus" und fügen „Jesus" als Name eines Mitarbeiters hinzu, wie in Kol 4, 11: „Jesus, genannt Justus."

ANHANG

Zur Sklavenfrage

1. Zur Zeit Jesu gab es in Galiläa nur sehr wenig Sklaven, mehr schon in Jerusalem, und große Scharen von Sklaven bevölkerten die Großstädte der alten Welt, so daß sie an manchen Stellen zahlreicher waren als die Freien. In Korinth waren die Armen und Sklaven verhindert, rechtzeitig zum Mahl des Herrn zu kommen, weil sie durch die Arbeit abgehalten waren. Das führte zu schweren Spannungen in der Gemeinde (1 Ko 11, 17. 21. 33). Sklaven, die keinen Namen hatten, wurden Perser genannt; so ist Persis nicht ein Frauenname, sondern Bezeichnung für eine Sklavin (Rö 16, 12: wörtlich die geliebte Perserin-Sklavin). Tabitha (gr Dorka) ist ein bei den Rabbinern üblicher Sklavenname; sie war eine Freigelassene, die ihren Sklavennamen weiterhin trug (Apg 9, 36. 40). In den Gemeinden waren die Sklaven den Freien gleichgestellt, denn Jesus war für sie zum Sklaven geworden, um alle zum Menschsein zu befreien (Phil 2, 5f; Ga 3, 28; 1 Ko 12, 13; Kol 3, 11). Die praktische Verwirklichung dieser neuen Freiheit führte aber zu viel Unsicherheit, Spannung und Widerstand.

2. Die atl Gesetze über die Sklaven sind im Vergleich zu den Verhältnissen umliegender Völker bemerkenswert menschlich. Entscheidend in der atl Gesetzgebung war, daß jeder Hebräer, der zum Sklaven (gemacht) worden war (ein Vater durfte zum Beispiel seine Tochter als Sklavin verkaufen, 2 Mo 21, 7), spätestens nach sieben Jahren freigelassen und reich mit Geschenken ausgestattet werden mußte (5 Mo 15, 12-18). Auch alle Darlehen und Verschuldungen mußten im sogenannten „Erlaßjahr" erlassen werden (5 Mo 15, 2). Die Befreiung von der Versklavung und die Entlastung von Schulden gehören zusammen, denn der Sklave wurde als Ware betrachtet, „denn er ist sein Geld"; Geld meint hier wörtlich: ein Stück Vieh (2 Mo 21, 21). Alle 7 Jahre konnte das ganze Volk erfahren, daß die Versklavung des Menschen etwas ist, das nicht sein soll, denn jeder Mensch ist im Bilde Gottes geschaffen und zur Freiheit berufen. Damit konnte die totale Verhärtung und Entmenschlichung einer sozialen Struktur (nämlich der Kauf und Verkauf von Sklaven als Ware) verhindert werden. Warum aber führte das nicht zur Veränderung bzw. völligen Abschaffung der Sklaverei? Der Hauptgrund liegt darin, daß dieses Gesetz nur für die Angehörigen des eigenen Volkes galt (und auch da noch so oft wie möglich umgangen wurde, wie aus den Warnungen zu sehen ist, die an die Nichtbeachtung des Gesetzes geknüpft wurden).

Man konnte aber Sklaven aus andern Völkern kaufen oder sie im Krieg als Beute rauben, und diese Sklaven konnten an die Nachkommenschaft als fester Besitz vererbt werden (3 Mo 25, 46). Immerhin durfte eine im Krieg geraubte Frau nicht zur Sklavin gemacht oder als solche verkauft werden; entweder mußte sie zur Frau erklärt und geheiratet oder dann entlassen werden (5 Mo 21, 10—14). Der Nächste, den es zu lieben galt wie sich selbst, war der eigene Volksgenosse, nicht aber der Angehörige eines anderen Volkes (3 Mo 19, 18; 25, 39—55). Doch ist auch hier ein Ansatz vorhanden zur Überwindung der eigenen Volksschranken: auch der Fremdling soll geliebt werden, wie man sich selbst und die Seinen liebt, denn Israel ist ebenfalls Fremdling gewesen in Ägypten (2 Mo 19, 33—34). Doch die Schlußfolgerung auf den Sklaven wird nicht gezogen, obwohl die Hebräer in Ägypten auch Sklaven gewesen sind (2 Mo 25, 39—43). Die Versklavung des andern, der nicht zu mir gehört, d. h. ihn zum Objekt und zur verfügbaren Ware machen, muß tief im gefallenen Bewußtsein des Menschen verankert liegen.

3. Erst Jesus hat endgültig die Liebe des Nächsten radikal und bedingungslos auf jedes Geschöpf mit Menschenantlitz (auch den Feind!) ausgelegt und angewendet. Er selbst ist diese radikale Liebe in Person. Im Zusammenhang mit der Auslegung von I 6, 1—2 und Tit 2, 9—10 habe ich in 1 Tim (S. 186f) die Frage gestellt: „Warum hat die Erfahrung der Herren, die in den gläubigen Sklaven ‚geliebte Brüder' sehen, nicht schon früher zur Veränderung der sozialen Verhältnisse geführt? Wenn es auch eindeutig christliche Impulse und Christen waren, die schließlich zur Sklavenbefreiung führten, warum mußte das so lange dauern?" Ja, im Blick auf Jesus drängt sich die Frage um so mehr auf, warum diese neue Liebe nicht imstande war, die rechtlich institutionalisierte Unmenschlichkeit im wahrsten Sinn des Wortes zu sprengen und aufzuheben.

Man kann dieser Frage nicht entgegnen, daß der Einfluß des AT eben sehr groß gewesen sei. Einmal ist das Tieropfer im Gottesdienst schlagartig abgeschafft worden, obwohl es im AT gesetzlich verankert war und obwohl noch Jesus die Geheilten zum Priester schickte zur Darbringung eines Opfers (obwohl Jesus selbst also die Institution des kultischen Tieropfers nicht aufhob) (Mt 8, 4; 3 Mo 14, 2—7).

Man könnte einwenden, daß dies eben eine zentral religiöse Institution sei, während die Sklavenhaltung den sozialen Bereich betreffe. Doch auch im sozialen Bereich gibt es zumindest ein Beispiel, das diesem Einwand entgegengehalten werden kann: Die im AT rechtlich gestattete und geregelte Eheform, nach der ein Mann mehrere Frauen heiraten durfte (5 Mo 21, 15), ist ebenfalls (wie das Tieropfer) mit überraschender Schnelligkeit und Übereinstimmung abgelöst worden durch die Einehe (I 3, 2.12; Tit 1, 6!). Hier fand das Herrenwort, das den ursprünglichen Gotteswillen wieder in die Mitte stellte, Gehör und Befolgung in der Gemeinde (Mt 19, 3—10). Die Liebe, die in Jesus offenbar geworden war, machte es klar, daß ein Mann Frauen nicht wie eine Ware erwerben und besitzen kann. Obwohl die Frau um dieser Liebe willen nicht mehr unter dem Herrschaftsanspruch des Mannes, sondern im Gegenüber seiner Liebe steht, blieb die äußere Struktur der Unterordnung vorläufig noch bestehen, aber nicht weil sie gerecht oder der Liebe entsprechend oder gar ewige göttliche Ordnung war, sondern weil sie jetzt von innen heraus durch die Liebe überwunden und verändert werden konnte und auch sollte. Die soziale Stellung der Frau hat sich aber schließlich noch länger erhalten als die Institution der Sklaverei! (Vgl. Anhang 4: Die Stellung der Frau, in: Wt. Stb. 1 Tim, S. 319—227).

4. Daß die Sklaverei als rechtliche Institution in Frage gestellt und schließlich abgeschafft wurde, war nur möglich von einer veränderten Sicht der menschlichen Person aus: Jeder Mensch ist geschaffen im Bilde Gottes; und für jeden Menschen ist Gott in Jesus Mensch geworden. Für jeden Menschen hat Jesus sein Leben in den Tod gegeben, damit jeder in die Freiheit der Gotteskindschaft gelangen kann. Deshalb kann ein Mensch nie mehr zum Objekt gemacht, er darf nicht mehr als Eigentum angesehen oder behandelt werden, und sein irdischer Stand in der sozialen Ordnung folgt nicht mehr „naturnotwendig“ aus seiner Geburt (das Fortbestehen der Sklaverei durch Vererbung oder das Gegenstück des Erbadels). Die Liebe, wie Jesus sie lebte und lehrte, hat durchaus diese neue Sicht des Menschen eröffnet, aber die Liebe seiner Nachfolger hat das bestehende Recht nicht beeinflußt und verändert oder aber nur sehr langsam und unter großen Widerständen.

5. Für die Sklavenfrage ist das Verhältnis von Institution und Person wichtig. Institution wird es immer geben, solange Menschen sind, weil die Person (in sich selbst eine Institution, nämlich eine geordnete Einrichtung) nicht gelöst von Institution existiert. Aber jede (auch jede rechtlich humane) Institution wird unmenschlich, wenn sie von der Macht beherrscht anstatt von der Liebe offengehalten und dem Menschen dienstbar gemacht wird. So sagt Jesus ausdrücklich, daß die religiös-soziale Institution des Sabbats um des Menschen willen geschaffen worden sei (als Garant, Zeichen und Ort der Freiheit; vgl. das Halljahr, an welchem die Sklaven losgesprochen wurden!), und nicht der Mensch um des Sabbats willen (Mk 2, 27—28). Doch der (religiöse) Mensch hat die Gabe des Sabbats zu einem Machtmittel ausgebaut und mißbraucht, um den Menschen zu knechten. Die Institution, die des Menschen Freiheit in Gott feiern und bewahren sollte, ist übermächtig geworden und hat den Menschen mit Mühsal beladen und versklavt.

6. Ebenso wichtig ist die Frage nach dem Verhältnis von Liebe und Recht. Durch die Liebe, die Jesus verwirklichte, wird der Sklave „mehr als ein Sklave“ (Phlm 16), das ist die Wirkung der Liebe im mitmenschlichen Bereich. Und um dieses „mehr als Sklave“ willen wird es nun überhaupt erst möglich, daß auch die rechtlich institutionalisierte Stellung des Sklaven hinterfragt und verändert werden kann, denn jetzt erst ist auch deutlich geworden, daß er als Sklave „weniger als ein Mensch“ war.

Die Liebe im sozialethischen Bereich der zwischenmenschlichen (und zwischenstaatlichen) Institutionen kümmert sich um das Recht aller Benachteiligten. Die Liebe allein kann und wird dafür sorgen, daß das Grundgesetz des Rechts („jedem das Seine“) nicht zugunsten der Starken und auf Kosten der Schwachen ausgelegt wird.

7. Der biblische Ansatz für die Verbindung von Liebe und Recht, von geistlichem und weltlichem, von personalem und sozialem Bereich ist an vielen Stellen und sehr ausdrücklich gerade im Philemonbrief gegeben. Paulus schreibt (V. 16): „Ich sende dir den entlaufenen Sklaven zurück, nicht mehr als einen leibeigenen Sklaven, sondern als etwas viel Schöneres: als einen lieben Bruder. Das ist er für mich längst geworden, wieviel mehr für dich! Ein Bruder, weil er zu deiner Hausgemeinschaft gehört, ein Bruder, weil er mit dir Eigentum des Herrn ist.“ Dieser fundamentale Satz ist nach Übertragung von J. Zink zitiert, weil der zweifache Aspekt des Bruderseins durch die Wiederholung am Besten zum Ausdruck kommt. Wörtlich lautet der Ausdruck, der nur hier vorkommt: sowohl im Fleisch wie auch im Herrn (kai en sarki kai en kyrio); man könnte das auch so umschreiben: sowohl das Menschsein wie auch das Christsein betreffend, sowohl im weltlich-sozialen wie auch im geistig-geistlichen Sinn. Onesimus ist jetzt im umfassenden Sinn „mehr als Sklave“, sowohl menschlich wie auch im Glauben ist er Bruder geworden. Das Sklave-Sein ist vollständig überwunden, wenn auch die äußere Institution (vorläufig) noch weiterbesteht. Sie wird von innen her eines Tages auch aufgelöst werden.

Seltsam ist das Zögern vieler Ausleger, die dem Apostel nicht zutrauen, daß er dem Philemon zugetraut haben soll, den Sklaven nicht nur nicht zu strafen, sondern ihm die Freiheit zu schenken, schreibt doch Paulus: „Ich weiß, daß du noch mehr tun wirst, als ich sage“ (21). Dem Mehrsein von V. 16 folgt das Mehrtun von V. 21 auf dem Fuß. Es ist das „Mehr“ der Liebe, die über das Gesetz hinausgeht und darum das Gesetz erfüllt und es in der Erfüllung überwindet.

Wenn der Sklave ein Bruder wird sowohl in der Gemeinschaft des Glaubens als auch im weltlich-sozialen Bereich, so ist damit die rechtliche Struktur der Sklavengesellschaft bereits im Ansatz von innen her durchbrochen, überwunden und überboten; überboten deshalb, weil die Liebe nicht einfach das Gegenteil von einem Sklaven will, nämlich einen emanzipierten Sklaven, d. h. einen sogenannten Freien (wie frei sind die Freien, die eine Sklavengesellschaft dulden und konservieren?), sondern einen Bruder. Ein Freier ist nicht „mehr als ein Sklave“, er ist nur das Gegenstück zum Sklaven. Ein Bruder aber ist mehr als ein Sklave oder Freier, und Bruderschaft in Glauben und Liebe ist mehr als rechtliche Ordnung des Zusammenlebens.

„Die Liebe verzichtet auf *ihr* Recht, nicht auf *das* Recht. Der Christ selbst wird allen Recht und Billigkeit zukommen lassen (Kol 4, 1), er wird aber für sich selbst die Liebe immer über das Recht stellen. So gewiß also die bestehenden sozialen Gefüge und rechtlichen Ordnungen nicht annulliert werden, so werden sie doch auch nicht als starre Institutionen sanktioniert, sondern im Licht der Liebe kritisch geprüft, verwandelt, zurechtgerückt und in Bewegung gebracht, und dort, wo sie nicht zur Verwirklichung und Praktizierung der Liebe dienen, wird auf sie verzichtet. Dadurch erweist sich die Liebe nochmals als die auch den schöpfungsmäßigen Normen überlegene, ja schlechthin höchste Norm christlicher Lebensführung" (W. Schrage, Die konkreten Einzelgebote in der paulinischen Paränese, Gütersloh 1961, S. 266).

8. Durch Hingabe an die Liebe des Herrn Jesus wird der Sklave nicht einfach zu einem Emanzipierten, sondern zu einem Bruder, d. h. aber zu einem „Freigelassenen des Herrn" (1 Ko 7, 22). Diese Freiheit „im Herrn" aber ist die grundlegende und entscheidende, und sie steht über allen relativen Freiheiten, die der Mensch in den vorhandenen gesellschaftlichen Ordnungen genießen (oder entbehren) wird. Um dieses bleibenden Vorranges willen ist es begreiflich, daß das NT nicht von einer äußeren und aktiven Veränderung der Welt spricht, ganz abgesehen davon, daß die geschichtliche Lage damals eine ganz andere war als heute. So kann man mit Recht sagen und zeigen, daß Paulus (wie auch Jesus zuvor) von der Umwelt übernimmt, was allgemein als schicklich galt, dazu gehörte auch das Halten von Sklaven!

Das entscheidend Neue war nicht die Änderung der äußeren gesellschaftlichen Einrichtungen, sondern das Zusammenleben „im Herrn", das auch die menschlichen Beziehungen veränderte. Aber daraus die Schlußfolgerung zu ziehen, daß die äußere Veränderung der sozialen Strukturen nicht wichtig oder nicht nötig oder sogar nicht möglich sei, ist uns von der Bibel her verwehrt, denn was „im Herrn" möglich und wirklich geworden ist, das will und wird auch im Herrn Fleisch werden, eben: „sowohl im Fleisch wie im Herrn."

Die Veränderung und Verbesserung des sozialen Gefüges und seiner Einrichtungen ist m ö g l i c h, weil sie nicht ewige und absolute Ordnungen darstellen, ist n ö t i g, weil jede Institution durch ihren Machtzuwachs und ihre Dauer ständig in Gefahr ist, das Menschliche zu unterdrücken und den Menschen zu ihrem Objekt zu machen (der Mensch ist nicht für den Sabbat da, sondern der Sabbat für den Menschen); sie ist w i c h t i g, weil das fleischgewordene Wort Gottes ständig zur Vermenschlichung drängt und weil der persönliche Heilsglaube und die gemeindliche Bruderschaft „im Herrn" offen sind auf die Bruderschaft „im Fleisch" in den weltlich-sozialen Ordnungen hin. Die volle Menschlichkeit, wie sie Jesus brachte, umfaßt das persönliche Heil im Glauben, die Bruderschaft im Herrn und die Liebe in allen mitmenschlichen Bezügen dieser Welt. Wenn man von den notwendigen Auswirkungen des Glaubens im weltlich-sozialen und politischen Bereich absehen will, ist ein ganzheitliches Leben im Glauben nicht möglich ohne unheilvolle Widersprüche. Schon bei Justin, dem bedeutendsten Apologeten des 2. Jahrhunderts, ist dieser seltsame Widerspruch deutlich sichtbar. Er lehrte zwar, es sei besser, „die Menschen freizugeben als sie zu versklaven“, aber gleichzeitig beanspruchte er für seine Gesetzgebung, daß sie göttlich begründet und gerechtfertigt sei, sie, welche das gesellschaftliche System der heidnischen Umwelt unbefragt übernommen hatte.

LITERATURVERZEICHNIS

zu den Briefen an Timotheus, Titus und Philemon

Johann A. Bengel — Gnomon, Auslegung des Neuen Testamentes in fortlaufenden Anmerkungen, Band II
Steinkopf Verlag, Stuttgart 1960 [7]

Wilhelm Brandt — Das anvertraute Gut, Eine Einführung in die Briefe an Timotheus und Titus.
Furche Verlag, Hamburg 1959 [2]

Martin Dibelius — Die Pastoralbriefe, Dritte Auflage, neu bearbeitet von Hans Conzelmann,
J. C. B. Mohr Verlag, Tübingen 1955

Gerhard Friedrich — Der Brief an Philemon, in: Das Neue Testament Deutsch 8, Verlag Vandenhoeck & Ruprecht,
Göttingen 1972 [13]

Donald Guthrie — The Pastoral Epistles, An Introduction and Commentary, The Tyndale Press, London 1957

Gottfried Holtz — Die Pastoralbriefe, in: Theologischer Handkommentar zum Neuen Testament, XIII
Evangelische Verlagsanstalt, Berlin 1965

Joachim Jeremias — Die Briefe an Timotheus und Titus, NTD 4, Vandenhoeck & Ruprecht, Göttingen 1947 [4]

Eduard Lohse — Die Briefe an die Kolosser und an Philemon, Meyers Kritisch-Exegetischer Kommentar IX/2, Vandenhoeck & Ruprecht, Göttingen 1968 [14]

Otto Michel — Grundfragen der Pastoralbriefe, in: Auf dem Grunde der Apostel und Propheten, Festschrift für Th. Wurm, Hrsg. Loser, Stuttgart 1948

Adolf Schlatter — Die Kirche der Griechen im Urteil des Paulus. Eine Auslegung seiner Briefe an Timotheus und Titus, Calwer Verlag, Stuttgart 1958 [2]

E. K. Simpson — The Pastoral Epistles, The Greek Text with Introduction and Commentary, The Tyndale Press, London 1954

P. C. Spicq — Les Epitres Pastorales, Librairie Lecoffre, J. Gabalda Editeurs, Paris 1947 [3]

D. G. Wohlenberg — Die Pastoralbriefe, in: Kommentar zum Neuen Testament, Hrsg. Theodor Zahn, A. Deichert Verlag, Leipzig 1909 [2]

STICHWORTVERZEICHNIS

zu den Pastoralbriefen und dem Brief an Philemon

Vollständigkeit der Stichworte wurde nicht angestrebt. Die röm. Ziffern I bzw. II bedeuten, daß sich die entsprechenden Angaben im jeweiligen Band der Pastoralbriefe befinden, z. B. Rechtfertigung II 189, 193.

WUPPERTALER STUDIENBIBEL

Neues Testament

Originalausgabe in Leinen mit Schutzumschlag, Sonderausgabe als Paperback

Das Evangelium des Matthäus
erklärt von Fritz Rienecker
384 Seiten

Das Evangelium des Markus
erklärt von Fritz Rienecker
288 Seiten

Das Evangelium des Lukas
erklärt von Fritz Rienecker
571 Seiten

Das Evangelium des Johannes
erklärt von Dr. Werner de Boor
1. Teil, Kap. 1–10, 334 Seiten
2. Teil, Kap. 11–21, 272 Seiten

Die Apostelgeschichte
erklärt von Dr. Werner de Boor
471 Seiten

Der Brief des Paulus an die Römer
erklärt von Dr. Werner de Boor
368 Seiten

Die Briefe des Paulus an die Korinther
erklärt von Dr. Werner de Boor
Der 1. Brief 312 Seiten
Der 2. Brief 246 Seiten

Der Brief des Paulus an die Galater
erklärt von Lic. Hans Brandenburg
146 Seiten

Der Brief des Paulus an die Epheser
erklärt von Fritz Rienecker
259 Seiten

Die Briefe des Paulus an die Philipper und an die Kolosser
erklärt von Dr. Werner de Boor
288 Seiten

Die Briefe des Paulus an die Thessalonicher
erklärt von Dr. Werner de Boor
175 Seiten

Der erste Brief des Paulus an Timotheus
erklärt von Dr. Hans Bürki
240 Seiten

Der zweite Brief des Paulus an Timotheus
Die Briefe an Titus und an Philemon
erklärt von Dr. Hans Bürki
232 Seiten

Der Brief an die Hebräer
erklärt von Dr. Fritz Laubach
292 Seiten

Der Brief des Jakobus
erklärt von Fritz Grünzweig
184 Seiten

Die Briefe des Petrus und der Brief des Judas
erklärt von Uwe Holmer und
Dr. Werner de Boor
296 Seiten

Die Briefe des Johannes
erklärt von Dr. Werner de Boor
208 Seiten

Die Offenbarung des Johannes
erklärt von Adolf Pohl
1. Teil, Kap. 1– 8, 232 Seiten
2. Teil, Kap. 8–22, 360 Seiten